特進

最　高　水　準　問　題　集

中学

英語長文

文英堂

本書のねらい

　いろいろなタイプの問題集が存在する中で，トップ層に特化した問題集は意外に少ないといわれます。本書はこの要望に応えて，難関高校をめざす皆さんの実力練成のために良問・難問をそろえました。

　本書を大いに活用して，どんな問題にぶつかっても対応できる最高レベルの実力を身につけてください。

本書の特色と使用法

 **国立・私立難関高校をめざす皆さんのための問題集です。
実力強化にふさわしい，質の高い良問・難問を集めました。**

▶ よく出題される形式・内容の問題をとり上げて，二度と出題されないような特殊な問題はとり上げていないので，日常学習と並行して学習できます。もちろん，入試直前期に，必要な箇所だけを深く掘り下げて学習するために本書を用いることも可能です。

▶ 中学で履修する内容を超えた文法事項や構文，表現を含む入試問題も掲載しました。

 時間の都合や習熟度に応じて，学習しやすいようにさまざまな工夫をしています。

▶ 読解題材の長さだけではなく，設問の複雑さも考慮して，初級・中級・上級の3編に分けました。

▶ 各読解問題に制限時間を設けました。「1回目」として設問解答を含めた時間の目安を，「2回目」として英文だけを読む時間の目安を示してあります。

▶ 特に難しい小問に 難 マークをつけました。

▶ 各編の最後にある「実力テスト」では，その時点での自分の実力を測ることができます。さまざまな出題形式の問題をそろえてあります。合格点は高めに設定してありますが，トライしてください。

3 くわしい解説つきの別冊「解答と解説」。どんな難しい問題でも解き方が必ずわかります。

▶ 別冊の解答と解説には，各問題の考え方や解き方がわかりやすく解説されています。わからない問題は，一度解説を見て方針をつかんでから，もう一度自分1人で解いてみるといった学習をお勧めします。

▶ 【語句】には，問題の脚注にない重要語句や難しい語句について，本文中での意味を載せてあります。くわしい語法(語句の使い方)や他の意味を確認するためにも，合わせて辞書を引くことをお勧めします。

▶ 「重要構文・表現」には，難関高校の入試突破のための重要構文や複雑な文について解説しています。また，入試でよくねらわれるポイントや知っているとためになる知識なども解説に盛り込まれています。

▶ 「長文読解研究所」では，読解題材を読むときに気をつけておきたいこと，読解力を伸ばすためのヒントをまとめました。ちょっと力を抜いて，読んでみてはいかがでしょうか。

本書を使用するみなさんの英語の力が上達することを強く願っています。

4

もくじ

初級編

中級編

上級編

別　冊 　解答と解説　〔くわしい解き方と解説つき〕

1 ウエヌクが出会った少女 [大阪教育大附高平野改]

制限時間 1回目：20分 ／ 2回目（英文のみ）：7分

This is the story of *Ue-nuku.

Early one morning, before the sun was up, Ue-nuku was walking in the forest. He came to a lake. Two girls were swimming in the lake. They were girls of the sky. They were on earth for a little while. One
5 was the *Mist-girl, and ①(   ) (   ) was the Rain-girl. Ue-nuku did not know who they were, but he knew that they were beautiful. They were so beautiful that ②[he / how / know / marry / to / to / wanted] one of them. But while he was watching, the sun came up. When the girls saw it was day, they were frightened. "We must
10 go!" they cried. "We are girls of the mist and rain. If the sun shines on us, we will die." While Ue-nuku watched, the two girls went slowly and softly back up to the sky.

That night, Ue-nuku sat alone in his house. He said to himself, "Will I ever see the two girls again? They were so beautiful. I want to
15 marry one of them!" While he was thinking, the door of this house opened and the Mist-girl came in. "Ue-nuku, I have come to stay with you," she said. "But I can only stay at nighttime. When day comes, I must go back up to the sky. If the sun shines on me, I will die."

The Mist-girl stayed all that night. Before the sun came up, she said
20 goodbye to Ue-nuku and went to her home in the sky. Ue-nuku did not like ③this. ④[he / her / him / stay / to / wanted / with] all the time.

One day, he said to himself, "I will put *mats over the door and window of my house. The Mist-girl will not know day has come.
25 She will think it is still night, and she will stay with me."

That night, there were mats over the door and window of the house. "Day has not yet come," said Ue-nuku. "Stay with me." The Mist-girl said, "What a ⑤(   ) (   )! I'm sure it is day by now." Ue-nuku said again, "Day has not yet come. Stay with me."
30 Time passed, and the Mist-girl said a third time, "This night is too long. I'm sure it is day now." Before Ue-nuku could stop her, she

went to the window.   She moved the mat up and looked out.   "It is day!   It is day!" she cried.   "⑥You have tricked me, Ue-nuku.   I must go back to my home in the sky.   I can never come to you again."   And the Mist-girl went up into the sky.   "Come back!   Come back!" cried 35 Ue-nuku.   "I'm sorry I tricked you.   Please come back!"   But the Mist-girl did not hear him.   She disappeared.

Ue-nuku said, "I will go out and look for the Mist-girl.   I will travel over all the lands and all the seas.   I will not rest ⑦(   ) I find her."
40

Ue-nuku went out.   He traveled over all the lands and all the seas, but he did not find the Mist-girl.   The gods felt sorry for Ue-nuku. They turned him into a rainbow.   Now, when it is raining and the *mist comes, you will see Ue-nuku.   He reaches across the sky and hopes to find his Mist-girl once more.   (ニュージーランド民話) 45

　　　注 Ue-nuku ウエヌク(男の名)　　　Mist-girl 霧の少女　　　mat マット, 敷き物　　　mist 霧

問1　下線部①にそれぞれ1語ずつ入れなさい。

問2　下線部②を並べかえなさい。

問3　下線部③の内容を20〜30字(句読点を含む)の日本語で答えなさい。

問4　下線部④を並べかえなさい。ただし,文頭にくる語も小文字にしてある。

🈔 問5　下線部⑤にそれぞれ1語ずつ入れなさい。

問6　下線部⑥は具体的に何をしたことについて言っているのか,25〜35字(句読点を
　　　含む)の日本語で答えなさい。

問7　下線部⑦に入れるべき英語を下から1つ選び,記号で答えなさい。
　　　ア after　　　　イ because　　　　ウ until　　　　エ when

🈔 問8　現在のウエヌクのようすについて,30字(句読点を含む)以内の日本語で答えな
　　　さい。

2 盲導犬の一生 [同志社高]

Have you ever seen guide dogs, or dogs which are trained to guide
blind people? As for me, I have seen them only a few times. Few
people, I think, know how they are (①) up, trained, and spend their
whole lives.   In fact, Labradors, Golden Retrievers, and German
5 Shepherds are the best guide dogs because they are clever, quiet, gentle,
and easy (②).   There are a lot of blind people who need a dog's
help just to spend the day doing something that, for us, is a small thing.

There are six training centers for guide dogs in Japan.   One is in
Kameoka City in Kyoto.   Two months after a puppy is born, it is raised
10 by a volunteer family who live together with it during its childhood.   It
receives a lot of love from the family until it becomes one year old.
The dog naturally feels that it is deeply loved by humans and (A)[afraid
/ being / of / stops / us].   Why (B)for ten months?   It is because more
than ten months make the dog too comfortable with the family and it is
15 too hard for the dog to be interested in others and to help a blind
person who will be its master in the near future.   The dog says
goodbye to the family without (③) very lonely.

Then the guide dogs are taken back to the center and their training
starts.   They have to learn a lot of words (④) in English by their
20 trainers.   For example, "Sit," "Down" and "Wait" are used.   It is hard
for the dogs to understand different expressions, but they have to
understand human wishes very well and guide a trainer safely and
correctly.   This is the reason the trainers use easy English.   This kind
of training takes them a full year.

25 At the age of two, after the training finishes, each guide dog begins to
work.   There are many blind people who need the help of guide dogs.
One blind person after another is matched with his or her dog and they
spend about four to six weeks together.   (C)He or she learns, too: how
to tell them what to do and how to take care of them.

30 After ten years or so, the dogs (D)[become / help / old / people / to /
too] and it is hard for them even to walk.   Their work is done and

now they need to be taken care of until the moment of their death. The old dog is taken to a second volunteer family. The guide dog can spend a peaceful time together with its last host family.

   These days more and more people understand the importance of 35 guide dogs. For example, most shop owners will welcome any blind person with his or her guide dog. Even restaurant owners (E)do so, too. Now, blind people with guide dogs can use trains and buses, and go to almost any place. It is because people are beginning to know that guide dogs (⑤) quietly on the floor in a smart way while they are 40 waiting. The only problem they have is that it takes quite a lot of time for dogs to be raised and to be trained. A blind person once said, "When I lost my dog, I deeply felt that I've lost my 'eyes' (⑥)." Guide dogs are still very important.

問1 空所①～⑤に入る最も適当な語を下から選び，必要に応じて適当な形に変えなさい。

　[feel / control / bring / lie / speak]

問2 下線部(A)(D)それぞれの [ ] 内の語を並べかえて，前後の文脈に合う英語にしなさい。

問3 下線部(B)は具体的にいつからいつまでか。日本語で答えなさい。

問4 下線部(C)とは具体的に何を学ぶことなのか。日本語で答えなさい。

問5 下線部(E)はどうすることなのか。日本語で答えなさい。

問6 空所⑥に入る最も適当な語を下から選びなさい。

　[once / almost / before / forever]

3 珍種のニワトリ

[巣鴨高]

制限時間 1回目：15分 ／ 2回目（英文のみ）：5分

A man was driving his car along a country road when he was passed by a chicken. He was traveling at 80 kilometers an hour, but the chicken had passed him *as if he was not moving. He couldn't believe his eyes. How could a chicken possibly move faster than a car? "I
5 don't believe this," the man thought. "(①)." He *accelerated to try to catch the chicken, but it had disappeared.

Soon he came to a farmhouse. The farmer was outside, *leaning on the gate and looking down the road. The man stopped his car, got out and walked up to the farmer. "(②)," he said to the farmer. "A
10 chicken ran past me. It *must have been running at more than eighty kilometers an hour."

"Ah," the farmer said, "that was one of mine. You didn't see where it went, did you?"

"No," the man answered. "But how can a chicken run that fast?"
15 "Well," the farmer began, "chicken legs are a local dish in this part of the country, and there is a high *demand for them. (③) if I could *breed chickens with three legs, not with two. I *experimented. (④). It's *the additional leg that makes them so fast."

"That's very interesting," the man said. "And what do these three-
20 legged chickens taste like?"

"I don't know," the farmer said. "(⑤)."

> 注 as if まるで〜かのように　accelerate 加速する　lean よりかかる　must have been running 走っていたにちがいない　demand 需要　breed 育てる　experiment 実験する　the additional leg もう1本の足

問1　空所①〜⑤に入る最も適当な文をア〜カの中から選び，記号で答えなさい。

ア I've just seen the most amazing thing
イ It must be a trick
ウ I thought no one wanted to breed such funny chickens
エ I've never been able to catch one
オ I learned that I could make more money

カ Soon I succeeded in breeding three-legged chickens

問2 本文の内容と一致するよう，次の英文に続く最も適当なものを1つずつ選び，記号で答えなさい。

(1) The man couldn't catch the chicken because

　ア it was hard for him to drive along the country road.

　イ it disappeared as soon as he saw it.

　ウ it ran too fast for him to catch.

　エ he couldn't drive his car at full speed.

(2) When the man saw the farmer,

　ア he wanted to know whose chicken it was.

　イ he told the farmer how surprised he was at the chicken.

　ウ he asked the farmer to sell him the chicken.

　エ he told the farmer that the chicken was running at eighty kilometers an hour.

(3) The farmer wanted to breed three-legged chickens because

　ア it took him little time to breed them.

　イ it was easy for him to breed this kind of chicken.

　ウ he wanted to know more about three-legged chickens.

　エ he knew many people in this part of the country wanted to eat chicken legs.

(4) When the man asked how a chicken could run so fast, the farmer

　ア started to explain the reason to the man.

　イ didn't understand why the man was passed by a chicken.

　ウ didn't believe his ears.

　エ showed no interest in the question.

(5) The farmer didn't know what the three-legged chickens tasted like because

　ア he didn't like to kill any of the chickens he was breeding.

　イ he was much more interested in making money than in tasting them.

　ウ he never cooked or ate one before.

　エ he ate one such a long time ago that he couldn't remember what it tasted like.

12

4 わがままな太陽

制限時間 1回目：**20分** ／ 2回目（英文のみ）：**6分**

The Sun and the Moon lived in a *cave. No light of the Sun or the Moon came out of the cave. Only the stars shone in the sky.

The Sun and the Moon got tired of living in the cave together. It was too crowded. The Sun said to the Moon, ①"I am the father of all life. It is not right for me to be together with you in a cave. Go away and leave this cave for me."

5

"Where can I go?" asked the Moon. "I have no other home."

"Go into the sky," answered the Sun. "There is a lot of space for you in the big, blue sky."

The Moon was sad, but she left the cave. She was *scared to be in the big, blue sky. She was only a thin, silver moon. She hid behind the clouds. Later she wasn't so scared. (X)*Little by little she showed her whole face. Everyone said it was beautiful.

10

The Sun saw the Moon in the beautiful, blue sky and got angry. The little Moon was in a (**A**) place than he was! He ran out of the cave and jumped into the sky.

15

When she saw the Sun coming, the Moon got scared and ran away. She kept looking back (**B**) the Sun. Soon nobody saw the Moon.

Now the Sun had the whole sky to live (**C**). He sent his wonderful light in all *directions. He warmed the cold Earth. |(1) 緑の植物や美しい花々が育ち始めた。| People danced and *prayed to the Sun.

20

But the Sun was lonely. |(2) だれも彼に近寄らなかった。彼には話し相手がいなかった。| The Sun wanted to find the Moon. The Sun went to look (**D**) her.

The Moon was hiding in the old cave. When the Sun came near the cave, the Moon ran out.

25

"Oh, Moon," shouted the Sun. "Where are you going? Why do you leave when I come near? Dear Moon, do not go away again!"

The Moon did not wait for the Sun. She went quickly into the sky. When the Sun came into the sky, the Moon left.

30

To this day, the Sun cannot *catch up (**E**) the Moon.

35

Sometimes the Moon turns her cold face *towards the Sun for a short time.   ②Sometimes she turns her back on the Sun and passes quietly in front of him.

(Y)Now the Sun and the Moon *take turns sleeping in the cave.   Each day they travel *separately through the sky.

> 注 cave 洞穴   scared おびえた   little by little だんだんと   direction 方向
> pray 祈る   catch up 追いつく   towards 〜のほうへ   take turns -ing 交代で〜する
> separately 別々に，単独で

問1　空所(A)に good を適当な形にして補いなさい。

問2　空所(B)〜(E)に適当な語を補いなさい。

問3　 (1) 　 (2) の文を英語になおしなさい。

問4　下線部①②を日本語になおしなさい。

問5　次のア〜ケの文が物語の順になるように並べかえ，（　　）内にイ〜クの順序を番号で示しなさい。

(1) ア The Sun and the Moon lived in a cave.

(　　) イ The Moon hid in the old cave.

(　　) ウ The Sun got lonely.

(　　) エ The Sun and the Moon got tired of living together in the cave.

(　　) オ The Moon hid behind the clouds.

(　　) カ The Sun told the Moon to leave the cave.

(　　) キ The Moon shone in the sky.

(　　) ク The Sun jumped into the sky.

(9) ケ The Sun and the Moon travel separately.

問6　次の質問に英語で答えなさい。

(1) Why did the Moon leave the cave?

(2) Was the Sun happy when the Moon showed her whole face and everyone said it was beautiful?

問7　下線部(X)は月のどのような変化を表していますか。また，(Y)は月と太陽のどのような現象を表していますか。日本語で答えなさい。

5 伝える勇気 [広島大附高]

制限時間 1回目：20分 ／ 2回目（英文のみ）：8分

> *My dear boy,*
> *I am coming to the city next Thursday. I'd like you to take me out to lunch or dinner *somewhere.*
>
> *Your aunt, *Nadia*

5   My aunt Nadia is my mother's sister. She took care of us when my mother was sick. She was very *strict, but she made no *silly rules; we could do anything we liked as long as we did not trouble others or put ourselves in danger. She is quite rich, I believe, but she lives in a small house in the country with only one *maid who takes care of her
10 and does all the work in the house. But once or twice a year she comes to the city to buy clothes and *perhaps go to the movies. At the time of this story I was in my first year of university. My father gave me only a hundred *pounds a month for my *living expenses （ ① ） we had a large family. That was usually enough, but I often *had
15 difficulties. When my friends asked me to join them at a party, it was hard to say "No," so I said "Yes" *even if it meant going without dinner the next day. In fact, when my aunt's letter arrived, I had only twenty pounds, but I couldn't say "No!"

  I knew a nice little restaurant. I could get lunch there for three
20 pounds each. That would leave me （ ② ） pounds.

  "Well," said my aunt, "where shall we go? I never eat much for lunch, just one dish, so let's go to some nice place."

  I led her in the *direction of the little restaurant, but suddenly she pointed across the road to another restaurant.

25   "Can't we go there? That looks very nice."

  "Oh, very well, if you like it better than the place we were going to," I said. I couldn't say, "My dear aunt, I don't have enough money to take you to that *grand place. It's too expensive: it *costs too much." I thought, "③Perhaps I have enough for just one dish."

The *waiter brought us the menu. She looked at it and said, "Ah! 30
Can I have this?"

It was chicken cooked in a *French style, the most expensive thing on
the menu: (④) pounds. For myself I ordered the dish which was
the *cheapest —— three pounds. That left me ten pounds. No!——
nine pounds, because I had to give the waiter a pound.   35

"Would you like anything before your main dish, *Madam?" said the
waiter. "We have *caviar."

"Caviar!" cried Aunt Nadia. "Ah, yes! Can I have some caviar?"

I couldn't say, "No, you can't, because that will leave me only five
pounds." So she had a large *helping of caviar —— and a glass of 40
wine with the chicken. That left me only four pounds. Four pounds
would buy enough bread and cheese for a week. But just as she
finished the chicken, she saw another waiter with cakes.

"Oh!" she said. "Those cakes look very nice. Can I have just one
very little one?"   45

That left three pounds. Then the waiter brought some fruit. And
then, of course, we had to have some coffee after such a nice lunch.
That left nothing! Not even a pound for the waiter. He brought the
*bill: twenty pounds. I put twenty pounds on the *plate: nothing for
the waiter.   50

Aunt Nadia looked at the money; then she looked at me.

"⑤[all / you / the / that / is / money / have]?" she said.

"Yes, Aunt."

"And you've spent it all on giving me a nice lunch. You are very
kind, but that was very silly."   55

"Oh no, Aunt."

"You are learning languages at the university?"

"Yes, Aunt."

"What is the most difficult word to say in any language?"

"I don't know, Aunt."   60

"It is the word '(⑥)'. As you grow up, you have to learn to say
it —— even to a lady. I knew that you did not have enough money for
this restaurant, but I wanted to teach you a lesson. So I went on
ordering the most expensive things and watching your face —— poor

65 boy!"

　　She paid the bill and gave me five pounds as a present.

　　"Oh dear!" she said and smiled at me. "That lunch has *nearly killed your ⑦poor aunt! My lunch is usually just a glass of milk."

> 注　somewhere どこかへ　　Nadia ナディア(女性の名)　　strict 厳しい　　silly ばかげた
> maid お手伝い　　perhaps おそらく　　pound ポンド(英国の通貨)　　living expenses
> 生活費　　have difficulties 困る　　even if〜 たとえ〜としても　　direction 方向
> grand 豪勢な　　cost (お金が)かかる　　waiter ウェイター　　French フランスの
> cheap 安い　　Madam 奥様　　caviar キャビア(チョウザメの卵を塩漬けにした食品)
> helping ひと盛り　　bill 勘定書　　plate 皿　　nearly もう少しで〜する

問1　空所①に入るものとして最も適当なものを下から1つ選び，記号で答えなさい。
　　ア so　　　　イ but　　　　ウ because　　　　エ if

問2　空所②④に入る数を英語で答えなさい。

問3　下線部③が表す意味として最も適当なものを下から1つ選び，記号で答えなさい。
　　ア 1品だけならばお金が足りるだろう。
　　イ 1品だけで十分豪華になるだろう。
　　ウ 1品だけならば食べたいと思うだろう。
　　エ 1品だけで満足できるだろう。

問4　下線部⑤ [　　]内の語を適当な順に並べかえたとき，[　　]内で3番目と6番目になる語を答えなさい。

問5　空所⑥に入る英語1語を答えなさい。

問6　下線部⑦に関して，Aunt Nadia はどういう点で poor なのか。次の文の空所に言葉を補って説明しなさい。
　　（　　　　　　　　　　　　　　）なのに，（　　　　　　　　　　　　　　）という点。

6 | 川向こうのふしぎな世界 [東京学芸大附高]

制限時間 1回目：**20分** ／ 2回目（英文のみ）：**8分**

This happened a long, long time ago.   *Pine trees still had *needles that became yellow and dropped in fall.

One day a *hunter traveled out into the forest.   He walked and walked, and he went too far.   He saw a river.   It was so *wide that no animal could cross it.   Even a bird couldn't fly across it.   And the hunter said to himself, "If our animals cannot run across this river, and our birds cannot fly across it, what kind of animals and birds live on the other side?"   As he thought about it, he wanted to know more.   So he ran as fast as he could and jumped across the river.   He looked around: the same earth, the same plants, the same trees.   ①"Strange!" he said.   "I didn't need to jump."

Suddenly his mouth *dropped open because he was so surprised. Seven *rabbits stood there in front of him and waited quietly.   Then seven people came out of seven holes in the earth.   They were just like people but very small.   When the rabbits put down their ears, the people were taller than the rabbits.   When the rabbits' ears stood up, the people were smaller than the rabbits.

"Who are you?" asked the hunter.   "We are *immortal people," said the little men.   "We wash ourselves in living water, and we never die. And who are you?"   "I am a hunter."   The little men cried with joy. ②"Oh, good!   Oh, good!" they cried in chorus.

And one of them with white hair came forward and said, "A ③terrible, very big animal has come into our land.   We don't know where it came from.   The other day it caught one of our people and killed him.   We are usually immortal, we never die of old age, but this animal killed one of us.   You are a hunter —— can you help us with this trouble?   Can you kill the animal?"   "(④)?" answered the hunter, but he thought to himself, "Will I be able to kill such a big, terrible animal?

However, he went out to look for the animal.   He looked and looked, but could only find *footprints of rabbits.   Suddenly, among the rabbit footprints he noticed those of a *sable. "Oh, how lucky! This is a good chance. I must not pass it up," he said. "First I will get the sable, and then I'll go on looking for the big, terrible animal."

35　A little later, he found the sable and killed it. Then he carried it with him and went on looking for the terrible animal. He walked all around the little people's land, but could not find any other animal.

　　So he came back to the little people and said to them, "I could not find your big, terrible animal. ⑤[all / found / have / I / this / is]
40　sable." And he showed them the little sable *skin. "That's it, that's it!" they cried. "Ooh, what a large skin, what giant legs, what terrible, wild *claws!"

　　And the little old man with white hair said to the hunter, "You have saved us and our people! You are so brave and kind. We will show
45　our kindness to you. Wait for us. We'll come to visit you and bring you (⑥). You'll wash in it and will become immortal, too."

　　The hunter jumped back across the river and went back to his village and told his people about the little men. And the people began to wait for their guests, the immortal little men.

50　They waited one day, two days, three days, many, many days. But the guests did not come, and the people forgot about them and their promise.

　　Winter came. Everything was cold. And the river was covered with ice.

55　One day the village women went to the forest to find something to eat. Suddenly they saw rabbits. The rabbits were jumping toward them. They looked again, and saw that a small man sat on every rabbit. Each had a little cup in his hand. The women began to laugh when they saw this. "Look! Look!" they cried to each other. "They
60　are riding on rabbits!" "And look at the little men. How funny!" "Oh, it must be a joke!"

　　Now, the immortal people were very proud. They got angry at this. The one in front, the old man with white hair, shouted ⑦something to the others, and all of them threw their water *onto the ground. Then
65　the rabbits turned and jumped away fast.

　　And so the people in the village never got the living water. It went to pine trees.　For the reason, they are fresh and green even in winter. Their needles never die.

The Kaha Bird: Tales from the Steppes of Central Asia

Translated by Mirra Ginsburg

(注)　pine tree 松　　needle 針状になっている草木の葉　　hunter 狩りをする人　　wide 広い
drop 急に(ある状態に)なる　　rabbit ウサギ　　immortal 不死の　　footprint 足跡
sable クロテン(動物)　　skin 皮　　claw かぎ爪　　onto ～の上へ

問1　下線部①の理由を20～25字の日本語でわかりやすく説明しなさい。

問2　下線部②の理由として最も適当なものを下から１つ選び，記号で答えなさい。
　ア They didn't have a hunter among themselves.
　イ It was their first time to see a large man.
　ウ They thought the hunter would never die.
　エ They liked people larger than themselves.

問3　下線部③が表している１語を本文中から探して書きなさい。

問4　空所④に入る最も適当なものを下から１つ選び，記号で答えなさい。
　ア Will you　　　イ What for　　　ウ Why not　　　エ Can't you

問5　下線部⑤の [　　] 内の語を並べかえて，意味の通る文を作りなさい。ただし，文頭にくる語も小文字で示している。

問6　空所⑥に入る２語を本文中から探して書きなさい。

問7　下線部⑦で叫んだものとして最も適当なものを下から１つ選び，記号で答えなさい。
　ア "Let's congratulate them!"
　イ "Let's get another cup of water!"
　ウ "Don't give them the water!"
　エ "Don't throw the water onto the ground!"

問8　この物語は何について述べたものか。最も適当なものを下から１つ選び，記号で答えなさい。
　ア Why shouldn't we laugh at others?
　イ Why shouldn't we waste fresh water?
　ウ Why do pine trees have needles?
　エ Why do pine trees stay green all through the year?

7 ペンの行方

制限時間 1回目：15分 ／ 2回目（英文のみ）：7分

One Saturday afternoon, Tom hurried to May's room. She was his girl friend. She shared a room with her friends, Kate and Ann. "What should I do, May?" he said. "I've looked for every place in my house, and I've asked my parents, and now I can't think where else I should
5 look for...."

May said, "Tom, what is the ア(　　　　)(　　　　) you? Just sit down and have some coffee. Then you'll feel better. But first, tell us —— what are you looking for?"

"I'm sorry," he said, and took the cup she gave him.

10 "Tell me イ(　　　　) to stop," Kate said as she filled it with coffee.

"That's fine, thanks," he answered. "You know, I came here last night to talk to you, and we were all playing about with my green ball pen. Well, I can't find it." He continued, "One of you girls was playing a game with me, but I don't remember who."

15 "We don't have it," May said. "You don't have to get excited about a little thing like a ball pen."

"You don't understand," Tom answered. "You see, Aunt Jane bought me that pen three weeks ago. This morning I met her in the street, and she said she's coming round to see us tomorrow. And you know
20 what she's like. When she gives someone a present, she always wants to see it later. ①So I have to get it back!"

The three girls looked at each other again.

"Oh, come on, let's look for it," Ann said, "but if it isn't in this room, I don't know where else we should look."

25 They started looking for Tom's pen.

"ウ(　　　　)(　　　　) buying another one just like it?" Kate asked.

"Maybe," Tom answered, "but there are so many different ball pens and so many shops. I don't know which one I should go to."

30 After looking, they couldn't find his pen and Tom decided to go. "I'm sorry, but I have to go. Oh, what should I do?"

The next afternoon, Tom was happy because he had a green ball pen in his pocket. Then the door bell rang. He put the pen on the table and answered the door. It was May. "Here," she said and held out another green ball pen, just like Tom's. "Last night, Ann called her 35 brother Sidney and asked him where to buy green ball pens. He went round to ② the woman living in the house next to his, and she told him エ(   ) shop to try. So I've bought you one. Here it is."

Just then she saw the second pen on the table. "Oh, and after all our trouble, you've found yours. Where was it?" 40

"No," Tom said. "This isn't the one I lost. When I left you yesterday, I went around to five or six shops, and finally I found the same ball pen in one shop."

"So now you have two. Which one are you going to show Aunt Jane?" May said. 45

Suddenly the door opened. Aunt Jane had arrived to see him. She opened her bag and said, "You are not careful enough, young Tom. You dropped this in the street yesterday when we met." And she gave him the green ball pen he lost. Just then, she saw two ball pens on the table. "Oh, so you've got all those pens! If you don't need all of them, 50 you can give me one. The nice young man who lives in the house next to mine asked me about a green pen last night. He wanted to have one. Thank you, Tom," she said, with a big smile.

問1　空所ア～エに入る最も適当な1語をそれぞれ答えなさい。

問2　下線部①のように Tom が述べたのはなぜか。日本語で答えなさい。

問3　下線部② the woman とはだれのことか。文中の英語で答えなさい。

問4　Tom のもとには，(1)結局 何本のペンが集まったのか，また(2)それぞれどのような経緯でもたらされたのか。それぞれ日本語で簡潔に説明しなさい。

8 九月の旅行 ［大阪教育大附高平野］

制限時間 1回目：20分 ／ 2回目（英文のみ）：8分

Each year Mr. and Mrs. Kane went away to the sea for two weeks early in September. They always went to the same place and stayed at the same hotel.

Each year they bought something new to wear. This year Mr. Kane
5 bought a new hat. It was a different color from any hat that he had. It was dark green. Mrs. Kane didn't think that she liked men who wear green hats, but Mr. Kane liked the hat. He liked the color, and he wanted to wear it to go away to the sea.

"Very well," said Mrs. Kane, "if it makes you happy. But I like your
10 black one better."

"Nearly every hat that I ever bought," said Mr. Kane, "has been black. This one is different."

The next day the taxi came and they put their bags and coats into it. They were just going to leave, but Mr. Kane could not find his hat.
15 They looked everywhere in the house, but there was no sign of it.

"You'll have to wear your old one," said his wife. "Be quick! We'll miss the train."

"Wait a minute," said Mr. Kane. "I'm going to look in the garden."

"In the garden?" cried his wife. "You can't find it there. You haven't
20 been in the garden this morning."

Mr. Kane opened the back door. As he did so, he thought, "Oh, the door wasn't locked. Perhaps someone got in." He looked around. On the table in the garden he found his new green hat. He picked it up, locked the door, and went out to the taxi with his wife. On the way
25 to the station they could not talk of anything else.

"It's strange," said Mr. Kane. "I know that I didn't go out there this morning, and I'm sure that I didn't put this hat on that table."

"Well," said his wife, "you went to look for your hat, then you could find that (①). We are lucky. Now, no one can get in to the
30 house while we're away."

"Yes," said Mr. Kane, "②it is very strange. I can't understand it at all." He held the hat in his hands, turned it over, and looked at it carefully. It was just a dark-green hat.

They had a very good time when they were away. The sun was out all the time, the sea looked beautiful, and there were nice people staying 35 in the hotel. They were sorry to go when they left the place.

When the taxi was at the door of the hotel and they were ready to leave, Mr. Kane could not find his hat. They looked all over the hotel, but the hat was not there.

"We'll have to go without it," said Mrs. Kane. "We'll miss the train." 40

"I am not going without it," said Mr. Kane. "I like that hat, and it's somewhere in this hotel. I'm not leaving until I find it." Twenty minutes later there was still no sign of it.

"Oh dear!" said Mrs. Kane. "Now we have missed the train. There's not another one until four o'clock." 45

"③It is not important," said Mr. Kane. "I'm not moving from here without that hat." Just then his wife cried out, "Oh! Look!" On a table just behind him they found the hat. "Well," said Mr. Kane, "it's very strange. I've looked in this room again and again. That hat wasn't there two minutes ago." 50

"I didn't want you to buy that hat. I don't like it. ④It makes me afraid."

"You don't need to be afraid," said Mr. Kane. "It's difficult to understand, but you don't need to be afraid."

"We missed our train," said his wife. "We'll be very late getting 55 home."

"It's not important," said Mr. Kane. "We'll have a cup of tea and get the four-o'clock train."

When they got to the station, they were told that ⑤there wasn't a four-o'clock train. The three-o'clock train ran into another one, some 60 people were killed, and many were badly hurt. Men were working to clear the line, but there wasn't another train for some time. Mr. and Mrs. Kane looked at each other. Then Mr. Kane took off his hat and held it very hard in both his hands. "This hat has (⑥) our lives," he said. 65

問1 空所①に入る最も適当な本文中の4語を答えなさい。

問2 下線部②の指す内容を25〜35字（句読点を含む）の日本語で答えなさい。

問3 下線部③の指す内容を20〜30字（句読点を含む）の日本語で答えなさい。

問4 下線部④になった理由を15〜25字（句読点を含む）の日本語で答えなさい。

問5 下線部⑤になった理由を25〜35字（句読点を含む）の日本語で答えなさい。

問6 空所⑥に入る最も適当な1語を入れなさい。

9 　ある教室での実験授業　　[青雲高]

制限時間　1回目：20分　／　2回目（英文のみ）：8分

In 1970, Jane Elliott, a third-grade teacher in Riceville, Iowa, gave her students an interesting lesson on ①discrimination.

Ms. Elliott took a few steps toward the door and then turned to ask, "How do you feel if someone judges you by the color of your skin? Would you like to know?"

Some of the children said, "Yes."

"Well, let's see," Ms. Elliott said. "Shall we judge people today by the color of their eyes? Would you like to try this?"

"Yeah!" The answer was almost a shout as everyone in the class got (②).

"All right. Today, the blue-eyed people are the best people in this room," Ms. Elliott said.

She moved to her desk at the back of the room. "The brown-eyed people in this room today are going to wear collars so that we can tell what color your eyes are." She picked up eight collars from the desk.

All morning, whenever a brown-eyed child was slow, whenever one made a mistake, Ms. Elliott made a point of letting everyone know. As the brown-eyed children became unhappy, the blue-eyed children relaxed under the approving eye of their teacher.

At noon, Ms. Elliott stood ③(　　　　)(　　　　)(　　　　) the class. "Who goes first to lunch?" she asked.

"The blue-eyes," said those with blue eyes.

"The blue-eyed people," Ms. Elliott agreed. "No brown-eyed people may go back for *seconds. Now let's get in line, the blue-eyed people first."

The next morning, Ms. Elliott said, "Yesterday, I told you that ④[as / are / brown-eyed people / not / good / blue-eyed people / as]. That wasn't true. I lied to you yesterday. The truth is that brown-eyed people are better than blue-eyed people."

The brown-eyed children laughed with delight. The faces of the blue-eyed (⑤) sad.

The class started. John, who had brown eyes, was given a short lesson in writing. When he had mastered it, Ms. Elliott said, "Now, that's beautiful writing! Brown-eyed people learn fast, don't they?"

35 And the brown-eyed people did learn fast that day. ⑥In everything they did on those two days, the children in the "inferior" group worked poorly, while the "superior" group children always performed very well.

"What did you people who are wearing collars find out today?" Ms. Elliott asked when all were quiet.

40 "I know what they felt like yesterday," Raymond said.

"I do, too," Greg said strongly.

"How did they feel yesterday?" Ms. Elliott asked.

"Like a dog on a *leash," Greg said.

"Should the color of their eyes affect your behavior toward others?"
45 Ms. Elliott asked.

There was a loud "No."

"All right, then should the color of your （ ⑦ ）?"

This time the "No" was louder.

"Whether your （ ⑦ ） is black or white?"

50 "No."

"Or yellow? Or red?"

"No."

"Is that the way you decide who is good and who is bad?"

"No."

55 "Is that what makes people good or bad?"

"No."

"Let's take these （ ⑧ ） off."

In a minute, the children removed the （ ⑧ ） and threw them away.

🈑 seconds おかわり　　leash 革ひも，鎖

問1　下線部① discrimination の訳語を漢字2字で答えなさい。

問2　空所②に入る最も適当な語を下から選び，記号で答えなさい。
　　　ア excite　　　イ exciting　　　ウ excited　　　エ excitement

問3　下線部③が「クラスの前に」という意味になるように，空所に入る英語3語を答えなさい。

問4　下線部④を意味が通るように並べかえなさい。

問5　空所⑤に入る最も適当な語を下から選び，記号で答えなさい。
　　　ア came　　　イ stayed　　　ウ made　　　エ turned

問6　下線部⑥を日本語になおしなさい。

問7　空所⑦に入る最も適当な共通の1語を答えなさい。

問8　空所⑧に入る最も適当な共通の1語を答えなさい。

10 第1回 実力テスト

時間 **20**分
合格点 **70**点

得点 ／100

次の英文を読んで，あとの設問に答えなさい。

Every living thing needs water. It is needed for good health and ①it is more important than food. A person can live for five weeks without food, but he or she can live for only about five days without water. Most people take in about four liters of water every day, and much of
5 this water ②[we / is / eat / food / in / the]. Foods such as lettuce and watermelon have a lot of water, and foods like bread and dried fruits do not have ③as much.

People use water to cook, too. Potatoes are boiled in water, and many other foods can be cooked in water. Water is added to *flour
10 ④[make / things / cakes / and / to / other] and muffins. Farmers use a lot of water to produce our food. They *water plants so that the plants will grow and be healthy. They must also give water to the animals they raise. If farm animals do not get enough water, they will get sick and die. As a result, there would not ⑤[eat / be / us / meat /
15 to / for]. Many factories need a lot of water, too. For example, paper factories use lots of water to make paper. That is why factories are often (A) next to rivers.

Water is used to make electricity as well. When water falls, it has a lot of energy. ⑥This is why *power plants are placed next to dams.
20 The energy of the water (B) over the dams is changed into electricity.

People also use water to carry things from one place to another. Large ships carry oil across oceans and smaller ones carry wheat and other foods down rivers and across lakes. Other boats carry people
25 and cars from one town to another.

Water is also used to have fun. Sports such as swimming, boating, fishing, and water-skiing depend on water. ⑦So does ice-skating; it is done on (C) water.

Water is very precious and should not be wasted, so we should be
30 very careful not to pollute it. People cannot swim safely in (D) rivers and lakes. What is worse, such water cannot be used for

(E).

注 flour 小麦粉　　water 動 水をやる　　power plant 発電所

問1 本文の最も適当な表題になるように，次の空所に漢字を書きなさい。それぞれ
　　3字以内とする。　　　　　　　　　　　　　　　　　　　　　　　　（6点）

　　（　　　　　　）の（　　　　　　　）

問2 第4段落の要約になるように，次の空所に漢字を書きなさい。それぞれ2字以
　　内とする。　　　　　　　　　　　　　　　　　　　　　　　　　　（6点）

　　（　　　　　　）は（　　　　　　　）に利用される。

問3 次の英文は何番目の段落の直後に挿入するのが最も適当か。その数字を書きな
　　さい。　　　　　　　　　　　　　　　　　　　　　　　　　　　　（8点）

Finally, we use water for washing.　We use it to clean ourselves, our
clothes and our homes.　　　　　　　　　　　　　　（　　　　）

問4 下線部①の理由を40〜50字の日本語で書きなさい。句読点も字数に含む。(10点)

問5 下線部②④⑤を文脈に合うように並べかえなさい。　　　　（6点×3＝18点）

　　②＿＿＿＿＿＿＿＿＿＿＿＿＿＿＿＿＿＿＿＿＿
　　④＿＿＿＿＿＿＿＿＿＿＿＿＿＿＿＿＿＿＿＿＿
　　⑤＿＿＿＿＿＿＿＿＿＿＿＿＿＿＿＿＿＿＿＿＿

問6 下線部③の後に補うのに最も適当なものを下から1つ選び，記号で答えなさい。
　　ア as bread and watermelon　　イ as bread and lettuce　　（6点）
　　ウ as lettuce and watermelon　　エ as dried fruits and lettuce （　　）

問7 空所(A)〜(E)に入る最も適当な動詞を下から選び，必要ならば変化させて書きな
　　さい。ただし，同じものは2度以上使えない。　　　　　　（6点×5＝30点）

　　[build / carry / cover / drink / fall / freeze / pollute / ski]
　　(A)＿＿＿　(B)＿＿＿　(C)＿＿＿　(D)＿＿＿　(E)＿＿＿

問8 下線部⑥の具体的内容を日本語で書きなさい。　　　　　　　　（8点）

　　（　　　　　　　　　　　　　　　　　　　　　　　　　　　）

問9 下線部⑦と同じ意味になるように，次の空所に3語を書きなさい。　（8点）

　　Ice-skating＿＿＿＿＿＿＿＿＿＿＿＿＿＿＿, too.

11 地球上の水

制限時間　1回目：15分 ／ 2回目（英文のみ）：7分

Your body, like all the plants and animals on earth, is mostly water, and you must have water to live.

The most common, or plentiful, thing on the earth is water. It covers three quarters of the earth's surface. But most of it is in the
5 oceans. Ocean water is too salty for people. We can't drink it, use it for growing *crops or make the things we need with it. For these purposes, we must have fresh water, not salt water.

Unlike salt water, there is only a small amount of fresh water on the earth. Less than one percent of all the water on earth is fresh water
10 that we can use. This fresh water is either surface water or groundwater. Surface water is found in bodies of water like lakes and rivers. Groundwater is water inside the earth.

Did you know that the earth receives no new water? The water that has always been on the earth is recycled again and again. *Precipitation
15 —— rain or snow —— falls to the earth. Some of it stays on the earth's surface, running down the sides of mountains and hills into rivers and lakes of fresh water. When the sun shines, some surface water dries up, or *evaporates. It rises into the air to make clouds. Finally, after the water in the clouds gets heavy, it falls back to earth as
20 precipitation once more, and the cycle begins again.

Not all rain water stays on the earth's surface, however. Some of it becomes groundwater by *seeping into the soil and collecting under the ground.

The small amount of fresh water on earth is in danger. You
25 probably already know that oil accidents and *garbage and other waste can pollute surface water —— the water in the lakes and rivers. Pollution can *harm groundwater, too. Poisonous *chemicals can seep underground, just like rainwater. They may come from golf courses, factories, or even from polluted lakes and rivers. It takes a long time
30 and a lot of hard work to clean dirty water, especially groundwater.

It's up to everyone to conserve and preserve fresh water. Conserve, or save, fresh water by using less water both inside and outside your home. Preserve fresh water —— keep it safe and clean —— by throwing away dangerous household chemicals carefully. Never put them into the *drain, the toilet or the garbage.

35

There is not a lot of fresh water, really. So let's all help keep it fresh!

🈟 crop 農作物   precipitation 降雨，降雪   evaporate 蒸発する   seep しみ込む
garbage ごみ   harm 害する   chemical 化学物質   drain 排水管

問 (1)～(5)の答えとして最も適当なものをそれぞれア～ウの中から選び，記号で答えなさい。

(1) How much of the earth's surface is covered with water?
　ア 34%　　イ 75%　　ウ 99%

(2) How is the earth's water recycled?
　ア Rain or snow falls to the earth. Some seeps into the soil and remains under the ground.
　イ Precipitation falls to the surface, and some goes into rivers and lakes. Some surface water evaporates into the air.
　ウ As the water in the clouds becomes heavy, it dries up and rises into the air.

(3) What is endangering the earth's fresh water?
　ア Pollution from oil accidents, garbage and poisonous chemicals.
　イ Groundwater inside the earth.
　ウ Golf courses, factories, and lakes and rivers.

(4) How can we save fresh water?
　ア People must think how to use ocean water.
　イ People must throw away household chemicals in the drain or the toilet.
　ウ People must try to use less water both inside and outside their homes.

(5) Why do we have to be very careful about using fresh water?
　ア Because it is up to everyone to clean dirty water.
　イ Because there is not a lot of it.
　ウ Because not all rain water stays on the earth's surface.

12 病気になったら

制限時間 1回目：**20分** ／ 2回目（英文のみ）：**9分**

Everyone has experienced the feeling of being sick.　When we have a cold, we *cough, *sneeze and *have a runny nose.　If we catch the flu, we may have a fever and feel very tired.　When we eat something that is old or unclean, sometimes we have to run to the toilet.　Other types
5 of illnesses can be more serious.　When we get older, our bodies become weaker and we may get lifestyle diseases, such as heart disease, or aging diseases, such as cancer.　Can you explain why we get these diseases?

　　When we have a cold, a *virus has entered our body.　Our body
10 reacts by coughing, sneezing and having a runny nose in order to get rid of the virus.　However, because the virus is a living thing, it also tries to survive and *reproduce.　A good way of doing this is to spread itself by making the person with the virus cough, sneeze and have a runny nose.　In this way, both our bodies and the virus benefit.　This
15 example shows us that the *symptoms of diseases caused by viruses or *bacteria are often a natural reaction to cure our body of the disease.

　　Another example is a fever.　If we ask 'why' our body becomes hot, it can help us understand how a fever is actually useful in fighting disease.　Usually when we get the flu, a virus has entered our body.
20 Soon after, we have a fever.　After a day or two, the fever disappears and we begin to feel better.　In many cases, the fever is actually a means that the body uses to kill the virus.　The virus cannot survive in the *oven that our body has created.　In this way, the fever was actually a helpful reaction that killed the virus, though we were not so happy to
25 feel so miserable.　This shows us that our bodies have natural *defenses, and it also shows that sometimes taking medicine to reduce symptoms is not always the best answer because it *interferes with the body's natural defense system.

　　The natural defenses that our bodies have do not only help cure us of
30 disease but they also help prevent disease.　Although we do not often think about it, our senses of pain, taste and smell are very helpful in

preventing sickness and accidents. Imagine if your body never feels any pain. At first it sounds wonderful, but actually it would be a problem. We would have no warning of harm such as the pain we feel when we touch a hot surface by accident. Usually, we move our hand away at 35 once when this happens, but if we felt no pain, we could very quickly and completely burn our fingers. Taste and smell work in the same way. They tell us when food is good to eat, and when it is not. Often foods which are bitter or sour can have poisons in them that make us sick or even kill us. If we put something that is bitter into our mouths, 40 most of us do not like the taste and take it out quickly. This is an example of our natural defenses. There are some *exceptions, however. Lemons are very sour, but they do not hurt us at all.

Some illnesses are different from those written above because they are mostly suffered by adults. Diseases such as heart disease, cancer and 45 high blood pressure can cause great unhappiness. We know that the cause of these diseases sometimes comes from our lifestyle. At other times, they may be caused by our *genes, or by a combination of the two. Again, by asking why we get these diseases, we can reach a better understanding of them. Cancer, for example, is mostly a disease of 50 older people. This means that people who get cancer are usually past the stage of life when they can have children. This shows us that our bodies are mostly made for reproduction. We should realize that until one or two hundred years ago, most people did not live past the age of forty or fifty years old. For most humans, cancer was not a problem 55 because few humans lived long enough to get it. Instead, they died of other *infections, accidents, and poisoning.

Finally, in some ways diseases seem *paradoxical. If some viruses that enter our bodies are living things, why do they kill us? If we die, so do they. For example, if *HIV enters a human body and eventually 60 kills it, the virus also dies. This is clearly not good for the virus. The answer to this question is that sometimes this happens when the disease is a new one. AIDS is clearly a new disease and it has not had the time to *adapt itself to live in a person without killing him or her. Old diseases like a cold or flu do this well. A disease like *measles, 65 which used to kill people, now only makes us sick once, when we are children.

By understanding why we get sick, we can learn how wonderful our bodies really are. We can also come to fully understand how the
70 symptoms that sometimes make us feel very uncomfortable are actually the body's way of making us healthy again. Think of this when you take some medicine to lower your fever.

> 注 cough 咳をする　　　　sneeze くしゃみをする　　　　have a runny nose 鼻水が出る
> virus ウィルス　　　　reproduce 繁殖する　　　symptom 症状　　　bacteria 細菌
> oven オーブン　　　　defense 抵抗力　　　　interfere with ~ ~のじゃまをする
> exception 例外　　gene 遺伝子　　infection 感染症　　paradoxical 逆説的な
> HIV エイズウィルス　　adapt oneself 順応する　　measles はしか

問1　次の1～5の文が本文の内容に合うように，（　　）に入る最も適当なものを
　　　ア～エの中から選び，記号で答えなさい。

1.　A virus tries to survive and reproduce（　　　　）.
　　ア by curing our body of illnesses such as colds
　　イ by coughing, sneezing and having a runny nose
　　ウ by giving our body the benefit of being healthy
　　エ by spreading itself after entering our body

2.　A fever is a good means to cure us of diseases（　　　　）.
　　ア because it fights them without any pain
　　イ because it is used in the oven that our body has created
　　ウ because it is a helpful reaction that kills viruses
　　エ because it helps us feel better

3.　Our sense of pain helps us prevent sickness and accidents（　　）.
　　ア just as we feel no pain when we touch a hot surface by accident
　　イ just as we quickly and completely burn our fingers without any warning of harm
　　ウ just as taste and smell tell us whether food is safe to eat or not
　　エ just as all bitter or sour foods can have poisons in them

4.　The cause of heart disease, cancer and high blood pressure may come from（　　）.
　　ア the way we live, what is passed down to us, or infections

　イ the way we live, our genes, or a combination of the two

　ウ a combination of our lifestyle and accidents

　エ a combination of our lifestyle and reproduction

5.　In some ways diseases seem paradoxical; (　　　　).

　　ア for example, the AIDS virus kills, but also dies with the person it killed

　　イ for example, HIV enters a human body and eventually kills it to survive

　　ウ for example, measles now only makes us sick when we are children

　　エ for example, a cold or flu adapts itself to survive in our body

問2　本文の内容と一致するものには○で，一致しないものには×で答えなさい。

　　ア Lifestyle diseases or aging diseases can be more serious than the flu.

　　イ If we cough or sneeze, we can get rid of fever.

　　ウ In order to feel better when we have a fever, taking medicine is better than having a rest without taking medicine.

　　エ When we try a bitter food, most of us naturally take it out of our mouths.

　　オ Not many children have heart disease, cancer, and high blood pressure.

　　カ One of the main causes of death in the late 1800s was cancer.

　　キ In the future, AIDS will probably become a stronger virus, but it will not kill humans.

　　ク Our body tells us that we should take medicine when we have a high fever, so we should listen to this message.

13 過去におびえる男 [筑波大附駒場高]

James Brown looked out of the window and, after a moment, dropped to the ground. He made no noise. The house was in a quiet part of the town. It was around two o'clock and the night was dark. "Nobody will see me at this time of night," he thought. He ran quickly across
5 the garden. He felt safe now.

He was once a *thief before he came to the little town of Brampton ten years before. Now he was a *jeweler. He had a famous shop in Brampton. And nobody in the town knew his past. He did not *steal anything in the town. Tonight was (ア)the first time in ten years. But
10 he was not worried. He climbed easily over the garden wall. He even thought of the dead man left in the house. He said to himself, "I did not want to kill Richard Strong, but it was necessary. I did not want to steal from him either. But (イ)I need money."

He was in danger of losing everything. One day he met one of the
15 thieves he knew. He said, "Hey, Brown, I know you were once a thief. Give me some money, or I'll tell people in Brampton about that." Brown was afraid, so he gave him money. Then the man wanted more. Brown's business was good, but the man asked for so much that Brown could not pay him. Now he was in real trouble. He had to get
20 money, so he became a thief again.

Richard Strong had a lot of expensive old things in his house. Brown knew this. He often bought old gold and (a) it. He made up his mind to turn the gold from Strong's house into a gold *bar and then sell it. He was a jeweler, so he knew that he could sell it easily.
25 It was easy to get into the house. The expensive things were all in one room. Brown knew this, so he just climbed up to the window. In Brampton (b) one thought it was necessary to worry about thieves. In the room Brown filled his pockets with gold pieces. He soon had more than enough.
30 He was just leaving when he heard a sound behind him. He turned quickly. The door was open and Strong was standing in front of him.

"Brown!" It was the only word Strong said. Brown looked at the old knife held in his hand. He didn't think at all before he used it. In a few seconds Strong was dead. Brown pulled the body into the room and closed the door. Then he turned off the light, closed the curtains 35 and climbed out through the window.

"I did nothing wrong. I had no other way," he told himself. "He looked me in the face. I had to kill him," he thought. "And he was an old man. He had only a few more years to (c)."

He felt safe. "Nobody knows that I've been to Strong's house. I left 40 nothing there," he thought. "Nobody saw me." The street was empty and dark when he went into his own house.

He lived by himself in the house. His bedroom was at the back of the house. He turned on the light. Then he felt in his pocket and pulled out a glove. A look of surprise came to his face. He felt in his 45 pocket again. His hand moved among the gold pieces there. He turned white. The other glove was not there!

He remembered that the gloves were in his pocket when he was at Strong's house. He put them on a table while he filled his pockets with gold. He was sure he picked them both up before he left. But 50 now one of the gloves was gone. And it had his name and address inside!

He thought of the room with the dead man in it. The thought of returning made him afraid. He gave a little cry. "I can't (ウ)do it," he said to himself. "I can't!" 55

He said to himself, "The police will catch me. I won't be able to get free for life." Then he went out into the street again. The way back to Strong's house was like a terrible dream. Once he shouted at a piece of paper on the ground.

He reached the house and climbed slowly up to the window. The 60 room was still dark. But he thought he could see a darker thing on the floor near the door. He needed to turn the light on to find his glove.

Richard Strong was on the floor at his feet. Brown put out his hand and touched the knife.

"Put up your hands! Put up your hands, you ——!" 65

Brown looked up with a cry. The door was open and Strong's son stood there. He was pointing a *gun at him. Slowly, Brown raised his arms above his head.

　　A *detective and two policemen took him to the police station. On
70　the way, the detective said to Brown, "Well, this is (エ)a surprise. We never thought of you until he found you with the body —— and with your pockets full of gold. You just didn't get away in time, right?"

　　Brown said nothing.

　　His house was on the way to the police station. He was cold. He
75　said to the detective, "May I go in and bring my overcoat?"

　　"OK," said the detective. "But we'll go with you."

　　He went in. Brown came next and then the two policemen. Brown's foot touched something on the floor. He picked it up and at that moment the detective turned on the light. Brown looked at the
80　thing in his hand.

　　It was (オ)＿＿＿＿＿＿＿＿＿＿＿＿＿＿ .

　　　（注）　thief どろぼう（複数形 thieves）　　jeweler 宝石商　　steal 盗む　　bar 棒状のかたまり
　　　　　　 gun 銃　　detective 刑事，探偵

問1　冒頭の James Brown looked out of the window and, after a moment, dropped to the ground. と同じ瞬間が書かれている場面が文中のほかの段落（パラグラフ）にある。それはどこか。内容が重なっているその部分ををそのまま抜き出して答えなさい。

問2　空所（ a ）（ b ）（ c ）に入る最も適当な1語をそれぞれ答えなさい。

問3　下線部(ア) the first time in ten years とは，何が first time なのか，日本語で説明しなさい。

問4　下線部(イ)で I need money と言っている。その理由を日本語で説明しなさい。

問5　下線部(ウ) do it の内容を日本語で説明しなさい。

問6　下線部(エ)で刑事が a surprise と言っている。その理由を日本語で説明しなさい。

問7　下線部(オ)に入る2語を答えなさい。

14 くわをもつ農夫 [桐朋高改]

制限時間 1回目：20分 ／ 2回目（英文のみ）：8分

One evening a few years ago, I happened to visit an *exhibition at an art college in San Francisco. They were giving prizes to the best art students of the year, and Michael Marley won a prize for his *sculpture of an old farmer with his left hand on his *plow and an empty right sleeve; it was clear that his right arm had been there. I thought that ①it was an unusual *subject, so I asked the artist about it after the show. He smiled and told me that it was a long story, so I asked him to go to a nearby restaurant.

The story had its beginning in England about a hundred years ago. It was about a rich country family who had been farmers for several hundred years. At this time the head of the family was a gentleman who loved his land and who spent his life making his land better. He seemed to be happy, but he was disappointed with his children. His two daughters liked life in London better, and his oldest son joined the army and spent his life in foreign lands. The other son Peter stayed at home. But he really loved painting and making small wooden figures, not the land. To get away from such a life, Peter decided to run away. He finally got on a ship going to New York.

In New York City, Peter turned from painting to sculpture, and after five years, he began to get a few jobs. One day he got the important job of making a large stone statue for a city park. He asked another sculptor to be his assistant.

And then it happened. The assistant was lifting the huge block of stone with a rope, but he was careless, and the rope slipped off his hands. The stone block fell from a high place and Peter had no time to get away. His arm was horribly broken, and a doctor had to cut ②it off. Peter tried to work with his left hand, but it was useless.

One day the assistant sculptor visited Peter probably because he felt sorry for the accident. He offered Peter a large piece of land in California. He told Peter that it was greatly valuable, not only as farmland, but also because there was gold in the river that ran through it.

Peter decided to get the land at once. He didn't know what else to do. If he could not be a sculptor, he would be a *gold miner, and if
35 that didn't work, he could always be a farmer again. He married a young woman and they left for a new life in California.

But they got disappointed with their new life. There was no river and no gold. The land was hard, dry, and rocky. But Peter remembered what his father had taught him about farming. ③He and
40 his wife did not quite *starve. They built a small house and had a family of seven children.

Michael Marley came to a stop. It was the end of the story.

"So Peter was the model of your old farmer with one arm," I said. "What a sad life he had!"

45 "That's right," said Michael quietly, and as I looked at him in the small light of the restaurant, ④it seemed to me that his own face was very much like the face of the statue.

After a long silence I asked, "How did you hear of this story?"

"I've always known it," replied Michael. "Peter Marley was my
50 grandfather."

"So now you are a sculptor like your grandfather."

"Yes," said Michael. Then he continued to tell the story.

After old Peter Marley had died, his sons stayed on the land, continued to farm it and the family became quite rich. Michael's father
55 had continued farming, but none of his children were interested in the land.

"So," he said, "I ran away from home for ⑤the same reason my grandfather did."

Then he stood up, thanked me for the meal, and left the restaurant.

注 exhibition 展覧会   sculpture 彫刻   plow くわ   subject 題材
　　gold miner 金鉱夫   starve 餓死する

問1 筆者はなぜ下線部①のように思ったのですか。15字程度の日本語で説明しなさい。

問2 下線部②の it が示すものを，以下の空所を埋める形の英語で答えなさい。

Peter's (　　　　　　　　　) (　　　　　　　　　　)

問3 下線部③の理由を20字以内（句読点を含む）の日本語で説明しなさい。

問4 下線部④を日本語になおしなさい。

問5 下線部⑤の the same reason とはどのような理由ですか。20字程度の日本語で説明しなさい。

問6 本文の内容と一致するものを2つ選び，記号で答えなさい。

ア Michael was a farmer who loved his land and did his best to grow crops.

イ Peter's brother joined the army and lived in foreign lands.

ウ Peter was planning to make a statue for a park in New York City.

エ Peter lost one of his arms because of his own carelessness.

オ The assistant sculptor decided to sell Peter some land.

カ Peter found gold on his farm and became rich.

キ Michael did not like farming, but his brothers were interested in it.

15 | 祖母の存在

制限時間 1回目：15分 ／ 2回目（英文のみ）：8分

What do you think of when you think about your grandmothers? Many people have happy memories of their grandmothers. Their grandmothers loved them, listened to them carefully, and gave them toys and sweets. Sometimes, grandmothers even helped them when they
5 had problems with their parents. For many people, their grandmothers were a very happy part of their *childhood.

These days *anthropologists have begun to study the *role of grandmothers. Anthropologists are scientists who study people, societies, and cultures. Until *recently, they usually looked at parents
10 and did not look at grandparents very carefully. But now they are studying how grandmothers also *influence the *survival rate of their grandchildren.

Many anthropologists now believe that the role of grandmothers in a family is very (1), and some of them have studied grandmothers
15 within different societies and cultures. They have found that it is sometimes more important for a child to have a grandmother in the family than for a child to have a father!

Dr. Ruth Mace and Dr. Rebecca Sear, anthropologists at University College in London, collected and studied information about people in
20 Gambia, Africa. At the time of their study, the child mortality rate was very high. Dr. Mace and Dr. Sear looked at children who were about one to three years old. They discovered that the *presence of the child's father did not influence the mortality rate. However, the *presence of a grandmother made the children's chances of dying 50%
25 less. These anthropologists made another *discovery that surprised them very much. The children were only helped by the presence of their maternal grandmother —— their mother's mother. The presence of their father's mother, or paternal grandmother, didn't influence the mortality rate.
30 Dr. Cheryl Jamison is an anthropologist at Indiana University in Bloomington. She worked with other anthropologists to study the

*population records of a village in Japan for the period from 1671 through 1871. They found that the mortality rate for children in the village was very high. In fact, 27.5% of children died by the age of 16. They then studied *female and *male children *separately and looked 35 for the presence of grandmothers. Again, the anthropologists were (2) by their discovery. Living with a grandmother didn't make any difference in the mortality rate for girls. However, there was a great difference in the survival rate of boys. If a maternal grandmother lived with them, boys *were 52% less likely to die in childhood. 40

Today, many children do not live with their grandmothers. However, grandmothers still have an important role in their grandchildren's lives. They still love and take care of their grandchildren, and make their lives happier, too.

注 childhood 子ども時代　　anthropologist 人類学者　　role 役割　　recently 最近　influence 影響する　　survival rate 生存率　　presence 存在　　discovery 発見　population record 住民の記録　　female 女の　　male 男の　　separately 別々に　*be* likely to ～　～しそうである

問1　文中の(1)(2)に入る最も適当な1語をそれぞれ書きなさい。

問2　下線部 mortality rate と同じような意味の語句を本文中から探して答えなさい。

問3　本文の内容と一致するものを下から2つ選び，記号で答えなさい。

ア It has not been so long since anthropologists started to study how grandmothers influence the survival rate of their grandchildren.

イ Although some anthropologists have started to study grandmothers, there are still many anthropologists who don't think grandmothers are important.

ウ Dr. Mace and Dr. Sear found that the survival rate of the children in Gambia was not influenced by the presence of their father.

エ Dr. Jamison was an anthropologist who went to Japan in the 17th century and studied people in a village.

オ There are not many children who live with their grandmothers today, so more children should live with their grandmothers.

問4　本文中の2つの調査の結果がすべての子どもにあてはまると仮定したとき，どのような子どもの生存率が最も高くなるか，簡潔にまとめて日本語で述べなさい。

16 ラッキーと少女 [筑波大附高]

制限時間 1回目：20分 ／ 2回目（英文のみ）：10分

"I think I just bought a *blind horse."

At first Jane thought that it was one of her dad's bad jokes. She was on the horse's warm back and her dad was moving his hat slowly before the horse's eyes.

5 The horse was beautiful. She was younger than Blackie, the horse Jane usually *rode, but not as strong as her dad's horse, Windego. "Now I have my own horse," Jane thought. Jane loved this beautiful horse.

"She is blind and afraid to run. She won't go faster than a walk."

10 Jane didn't want to believe it. "Hee-ya!" She kicked the horse's sides with her *heels.

①

Her dad was right. The most perfect horse in the world couldn't see.

In the evening, Jane and her mom went out and gave food to her.

15 Jane's dad was talking on the phone. He soon came out to join them.

"Sanders says that he didn't know the horse was blind."

"The man you bought her from?" asked Jane's mom. "He knew ②it, I guess," she said.

"He says that I can sell her as horse *meat."

20 "Horse meat! No!" said Jane quickly. "We can keep this horse to have babies."

Jane's dad looked hard at Jane. "I called the doctor. He says if a horse is blind, maybe, her babies will be blind, too. We can't keep a blind horse that has blind babies. We don't have enough *pasture.

25 Everything on this farm has to bring money ——③[can / by / sell / either / producing / or / we / something] by helping us with the work on our farm."

"But, Dad, are you sure...?" Jane couldn't finish her words.

Jane's dad continued. "If she has a baby and it's born blind, I'll have 30 to sell them both as horse meat for very little money. Both of them, Jane. ④＿＿＿＿＿＿＿＿＿ just to sell one now."

Jane looked at the horse's blind, trusting eyes. "Can't we give her a chance, Dad?" she said.

Her dad looked at Jane's mom quickly and then turned to Jane.

"All right," he said. "We'll give her that chance." 35

Jane put her arms around the horse's warm *neck. "We'll call her Lucky," she said.

That summer, Jane and Lucky became friends. Jane couldn't ride a long way up and down the hill, but ⑤she didn't care. She just felt happy because she could ride her own horse. Sometimes she rode 40 slowly around the pasture. Sometimes she *slept on Lucky's back.

When cold weather came, Lucky was sent to a pasture that was a long way from Jane's house. Jane went there to see Lucky only on weekends. Jane missed Lucky and wanted her to come back to her dad's pasture soon. 45

And spring came. Now Lucky was going to have a baby.

"I can't see Lucky anywhere, Mom," Jane shouted early one spring morning.

"In the *barn. Lucky is with your dad now," said her mother. "Quick, Jane. The school bus has turned the corner." 50

Jane took her school bag and ran for the bus. As the bus went along the pasture, she said to herself, "My dad and Lucky are in the barn. That means... Lucky is going to have a baby today!"

Jane had a long day at school that day. When she returned home, she noticed that her dad was standing by the gate. He looked straight 55 at her. Suddenly she knew that he had ⑥something to tell her.

"I don't want to talk to him," she thought. "I know what's happened. The baby is blind, and he's killed both of them. Now he's going to explain why he had to. It's not right. It's not *fair."

"You don't have to say anything, Dad!" Jane shouted and began to run 60 without looking at him. She went around to the back of the barn. She climbed her secret way into the *loft and sat down in the *hay. She cried.

"Jane! Jane!"

Her dad was calling her name into the barn. How did he know 65 where she was?

"I wanted to tell you....　I went into town and bought Lucky a *Seeing Eye dog this morning."

"Another of his jokes," thought Jane.　"Another bad joke...."

70　Just then she heard a small sound *below her.　She looked down. There stood Lucky and the baby horse.　Jane dropped some hay from the loft.　The baby's head moved quickly and its eyes caught the *movement.　It could see!

"Come down and meet Lucky's son, Jane.　Lucky had a very healthy 75 baby this morning.　Very healthy.　I hope when he grows up, he'll become a Seeing Eye dog for his mother."

Now Jane understood his ⑦_____.　"My dad was as worried about Lucky as me," Jane thought.　"He loves horses of all kinds.　He loves horses as much as his own bad jokes."

80　Jane said with a smile, "He'll be a good Seeing Eye dog.　We'll have to give him a dog's name.　⑧How about Rover?"

"Rover... for a horse?　Well, it's not a bad idea," her dad said.　"Not a bad idea at all."

注　blind 目の不自由な　　　rode＜ride（乗る）の過去形　　　heel かかと　　　　meat 肉
　　pasture 牧場　　　neck 首　　　slept＜sleep（眠る）の過去形　　　barn 納屋　　　fair 公平な
　　loft 納屋の２階　　　hay 干し草　　　Seeing Eye dog 盲導犬　　　below ～の下に
　　movement 動き

問１　次のア～エを適当な順序に並べかえ，空所①に入れなさい。

　　ア　But the horse didn't.

　　イ　She passed her hand before the clear brown eyes.

　　ウ　She was hoping that the horse would run forward.

　　エ　Jane got down from the horse's back and walked to her head.

問２　下線部②が表す内容を文中から抜き出して答えなさい。

難▶問３　下線部③の［　　］内の語を意味が通るように並べかえなさい。

難▶問４　下線部④の空所に入る最も適当なものを下から１つ選び，記号で答えなさい。

　　　　ア　I don't want　　　　　　イ　I don't mean

　　　　ウ　It may be easier　　　　エ　It may be impossible

問5　下線部⑤の理由を文中から抜き出して答えなさい。

問6　下線部⑥の具体的な内容を表す1文を文中から抜き出して，最初の2語と最後の2語を答えなさい。

問7　下線部⑦の空所に入る最も適当な1語を文中から抜き出して答えなさい。

問8　下線部⑧が意味することを次のように別の英語で表現するとき，空所に入る最も適当な4語を答えなさい。

Why _____ Rover?

問9　次の英文は Jane が書いたその日の日記の一部です。本文の内容に沿って，文中の空所(1)〜(3)に適当な語を1語ずつ入れなさい。

March 27

Lucky did a good job today! She had her baby, Rover, early this morning. I'm very happy. I have waited for this day to come （　1　） Lucky became my own horse. Because Rover was born healthy, he saved not only his, but also his （　2　） life. I want to thank both Lucky and Rover. Rover is fine and perfect, but Lucky looks rather tired now. Lucky will need a lot of rest and care. I'll give her all the attention and love she needs （　3　） she becomes well again. Today is really a *Lucky* day!

17 私たちの住む「海」 [久留米大附設高]

制限時間 1回目：20分 ／ 2回目（英文のみ）：9分

Imagine living at the bottom of an ocean —— an ocean deeper than any body of water! Well, you do. We all do. We spend our lives at the bottom of an ocean of air! This ocean that surrounds the planet Earth is called the (①). And it is most unusual. You cannot see
5 it. You cannot touch it. But you know it's there.

Through the ages, scientists tried to find out what air was made of. Joseph Priestley, an English chemist who lived about two hundred years ago, solved part of the mystery. Priestley knew some things about air. He knew that people and animals need air to breathe to stay alive. He
10 knew that air was necessary to make fire burn. But he did not know why this was so.

One day Priestley placed a burning candle inside a large jar. He watched the candle flame burn bright and strong; then he covered the jar. The flame began to flicker. It soon went (②). The scientist
15 took a second jar. This time, he put a live mouse inside the jar. The mouse scurried about trying to find a way (②). Then the scientist covered the jar. The mouse slowed down. In a short time it died, just as the flaming candle had died. Priestley quickly placed a burning candle inside the jar with the dead mouse. The flame died down at
20 once!

③The English chemist stared at the jar thinking about what he had seen. Reason told him that air must contain some gas that had kept the candle burning in the uncovered jar. And whatever had kept the candle burning must have been the same gas the mouse used to breathe.
25 In some way the air which both the candle and the mouse used must have "spoiled."

But then, Priestly wondered, why hasn't all the air in the world spoiled by now? He decided that nature must have a way of keeping the air fresh. He thought of all the different kinds of living things, and
30 he experimented. He placed a small container filled with soil and a growing piece of mint inside a jar in which a burning candle had just

died out. He kept the jar covered for ten days. The scientist then placed a lighted candle inside the jar. The candle kept burning with a strong, bright flame! Priestley was excited. This time he placed a live mouse and a piece of mint inside another airtight jar. The mouse continued to live. But soon after Priestley removed the mint, the mouse died.

Priestley had discovered nature's secret. Plants make the difference. Somehow, ④[fuels / fresh / keep / that / they / can / air / so / burn] in it and living things can breathe it. But the puzzled chemist still did not understand how plants do this.

Today we know the answer to Priestley's puzzle. ⑤Air contains a gas called oxygen, and it enables things to burn. Without oxygen, Priestley's candle could not have burned.

With the use of special instruments, scientists can find out how much oxygen is in the air. They tell us that about one-fifth of the atmosphere is oxygen. And ⑥no matter how many things burn in the atmosphere and how many people and animals breathe it, the amount of oxygen in the air stays almost the same! When breathing or burning occurs, oxygen is taken from the air and another gas, carbon dioxide, is released into the atmosphere. We know now that carbon dioxide was the gas that had "spoiled" the air when Priestley's candle died. It was the same gas that made the mouse die.

Today it is understood how the mint plant kept the mouse alive inside the jar. A green plant is always busy manufacturing food for itself and for any number of animals that feed upon it. To do this, the plant keeps taking the carbon dioxide from the air. In exchange, the green plant gives off oxygen, sending it back into the atmosphere. This helps to keep a steady supply of oxygen for all living things to share. All living things, plants and animals, need this air. And they need each other. Those who live in the same ocean of air both give and take.

問1 空所①に当てはまる適当な1語を本文中から抜き出しなさい。

問2 空所②に共通して入る適当な1語を答えなさい。

問3 下線部③の英文を日本語になおしなさい。

問4 下線部④が「それらは，燃料が燃えるように空気を新鮮に保つ」という意味になるように並べかえなさい。

問5 下線部⑤とほぼ同じ意味になるように，次の空所に適当な語をそれぞれ入れなさい。
    = Air contains a gas called oxygen, (　　　　　　　　　) makes
    (　　　　　　　　) (　　　　　　　　　　) for things to burn

問6 下線部⑥のようになる理由を本文の内容に即して日本語で答えなさい。

18 「死の商人」逝く

制限時間 1回目：**20分** ／ 2回目（英文のみ）：**8分**

The headline in the newspaper announced the death of Alfred Nobel on April 13, 1888. The reporter wrote: "*The salesman of death* is dead." He was so called because he invented the powerful explosive: dynamite. The paper went on to say, "The man who made much money by (①) ways to kill more people faster than ever before is 5 dead." In fact, [X] The newspaper story also gave Alfred Nobel's age, his country of birth, and other information about his business. However, the words "*The salesman of death*" were all that the 55-year-old man from Sweden read.

Alfred Nobel sadly put down the newspaper. He didn't want to read 10 it any more. No, he wasn't dead —— his brother Ludwig died the day before, and the French newspaper made a mistake. (A)Nobel was sad not because the announcement about his death was wrong, but because people got his business wrong. "Is the world going to remember me in this way?" thought Nobel. He didn't like the idea. [Y] He hated 15 violence and war. He invented dynamite to save lives —— lives that were (②) because other explosives were dangerous to use. (B)He wanted people [looking / him / for / to / as a man / remember] peace.

It's true that Alfred Nobel invented dynamite at a perfect moment in time. Many countries were (③) to build railroads and tunnels, and 20 needed a safe, powerful explosive to make railroads through mountains. That would save a lot of time. People also needed dynamite to blow up hard stone in order to build buildings, dams, and roads. [Z] Moreover, he believed that if all countries had the same powerful *weapons, they would see how impossible war was, and war would end. 25 In fact, (C)this was a popular idea of his day.

Nobel was very upset about the image that the world had of him, but he did not know what (④) about it, and thought about his problem for years without having any answer. He tried to think of the best way for people to use the $9 million he made. Then, in 1895, an 30 adventurer named Salomon August Andree made plans for an adventure

to reach *the North Pole.   People all over the world were excited about his journey, because the scale was so large that they could not imagine it at all.   One day, Nobel read about Andree's plan, too, and suddenly
35 he had a wonderful idea.   He finally knew what he should do with his (ア).   He wrote his *Last Will.   In his will, he said he would give a special prize to people who help humans in some excellent ways in five (D)fields: *physics, *chemistry, medicine, *literature, and peace. This is the Nobel Prize, as we know.   He also wrote that anyone could
40 be the winner —— any men or women from any (イ).

　　Alfred Nobel died on December 10, 1896, at the age of 63.   He was unmarried and had no children.   People all over the world wondered who was going to get Nobel's money.   They were amazed when they learned of Nobel's plan.
45 　The first Nobel Prizes were given on December 10, 1901, five years after Alfred Nobel's (ウ).   The total of each prize was more than $40,000 at the time and the winner could get not only the cash prize but also a gold medal.   Today each prize is more than $1 million.   The Nobel Prize very soon became the greatest prize that a person could
50 receive in these fields.   The report of Alfred Nobel's death was a mistake, but (E)the plan that he made as a result of this mistake gave the world the image he wanted: Alfred Nobel, man of (エ).

　　(注) weapon 兵器　　the North Pole 北極　　Last Will 遺言書　　physics 物理
　　　　chemistry 化学　　literature 文学

問1　空所①～④に入る最も適当な動詞を下から選び，必要に応じて形を変えなさい。
　　　ただし，それぞれ1度しか使えません。
　　　[begin / keep / find / lose / do]

問2　下線部(A)を日本語になおしなさい。

問3　[X]～[Z]に入る最も適当な英文を下から選び，記号で答えなさい。
　　　ア Nobel invented dynamite for these peaceful uses.
　　　イ Nobel didn't tell him how to make more powerful dynamite.
　　　ウ Nobel became very rich thanks to his business.
　　　エ Nobel spent his life working for peace in the world.

⇨ 問4 下線部(B)の [   ] 内の語句を意味が通るように並べかえなさい。

問5 下線部(C)が指す内容を日本語で答えなさい。

_____ という考え

問6 (ア)〜(エ)に入る最も適当な一語をそれぞれ本文中から探して答えなさい。

問7 下線部(D)の意味と同じものを含む英文を下から1つ選び，記号で答えなさい。
 ア They are working in the rice <u>field</u> with other farmers.
 イ At last they found a diamond <u>field</u> in the mountain.
 ウ We're going to meet in the playing <u>field</u> today.
 エ This is outside of my <u>field</u>. Ask someone else.

⇨ 問8 下線部(E)を日本語になおしなさい。

⇨ 問9 本文の内容と一致する英文を下から1つ選び，記号で答えなさい。
 ア The newspaper made the 55-year-old man from Sweden so surprised that he told Nobel to read it right away.
 イ Nobel was able to succeed in his business because of the change the world was experiencing at that time.
 ウ After Nobel took part in the adventure to the North Pole and was given some advice from Andree, he had a great idea.
 エ People all over the world were very excited to know Nobel's family didn't want to receive his big money.

19 地球の破滅：そのとき…   [灘高]

① In all the space of the universe, this is probably the only living planet there is, or ever was, or ever will be.

② It's probably the only planet that has air just the right weight for a butterfly to float in.

5 ③ And it's probably the only planet that has water just right for a fish to breathe in.

④ And it's probably (1)the only planet where plants can transform light into life.

⑤ When it's dead, probably that means that everything in the universe 10 is dead.

⑥ (2)It really is too bad that we're killing it.

⑦ (3)Not "might kill"; "killing."   A big part of it is already dead.

⑧ At the present rate, it will probably be gone in a couple of generations.   A couple of days, if there is nuclear war.

15 ⑨ No use making a *will: There'll be no one to *inherit the money you labored so hard to save.   (All that work for nothing!)

⑩ No use buying a fancy gravestone: There'll be no one to put a flower on it.   And, anyway, no flowers.

⑪ (4)No use having your picture taken: There'll be no one to look at it 20 and say, "There's Grandma when she was young."

⑫ No use thinking up excuses: There'll be no one to say, "Well, they did their best."

⑬ And no use praying.   If the gods are like ア*Shinto gods, they need the living Earth —— trees and soil —— for their home.   When it dies, 25 they will surely die with it.

⑭ Or if the gods are like イ the Christian God —— who lives, they say, outside the world —— they or he (or she) may survive.   But can you still call this a god, who *presides over a universe of death?   Can you still call this a god, whose one great project —— the project of life —— 30 has been defeated?

(注) will 遺言　inherit 相続する　Shinto 神道　preside over～ ～を支配する
*この英文は一貫した文章で，文中の①から⑭の数字は便宜上つけているものです。

問1　下線部(1)～(4)を日本語になおしなさい。

問2　著者が言うア・イの神について，その違いはどんなところにあるのか。また，それぞれどんなところに住んでいて，著者が①～⑫で言うようなことに地球がなれば，それぞれどうなるというのか。文意に即し，あなたの考えも含めて，句読点を含む120字以内の日本語で書きなさい。なお，文中でのそれぞれの神は，ア・イで表示してよい。

20 第2回 実力テスト

時間 **30** 分
合格点 **70** 点

得点 ⟋ 100

次の英文を読んで，あとの設問に答えなさい。

My wife, Tina and I bought a new car in December.　Even though we had tickets to fly from California to Houston to visit her family for Christmas, we decided to drive to Texas to break in the new car.　① We packed the car and took off for a wonderful week with Grandma.

5　We had a wonderful time and stayed to the last possible minute visiting with Grandma.　On the return trip we needed to get home in a hurry, so we drove straight through —②(　　　　　).　After driving in a hard rain for several hours, we arrived home late at night.　We were tired and ready for a hot shower and a soft bed.　I had the feeling that

10　though we were very tired, we should unpack the car that night, but ③[wanted / hot / all / shower / was / Tina / the] and the soft bed, so we decided to wait and take our things out of the car in the morning.

At seven o'clock in the morning, we got up refreshed and ready to unpack the car.　When we opened the front door, there was no car in

15　the *driveway!　Tina and I looked at each other, looked back at the driveway, looked at each other, looked back at the driveway, and looked at each other again.　Then Tina asked this wonderful question, "Well, where did you park the car?"

I answered with a laugh, "④ Right in the driveway."　Now we knew

20　where the car was parked, but we thought, "⑤ Our car backed out the driveway, then parked itself by the sidewalk," so we walked outside to look for it.　However, there was no car around.

We were shocked, so we called the police and filed a report that probably made our high-tech tracking system start working.　Just to be

25　sure, I also called the tracking system company.　They told me they had a 98 percent recovery rate within two hours.　In two hours, I called again and asked, "Where's my car?"

"We haven't found it yet, Mr. Harris, but we have a 94 percent recovery rate within four hours."

30　Two more hours passed.　I called again and asked, "Where's my car?"

Again they answered, "We haven't found it yet, but we have a (**A**) percent recovery rate of finding it within (**B**) hours."

At the point I told them, "Your percentage rate (**a**) nothing to me when I'm in the small percentage, so call me when you find my car." 35

Later that day, a commercial aired on television with the automaker asking, "Wouldn't you like to have this car in your driveway?"

I answered, "⑥(   )"

As the day went by, Tina became more and more worried as she 40 remembered more and more of our things in the car — our wedding album, our many family photos from past generations, our clothes, all of our cameras, my bank cards, her purse and so on. These were items of little importance to our survival, yet they seemed of major importance at that moment. 45

Tina was very worried and said with a little angry look, "⑦How can you joke about this when all of these things and our new car are missing?"

I looked at her and said, "Honey, we can have a stolen car and be very unhappy, or we can have a stolen car and be happy. Either way, 50 we have a stolen car. I truly believe the way we think and the way we feel are our choices and right now I choose to be happy."

Five days later, our car was returned without any of our things, and with over $3,000 worth of damage to the car. I took it to the dealer for repairs and was happy to hear they would have it back to us within a 55 week.

At the end of that week, I dropped off our rented car and picked up our own car. I was glad and felt relaxed to have our own car back. Unfortunately, ⑧these feelings were short-lived. On the way home, I crashed into another car right at our *freeway exit ramp. It didn't hurt 60 the car I ran into, but it sure hurt ours. It (**b**) another $3,000 worth of damage. I managed to drive the car into our driveway, but when I (**c**) out to see the damage, the left front tire was flat.

As I was standing in the driveway looking at the car, *kicking myself for hitting the other car, Tina arrived home. She walked up to me, 65 looked at the car, and then at me. When she saw that I felt it was all

my fault, she (d) her arm around me and said, "Honey, we can have a damaged car and be all unhappy, or we can have a damaged car and be happy. ⑨Either way, we have a damaged car, so let's choose
70 to be happy."

"You win!" I said with a hearty laugh, and we went on to have a wonderful evening together.

🈁 driveway ドライブウェイ (玄関から車道までの私道。和訳の際は「ドライブウェイ」のまま でよい)　 freeway exit ramp 高速道路の出口　 kick myself 自分を責める

問1　空所(a)〜(d)に入る最も適当な動詞を選び，必要に応じて適当な形になおしなさ
い。同じ語を 2 度使用しないこと。　　　　　　　　　　　　　　 (4点×4＝16点)

　　 [get　 put　 go　 cost　 mean　 take]

　 (a)＿＿＿＿＿　 (b)＿＿＿＿＿　 (c)＿＿＿＿＿　 (d)＿＿＿＿＿

問2　空所(A) (B)に入る数字の組み合わせとして最も適当なものはどれか。 1 つ選び，
記号で答えなさい。　　　　　　　　　　　　　　　　　　　　　 (8点)

　 ア (A) 100　(B) 8　　　　　　 イ (A) 96　(B) 6
　 ウ (A) 100　(B) 6　　　　　　 エ (A) 90　(B) 8　　　　　 (　　　)

問3　下線部①を日本語になおしなさい。　　　　　　　　　　　　　 (8点)
　 (　　　　　　　　　　　　　　　　　　　　　　　　　　　　　　)

問4　下線部②に入る最も適当なものを 1 つ選び，記号で答えなさい。 (6点)
　 ア one person driving while another slept
　 イ one person driving while the others slept
　 ウ one person driving while others slept
　 エ one person driving while the other one slept　　　　 (　　　)

問5　下線部③の(　　)内の語を意味が通るように並べかえなさい。 (8点)

問6　下線部④と同じ意味をもつ right を下から 1 つ選び，記号で答えなさい。
　　　　　　　　　　　　　　　　　　　　　　　　　　　　　　　 (6点)
　 ア Turn right at the crossroads.
　 イ She was standing right in the middle of the room.
　 ウ It'll work our all right in the end.
　 エ Have I spelled your name right?　　　　　　　　　 (　　　)

問7 下線部⑤を日本語になおしなさい。 （8点）

（　　　　　　　　　　　　　　　　　　　　　　　　　　　）

問8 下線部⑥に入る最も適当なものを1つ選び，記号で答えなさい。 （6点）

ア Sure I would. I had one yesterday.

イ Sure I would. I had it yesterday.

ウ Oh, no. I wouldn't. I had one yesterday.

エ Oh, no. I wouldn't. I had it yesterday.　　　　　　（　　　）

問9 下線部⑦を日本語になおしなさい。 （8点）

（　　　　　　　　　　　　　　　　　　　　　　　　　　　）

問10 下線部⑧の理由を日本語で簡潔に書きなさい。 （8点）

（　　　　　　　　　　　　　　　　　　　　　　　　　　　）

問11 下線部⑨は具体的にどういう内容を示しているかを日本語で説明しなさい。

（6点）

（　　　　　　　　　　　　　　　　　　　　　　　　　　　）

問12 本文の内容に合うものを下から2つ選び，記号で答えなさい。 （6点×2＝12点）

ア Mr. and Mrs. Harris flew to Houston to spend Christmas holidays with her family, and they drove back to California in their new car.

イ As Mr. and Mrs. Harris arrived home late and were tired, they decided to leave their stuff in their car until the next morning.

ウ The next morning Mr. Harris was very surprised to see their new car was taken away by the police from the driveway.

エ Thanks to the high-tech tracking system, the police were able to find Mr. and Mrs. Harris's new car within several hours.

オ Mr. Harris was disappointed to find that it would cost over $3,000 to buy back their stolen belongings.

カ On the way home from the dealer, Mr. Harris was hit by another car on the freeway, but he managed to drive home.

キ Mr. Harris was very happy at the end of the story because his wife told him not to be discouraged.

（　　　）（　　　）

21 サンタクロースの代役 [筑波大附高]

制限時間 1回目：25分 ／ 2回目（英文のみ）：10分

When I begin to hear Christmas songs on crowded streets, I always think of a Christmas I had so many years ago. At that time I was a very young teacher. The school was alive with activity as we prepared for the special day. There was much to do. We had to *decorate our
5 classrooms, practice Christmas songs, sing at a local home for old people, and, of course, make gifts for the children's moms and dads.

One day before the holidays started, I was called to the *principal's office. She was worried about something. "We've (①) our Santa Claus!" she said. "Mr. Johnson is usually our Santa, but he is sick in
10 bed. Maybe he has a very bad cold."

I couldn't imagine that Mr. Johnson, the school guard, was sick in bed. He was a large, friendly man with *rosy cheeks. Everyone thought that he could be the best Santa Claus.

The principal asked me to do his job because I was the only other
15 man in the school.

"I myself can do the job, but no one likes a woman Santa," she said to me. "I know you'll ②do it. You want to see the children's happy faces, don't you?"

The idea sounded terrible to me. First, I was so *thin at that time
20 that I had to buy my clothes in children's sizes. Second, I was able to speak in a loud voice when I had to, but I didn't believe I could say the traditional "*Ho, ho, ho!"—— so important to a real Santa Claus.

"(③) Then I can't stay with them any more," I said.

"Don't worry," she said. "You'll be a wonderful Santa. It's nothing.
25 You just have to visit each classroom with the bag of toys. When you see the children, smile, give them candy, get out, and go to the next room. I'll carry the *bells."

"But...," I tried to stop her, but I couldn't. I was already in her office and there were large Santa clothes on her desk.

30 "Now get into these quickly," she said.

"(④)" I made one last effort.

"Don't worry. We'll ask another teacher to cover it."

"(⑤)"

"Well, even a bad Santa will be better than no Santa at all," she answered and left the room. I had to change clothes. 35

In a few minutes she was back. She put *pillows inside the Santa clothes to make my stomach bigger. She also put the cap on my head and the *beard on my face. She painted rosy cheeks. Then she said, "Perfect! You look like a real Santa!"

"Come on, now," the principal said. "Let's have a big Christmas 40 smile!" I found ⑥it was a little difficult. I only had a shy smile.

I followed her out into the hall. She was *jingling the bells. "We'll go to the first grade first," she told me as we walked toward Room 1.

The children shouted for joy. They came to me and stood around me. 45

"Ho, ho, ho!" was all I could say. ⑦[able / anything / I / of / to / better / was / think]. "Have you all been good boys and girls?"

"Y-E-E-E-S!" they shouted.

"Not John," said one of the girls, just like his mother. "He hasn't been good, has he?" 50

"Well," the teacher stopped, and then went on, "⑧he's trying."

"I have candy for everyone," I said. All the children jumped and shouted for joy. Some held me. I thought, "I haven't seen such happy faces before." Now my beard came off and my big stomach came down over my legs. But the children didn't care about it. I was Santa Claus, 55 and that was the only important thing to the children, in any grade.

I was *nervous at first, but soon I started to *behave like the kind old man.

For the first time I knew how (⑨) the *symbol of Santa is. With a "Ho, ho, ho" he can make the classroom (⑩) and the 60 school a *wonderland.

When I returned to the principal's office fifteen classrooms later, I was very (⑪). I took off my Santa clothes. The principal and teachers came to me and said, "Congratulations! Very good job! You really (⑫) Christmas." 65

I went to the school *parking lot later that afternoon. There were only a few cars.   When I was going to open the door of my car, I saw one of the children in the parking lot.   He was eating the candy and walking toward me.

70 "How did you like Santa Claus?" I asked him.

"Oh," he answered.   "(⑬)"

I couldn't say a word.

The children knew that it was me, but they didn't care.   They didn't need the real Santa; any symbol was fine with them —— even a rather
75 strange one.

Now during the Christmas season, when I see busy streets and decorated stores, I sometimes think of the wonderful experience I had on that special day.

注 decorate 飾りつける   principal 校長   rosy cheeks 赤いほお   thin やせた
Ho, ho, ho! ホッホッホッ(サンタクロースの笑い声)   bell 鈴   pillow まくら
beard あごひげ   jingle (鈴などをリンリンと)鳴らす   nervous 緊張した
behave ふるまう   symbol 象徴, シンボル   wonderland おとぎの国
parking lot 駐車場

問1 空所①に入る最も適当な動詞を下から1つ選び, 必要に応じて形を変えなさい。

[choose / disappear / lose / miss]

問2 下線部②が表す具体的な内容を15字以内(句読点を含む)の日本語で答えなさい。

問3 空所③〜⑤に入る最も適当なものをそれぞれ下から1つずつ選び, 記号で答え
なさい。

ア But I'll be a bad Santa.

イ But I don't know what to do.

ウ But what about my classroom?

エ But why should we go together?

オ But the children will laugh at me.

問4 下線部⑥の表す意味を次のようにして明確にする場合, 下の(   )に入る最も
適当な英語5語を答えなさい。

it was a little difficult to (   ).

問5 下線部⑦の [   ] 内の語を意味が通るように並べかえなさい。ただし，1語不足しているので，その語を補って答えなさい。

問6 下線部⑧の後に語句を加えて意味を明確にする場合，どのような語句が最も適当か，英語3語で答えなさい。

問7 空所⑨〜⑪に入る最も適当な語をそれぞれ下から1つずつ選び，記号で答えなさい。

ア brave   イ excited   ウ funny
エ sorry   オ strong   カ tired

問8 空所⑫に入る最も適当な語を下から1つ選び，記号で答えなさい。

ア changed   イ held   ウ helped   エ saved

問9 空所⑬に入る最も適当なものを下から1つ選び，記号で答えなさい。

ア You saw him?
イ You were great.
ウ I didn't need Santa.
エ I liked Mr. Johnson.

問10 本文の内容と一致するものを下から1つ選び，記号で答えなさい。

ア John was so bad that he didn't get any candy.
イ The principal thought I did a good job as a Santa.
ウ I don't believe that the Santa clothes make the Santa.
エ Older children weren't happy when I visited their classes.

22 ふしぎな石 [慶應女子高]

More than two thousand years ago, in Turkey, a *shepherd （ ア ） Magnes was walking through the mountains near his home. Suddenly, some metal in Magnes's *sandal *stuck to a rock in the mountain. Was it magic? No, it was *magnetism! Magnes ran back to town with
5 the rock. People came from all around to study it. Today, [A]. They know that it *contains a lot of iron. Iron is a very *magnetic kind of metal. That is why the rock acted as a *magnet and *attracted Magnes's sandal.

Magnetism is an *invisible force. Some types of metals have this
10 magnetic force. A material that has a magnetic force is called a magnet. Today, magnets are everywhere. You probably can't even see some of them. Many are （ イ ）. But magnets work for you even when you can't see them. Some examples of common everyday magnets are *refrigerator magnets and *compasses.

15 What can a magnet do? It can attract, or pull in, *objects made of certain kinds of metals. A magnet can also *repel, or push away, other magnets. Only certain kinds of materials are attracted to magnets. They are iron, *cobalt, and *nickel. A material that is attracted to magnets is called "magnetic."

20 Some magnets are made naturally. Iron, cobalt, and magnetic rock such as *magnetite are natural magnets. Other magnets are human-made. Magnets *form when a magnetic material, such as iron or cobalt, is mixed with other metals such as *aluminum or *copper. Then the magnet is formed into a shape.

25 Every magnet has two *poles. The poles are the points where the magnetic force is the strongest. One pole on a magnet is called the north pole. The （ あ ） pole is called the south pole. Poles that are the （ い ） push each other away, or repel each other. The north pole of one magnet will repel the north pole of another magnet. Poles
30 that are *opposite pull together, or attract each other. The north pole of one magnet will attract the south pole of another magnet.

Every magnet has a *magnetic field. The magnetic field is the area around the magnet where there is a magnetic force. The magnetic field begins at each pole and wraps around the magnet. It is an invisible force. You can't see a magnetic field, but you can see how it works. If you put an object closer to a magnet, the magnetic force on the object gets stronger. If you move the object away from the magnet, the magnetic force on the object gets (う).

Why are some materials magnetic and others nonmagnetic? ①The answer is in the small parts that make up the inside of the magnet. A bar magnet is made up of lots of *tiny bar magnets. These tiny parts are called *magnetic domains. Magnetic domains *exist only in a few special kinds of metals such as iron, cobalt, and nickel. Other metals, like aluminum or copper, don't have magnetic domains.

Just like the magnet itself, each tiny domain has a north pole and a south pole. If you break a bar magnet in half, you will find that each half will have a north pole and a south pole. If you break it in half again, each new piece will still have a north pole and a south pole. That's because every magnetic domain has exactly two poles.

In a bar magnet, the domains are *neatly *lined up so all the north poles point one way and all the south poles point the other. When all the north poles face the same *direction, their *individual forces *add up, the metal has a strong magnetic force.

If metals, such as iron, have magnetic domains, is a *regular iron nail a magnet? It can be. An iron nail is also made up of magnetic domains. But an iron nail's domains are not neatly lined up. Some north poles face one way, some face (え). Because these poles are not lined up, their forces do not add up. The nail does not have a strong north pole or south pole.

A regular iron nail can easily be made into a magnet. All you have to do is line up the magnetic domains. Here's how: ②When the iron nail is near a magnet, the domains in the nail get turned around to match the magnet's poles. When you take the nail away from the magnet, the domains go back to the way they were. If you (ウ) the nail near the magnet for *long enough, the domains will stay lined up with the magnet. The poles of the iron nail's domains [B]. The iron nail is now a magnet.

How does that work? By *stroking the nail *over and over with one
magnetic pole, you attract the magnetic domains in the nail. Slowly,
70 the north poles of all the domains move to face the same way, so all the
domains neatly line up. Because the nail's domains are lined up, the
nail will now (エ) to be a magnet. Scientists call this a
*permanent magnet. But if you hit the magnet several times with a
*hammer, it will begin to lose its magnetism. This is because the
75 *physical force of the hammer breaks up the tiny domains and moves
them in different directions. When the domains are not neatly lined up
any longer, the metal stops being a magnet.

An example of a nonpermanent magnet is an *electromagnet.
Electromagnets only stay magnetic for a short time. When electricity
80 (オ) through a *wire, it creates a magnetic field around the wire.
The more electricity there is, the stronger the magnetic field is. When
the wire is *coiled together, the electricity goes around and around a lot
of times. There is a lot of electricity, so there's a strong magnetic field.
Now the coil is a magnet. When the electricity is turned off, the
85 magnetic field goes away, and the coil is (お) longer a magnet.

Can you think of a way that a magnet that can be turned on and
turned off might be a useful *device? When a car gets old or
*damaged, it usually ends up in a *scrap yard. The car's steel is
removed. It [C] things. But how does a big, heavy car get lifted
90 up and moved around? The steel in cars is attracted to magnets. You
can lift a car with a strong electromagnet. Turn off the electromagnet,
and the car will (カ) to the ground.

注 shepherd 羊飼い　sandal サンダル　stick to〜 〜にくっつく　magnetism 磁力
contain 含む　magnetic 磁気を帯びた　magnet 磁石　attract 引きつける
invisible 目に見えない　refrigerator 冷蔵庫　compass 方位磁石　object 物体
repel 反発する　cobalt コバルト　nickel ニッケル　magnetite 磁鉄鉱　form 生
じる　aluminum アルミニウム　copper 銅　pole 極　opposite 正反対の
magnetic field 磁場　tiny きわめて小さい　magnetic domain 磁区　exist 存在す
る　neatly 整然と　line up 並ばせる　direction 方向　individual 個々の
add up 加わる　regular 普通の　long 長時間　stroke なでる　over and over 何
度も何度も　permanent 永久的な　hammer ハンマー　physical 物理的な
electromagnet 電磁石　wire 金属線　coil 動 巻きつける 名 コイル　device 装置

damage 損なう　　scrap 廃棄物

問1　空所(ア)～(カ)に入る最も適当な動詞を下から選び，必要に応じて形を変えなさい。ただし，各語1度しか使わないこと。

[continue / drop / flow / hide / leave / name]

問2　[　A　]～[　C　]について，それぞれ次の語句を並べかえて補いなさい。

[　A　] after / call / magnetite / Magnes / scientists / the rock
[　B　] are / attract / enough / magnetic / objects / other / strong / to
[　C　] and / gets / made into / new / recycled

問3　空所(あ)～(お)に入る最も適当な1語をそれぞれ答えなさい。

問4　下線部①②を日本語になおしなさい。

問5　本文の内容に一致しているものはTで，一致していないものはFで答えなさい。

(1) We can see neither a magnetic force nor a magnetic field.
(2) While iron and cobalt are natural magnets, aluminum and copper are human-made magnets.
(3) When you break a bar magnet into two pieces, each piece has only one magnetic pole.
(4) A regular iron nail always has a strong north pole and south pole because it is made up of magnetic domains.
(5) Even a permanent magnet can lose its magnetic force.
(6) A permanent magnet is used for lifting up and moving around a heavy car.

23 　黒い帽子を追え

制限時間 1回目：**25分** ／ 2回目（英文のみ）：**10分**

Now Emil and the man with the black hat were alone. He didn't want to be with a strange man who told silly stories. Emil wanted to feel the money again, but not in front of the other man. Emil went to the washroom at the end of the *carriage. He took the little bag out of
5 his pocket and counted the money. It was still there, but how could he make it safer? Then he remembered: there was a pin in his jacket. He took out the pin and pushed it through the bag, the paper money and the cloth of his inside pocket. The money was safe now.

Emil went back to his seat. Mr. Green was sleeping. ①Emil was
10 glad. He looked out of the window. He enjoyed watching the trees, the fields and the houses.

Some minutes later, he nearly fell off his seat. "I nearly went to sleep. I mustn't do that," he said to himself. But he was really tired....

When Emil woke up, he was lying on the floor of the carriage. The
15 train was moving. Slowly Emil began to remember. Of course, he was going to the city. Was he sleeping, like the man in the black hat...? But the man wasn't there. Emil was alone in the carriage. He got up from the floor. Then he felt in his inside pocket.

The money wasn't there!
20 Emil felt a pain and pulled his hand from his pocket. There was blood on his finger from the pin, but the little bag was not there. ②Emil began to cry. Of course, he was not crying about the blood. He was crying about the money. His mother worked so hard, and now there was no money for his grandmother or for his visit to the city.

25 "I've been careless, and a *thief has *stolen my money. At the next station I must call the railway guard and tell him everything. The railway company will tell the police. But then I'll have problems with the police," he thought. He remembered the statue in the center of the station square. One day Emil climbed up and painted its nose red.
30 Suddenly a policeman walked into the square. Emil ran away, but he thought the policeman saw him.

No, he couldn't tell the police.

The train stopped. The doors were opened and people got out of the carriages. Suddenly he saw a black hat among the people. Was it the thief? Maybe he moved to another carriage after stealing the money. 35

Emil got out quickly. Where was the black hat? He ran as fast as he could. There! There was Mr. Green, the thief. He was passing through the gate in a great hurry.

"I'll get you!" thought Emil angrily.

He gave his ticket to the railway man and ran after the black hat. 40 "③It's now or never!" he thought.

Emil ran after the thief. He tried every way to catch the thief, but he couldn't. Then he met George, Paul, and other boys. They kindly offered to help Emil. They ran after the thief together. Finally they saw the thief entering the bank. 45

George stopped the boys at the door and said, "Paul and I will go inside. Emil can stay here. When Paul blows his *whistle, Emil and the other boys must come into the bank."

George and Paul walked into the bank. Mr. Green was standing in front of a desk. Behind the desk, a bank assistant was having a 50 telephone conversation.

George got close to the thief and Paul stood behind him. Paul had his whistle in his pocket and was ready to blow it.

The bank assistant finished telephoning and came to the desk.

"What can I do for you?" he asked Mr. Green. 55

"④Can you change these seventy pounds for me, please? I'd like five-pound *notes for the ten-pound notes, and one-pound notes for the five-pound notes." He took the money out of his pocket.

"Stop!" George called out. "That money was stolen."

"What!" said the bank assistant in surprise. 60

"This man stole that money from my friend," said George. "If he changes the money into smaller notes, nobody can show it was stolen."

"You silly boys!" shouted Mr. Green.

Paul blew his whistle.

Emil and the boys came running into the bank. They all stood 65 around Mr. Green.

The bank manager came out of his office.

"What's all this noise about?" he asked.

Emil pointed to the thief. "This man here stole my money. He
70 took it while I was sleeping on the train from Newton."

The bank manager looked serious. "I must keep this money for
now," he said.

He took a piece of paper and began to write down their names and
addresses.

75 "The man's name is Green," Emil said.

The thief laughed loudly. "My name's Miller, not Green."

"Don't believe him!" Emil cried. "It's my money and I must have it
back. My mother asked me to take the money to my grandmother."

"Maybe that's true," said the manager. "But I'll have to ask you.
80 Can you show that the money is yours? Is your name written on the
back of the notes? Did you write down their numbers?"

"Of course not," said Emil.

"Were there any marks on the notes?"

"I don't think so."

85 "⑤ Well, that's the end of it, then," the thief said to the bank
manager. "That money's mine. I never steal from children."

"Wait a minute!" Emil cried. "Now I remember. There is ⑥a mark
on the notes! I wanted to be sure that the money stayed in my pocket.
So I put a pin through the cloth of my pocket and through the bag with
90 the money in it. If you look closely at the notes, you'll see the holes
from the pin."

The bank manager held the notes up against the light. Everyone
watched in silence. The thief stepped back.

"The boy's right," said the manager.

95 "And here's the pin," Emil said. He put the pin from his jacket on
the desk.

The thief turned and pushed through the boys.

"Catch him!" cried the bank manager.

注 carriage 客車　thief どろぼう　stolen: steal（盗む）の過去分詞（steal—stole—stolen）
whistle 警笛　note(s) 紙幣

問1 下線部①の理由として最も適当なものを下から選び，記号で答えなさい。

　ア He found his money in his pocket and made it safer.

　イ He didn't have to talk with Mr. Green.

　ウ He could enjoy watching outside.

　エ He could sleep without thinking about anything else.

問2 下線部②の理由として最も適当なものを下から選び，記号で答えなさい。

　ア He felt a pain and could not stand it.

　イ He saw blood on his finger.

　ウ He wanted more money for his visit to the city.

　エ He remembered his mother's hard work.

問3 下線部③の意味をわかりやすく言いかえたものとして最も適当なものを下から選び，記号で答えなさい。

　ア I should run after the thief now because I can never tell the police anything.

　イ I should ask Mr. Green to stop right now because I can never follow him.

　ウ I can never catch the thief if I don't run after him right now.

　エ I can never pass the gate if I don't follow Mr. Green now.

問4 下線部④のように言っているのはなぜだと考えられますか。本文中にその説明にあたる箇所があります。その箇所を含む1文すべてを日本語になおしなさい。

問5 下線部⑤の意味をわかりやすく言いかえたものとして最も適当なものを下から選び，記号で答えなさい。

　ア The boy's story is not true, so this conversation is a waste of time.

　イ My story is true, so the boy should be taken to the police station soon.

　ウ The boy is not wrong, so you should stop asking questions.

　エ My story is true, so the boy doesn't need to put any marks on the notes.

問6 下線部⑥を具体的に表す語句(5語)を本文中から抜き出しなさい。

問7　本文の内容と一致するものを下から3つ選んで，記号で答えなさい。

ア In the washroom Emil took the notes out of the little bag and put a pin through them.

イ Emil noticed his money wasn't in his pocket soon after he woke up on the floor of the carriage.

ウ At the station Emil told everything to the railway guard but couldn't tell it to the police.

エ Mr. Green stole Emil's money and changed trains while Emil was sleeping.

オ Emil waited outside the bank because George told him to do so.

カ As soon as the bank assistant heard about the stolen money, he ran to the bank manager's office.

キ Paul blew his whistle when Mr. Green called him a silly boy.

ク The bank manager thought he should judge the case after listening to both Mr. Green and Emil.

ケ The thief didn't try to get away from the bank even after Emil put the pin on the desk.

24 少女たちが見たもの

[久留米大附設高]

For hundreds and hundreds of years people around the world believed that they shared the earth with the "little people."

①Some of these fairy folk were said to live in caves or under the ground. Others lived in forests or rivers. In fact, they lived in almost any place where the "big" people did not. 5

The little people came in almost every shape. Some were not very little at all. Others barely looked like people. But all of them had two things in common. They were very shy. And they had magic powers.

Many people have said that they've seen the fairy folk. But perhaps the strangest story is ②that of the fairy photos. 10

Elsie Wright and Frances Griffiths were cousins who lived in a small town in England. Elsie was sixteen and Frances ten. For some years the girls had told of seeing fairies in a forest near their home. Their parents thought that the stories were just childish games. They did not believe the girls. 15

Then, early in 1917, Elsie was given a small camera. One day she and her cousin went to the forest to try to photograph the fairies. When the pictures were printed, they showed something strange. Little winged creatures seemed to be dancing near one of the girls.

The girls' parents were, of course, surprised. They showed the 20 pictures to their friends. At last their story reached Sir Arthur Conan Doyle. Doyle was famous for his mystery stories about the great Sherlock Holmes. Doyle was also *keen on *spirits and ghosts. When he heard about the "fairy photos," he wanted very much to see them. 25

Doyle learned that a man named Edward Gardner had the pictures. Gardner was a member of a group that believed that the earth was filled with all sorts of nature spirits.

Doyle and Gardner took the pictures to some experts. Most of them thought the photos were ③fakes. They pointed out that the fairy 30 figures looked very flat. They could have been cut from *cardboard.

They also wondered why ④the fairy women were so modern-looking. Their hair was done in what seemed to be the latest fashion.

Some people said that the fairies in the photos were cut from a
35 recent *soap advertisement. ⑤More questions were raised when it was learned that Elsie had once worked with a photographer.

Despite all this, Doyle and Gardner remained firm in their belief that the photos were real. Gardner met the girls and their families. He was sure that they were honest people. And he was sure that they were
40 not playing a trick.

Doyle thought (a)that a good photographer might have been able to fake the pictures. But he said that neither the girls nor anyone in their families could have done it. They did not know enough about photography.

45 Gardner gave the girls a better camera. During the next two years they took some other fairy pictures. In 1920 the girls were given a motion picture camera. But ⑥they could not get any fairies on film with the new camera.

Some people said that it was not possible for the girls to fake films of
50 the fairies as they did with the first photos. Doyle said the reason they could no longer get pictures was (b)that they were growing up. Fairies appear only to children.

Sir Arthur wrote the story of the fairy photos in a little book. It was called *The Coming of the Fairies*. The book came out in 1921.
55 ⑦Many people who read it shook their heads sadly. They thought that the writer of the great Holmes stories had been taken in by a childish trick. But other readers of the book believed that the pictures were real. They wrote to Doyle telling him how they too had seen the little people when they were young. But there were no more fairy photos. Nor has
60 anyone been able to prove (c)that Elsie's and Frances's pictures were real. Here was a mystery (d)that even the great Sherlock Holmes could not solve.

注 keen 熱心な   spirit 霊   cardboard 厚紙   soap advertisement 石けんの宣伝

問1 下線部①を It を主語にして言いかえなさい。

問2 下線部②は何を指しているか，単語2語で答えなさい。

問3 下線部③と反対の意味を（　　　　　　　）things で表すとき，（　　　）に入る
　　最も適当な語を本文中から選んで答えなさい。

問4 下線部④のように判断された理由は何ですか。本文に基づいて25字以内（句読点
　　を含む）の日本語で答えなさい。

問5 下線部⑤を日本語になおしなさい。

問6 下線部⑥の理由をドイルはどのように考えましたか。本文に基づいて40字以内
　　（句読点を含む）の日本語で答えなさい。

問7 下線部⑦の理由は何ですか。本文に基づいて35字以内（句読点を含む）の日本語
　　で答えなさい。

問8 波線部(a)〜(d)の that の中から用法が異なるものを1つ選び，記号で答えなさい。

25 ロンドン大火

制限時間　1回目：20分　／　2回目（英文のみ）：9分

　　In the seventeenth century, London was a city full of rats.　Rats in the streets, rats in the <u>houses</u>, rats in the shops.　The rats brought dirt and <u>disease</u> to the people.　In the year 1665, thousands of people in London died from a terrible disease carried by rats.　Nobody felt safe
5 from disease and death.

　　The next year, 1666, there was a long hot summer.　People were glad to enjoy the sunshine, and they felt that it would probably ①[ア the city イ disease ウ get エ of オ help カ rid].　But in fact the disease was finally destroyed by something much more powerful: ｜ ② ｜.

10 　　It was two o'clock in the morning on Sunday, September 2nd, 1666. John Farynor, the King's baker, lived above his baker's shop, near the River Thames and London Bridge.　Mr. Farynor was asleep, but it was time (A) his men to start baking bread for the King's breakfast. The King liked fresh bread in the morning.

15 　　One of Mr. Farynor's men woke up and went to light the kitchen fires.　Mr. Farynor kept a lot of wood in his kitchen in order to bake the bread every day.

　　That morning when he arrived in the kitchen, the man discovered that some wood had caught fire, and the kitchen was beginning to burn.
20 Quickly, the man woke Mr. Farynor and shouted, "Fire! Fire!"　Soon the whole house was awake, and people were running everywhere, trying to escape.　Mr. Farynor escaped by climbing on to the roof of his house and jumping on to the roof of the next house.　One woman was not so lucky.　She stayed in the house, perhaps hoping to save some of
25 her money or her valuables.　She burned to death.

　　After the fire started, a strong wind blew the flames towards the west. More and more people panicked, and they all tried to save their valuables.　The fire moved quickly through the old city.　The houses were made of wood, and were built very <u>close</u> together in narrow streets.
30 As the fire moved, it destroyed everything in its way.　It could not cross the River Thames, but it reached the buildings beside the river.　Ships

from foreign countries often stopped here and left their strange and exciting cargoes in the warehouses.　Soon London was smelling of hot peppers and burning brandy!　And hot metal was flowing (**B**) a river through the streets. 35

Sir Thomas Bludworth, the Lord Mayor of London, thought that the fire could be put (**C**) <u>easily</u>.　Later, he tried to organize the firefighting, but he gave up.　It was then ③<u>that</u> the King and his brother began to lead the fight against the fire.

King Charles soon realized that the fire was completely out of control. 40 He called a meeting of his special <u>advisers</u>.　Together, they decided to make several 'fire posts' in the city, (**D**) the firefighters were given everything they needed to fight the fire.　King Charles led the fight and worked for thirty hours without sleep, and he was much loved for his bravery. 45

④<u>King Charles and his men decided to clear part of the city of some houses so that there would be nothing to burn there.</u>　This 'fire break' stopped the fire, and by Wednesday, September 5th, it was finally (**E**) control.

The Great Fire of London had several important results.　It finally 50 stopped the disease which ⑤(<u>kill</u>) so many people in 1665.　It destroyed eighty-seven churches and about 13,000 wooden houses. The houses were neither safe (**F**) healthy.　After the Great Fire, more houses were built of stone or brick, so London became a safer and healthier city. 55

The Great Fire also destroyed the old St. Paul's Cathedral, so King Charles asked Sir Christopher Wren to plan a new cathedral.　In 1675, Sir Christopher finally began to build the new St. Paul's Cathedral, (**G**) still stands in London today.

問1　①の[　　]内の語句を並べかえるとき，2番目と6番目にくる語句の記号を答えなさい。

問2　空所②に本文中で用いられている1語を入れなさい。

問3　下線部③の that と同じ用法の that を含む英文を1つ選び，記号で答えなさい。
　　　ア　It is said <u>that</u> Tom is very honest.

イ It is Tom that broke the vase.

ウ This is the book that I've been looking for.

エ It seems that he is unhappy.

問4 与えられている日本語に続けて，下線部④の和訳を完成しなさい。

　　チャールズ王と彼の部下たちは，_____

問5 下線部⑤ kill を最も適当な形（2語）にしなさい。

問6 空所(A)〜(G)に入る最も適当な語を下からそれぞれ1つずつ選び，記号で答えなさい。ただし，記号は1度しか用いてはならない。

ア nor	イ or	ウ where	エ out	オ for
カ under	キ that	ク which	ケ like	コ of

問7 本文中の二重線を引いてある5語について，下線部の s の発音がほかと異なるものを1つ選び，記号で答えなさい。

　　ア houses　　イ disease　　ウ close　　エ easily　　オ advisers

問8 本文の内容に合うものを3つ選び，記号の順に答えなさい。

　　ア King Charles made up his mind to destroy some houses so as to prevent the fire from spreading.

　　イ A "fire break" is a piece of land in which a fire breaks out.

　　ウ A woman in the bakery burned to death because she didn't wake up.

　　エ Strange goods which foreign ships had brought to London were burned in the fire.

　　オ The fire happened because one of Mr. Farynor's men mistakenly set fire to wood which was kept in the kitchen.

　　カ Mr. Farynor was awake when the wood in his kitchen caught fire, but he was in another room, so he didn't notice.

　　キ Even after the Great Fire of London, the rats which brought disease and dirt to people at that time could still be seen in the streets.

　　ク If most of the houses had been made of stone or brick, the Great Fire of London might not have taken place.

　　ケ Ships from many countries quickly left London as soon as the fire started, so they weren't damaged.

26 ふたりの門番

制限時間 1回目：20分 ／ 2回目（英文のみ）：8分

The old man was so tired; he closed his eyes and fell asleep. He began to dream. "No, this is not a dream, but what else can it be?" he thought. He looked down at his arms. They were the arms of a young man. He was not old at all. He was standing beside a road in the country. It was a beautiful day. The hills were covered with green 5 grass. They were so beautiful. Then Shep, his dog, was by his side. Shep was the dog of his youth. Then he realized he was (①) and not asleep. He felt better than he had ever felt in his life; this was the most beautiful place, the most beautiful day. Shep dropped a stick at his feet, looked down at the stick then up at him, obviously wanted him 10 to throw it and to play with him. He knelt down and took Shep's head between his hands and kissed him on the top of his head. His heart was filled with (②). He felt better than he had ever felt in his life.

He threw the stick for Shep, watching him run excitedly after it and bring it back over and over. He realized Shep was getting thirsty. 15 Looking around, he could not see any river or stream or other place for Shep to get a drink, so he decided they should start walking down the road. They hadn't gone very far when they came to a gold gate and a gold road which was leading to a small hill. He could see and feel a warm light coming from the hill. Next to the gate was a large *pulpit. 20 A man was standing on it wearing a white *robe and had a long grey beard.

"What is this place?" he asked.

"Why, don't you know? You've reached the gate of heaven," replied the man. 25

"May I enter?" he asked.

"Hmm, let me look in my book. Why, yes! Your name is written here, so you are welcome to enter."

"And my dog, he can come in, too? He's very thirsty."

"Sorry, but no! Absolutely not! I'm sorry, dogs can't enter heaven." 30

He thought about this for a few seconds.

"If my dog isn't welcome, then I guess I really don't belong here, either."

"Very good, but know ③this: If you turn your back on this gate, you
35 will never get a second chance to enter."

He turned his back on heaven and walked down the road with Shep by his side. It was strange because all his life he had hoped to enter heaven. Now he turned his back on this only chance to enter, but he felt strangely good about it. In his heart he felt he had done the right
40 thing.

As he walked down the road, he came to another gate, just an old fence with a man, who looked like a farmer, sitting on it wearing an old straw hat with a *stem of grass between his lips. Just on the other side of the gate was a well.

45 "Hello," he said to the farmer.

"May I enter here and get some water from your well? My dog is very thirsty."

"Of course, you may. You and your dog are both welcome here," said the man with a broad smile.

50 He walked through the gate and got to the well.

"Where am I?" he asked the farmer.

"Son, you've reached the gate of heaven."

"Really? Are you sure? That man back there said that was the gate of heaven."

55 "Oh, yes, I know who you mean. He tells everyone that, but then you know 'The devil is a liar.' And ④do you think God would ever let anyone enter heaven who was willing to leave his best friend in life alone and thirsty by the side of the road?"

🈪 pulpit 説教壇　robe 長衣，ローブ　stem （草木の）茎

問1　空所①②に入る最も適当な語を下から選び，記号で答えなさい。

　　① ア alive　　　イ desperate　　　ウ dead　　　エ dreaming
　　② ア sorrow　　　イ joy　　　ウ pity　　　エ anger

問2　次の英文が本文の内容に合うように，空所に最も適当な語を入れなさい。ただし，与えられている文字で始めること。

The man at the first gate said that people (w　　　　　) their names in the book were (a　　　　　) to enter heaven.

問3　下線部③の this が示す内容を日本語で答えなさい。

問4　次に与えられた和訳に続いて，下線部④を日本語になおしなさい。

　　あなたは神が(　　　　　　　　　　　　　　　　　　)ようなお方だと思うかい。

問5　本文の内容に合うものを下から1つ選び，記号で答えなさい。

　　ア The old man didn't seem to love to play with his dog in his young days.

　　イ The old man and the dog missed the gate of heaven because they were playing with a stick.

　　ウ The man at the first gate permitted the old man and the dog to enter the gate.

　　エ The old man was not sorry that he walked away from the first gate of heaven.

27 ネコと暮らす

制限時間 1回目：**20分** ／ 2回目（英文のみ）：**8分**

If your cat could talk, (A) you be pleased with what you hear? "Do this!", "Do that!", "Pay attention to me. I'm the boss in this house!" Cats may live with us in our homes, and by law they may belong to us, but we also know that we really don't "own" cats. Cats
5 live with us because they selfishly know ①it's in their own interests. By good fortune, the benefits are mutual. Just as we give cats safety, security, comfort, and food, they provide us with love, entertainment, and a reminder of just how (B) nature can be.

When living with a cat, one of the most (C) decisions is whether
10 or not to let it go outdoors. The outdoor cat is free to act out naturally to hunt, to patrol. But it is also put in high-risk situations and is not expected to live as long. You may not be a *pack leader to your cat as you are to a dog, but you are the one who makes decisions for your family. You are responsible for making sure that the outdoor cat is as
15 safe as possible, and that the indoor cat will not act too wild. It is surprisingly (D) to train your cat to come when you call and to play your way rather than his. It is also possible to train him to go to the bathroom in a tray indoors or a sandbox outdoors, and to go through a *cat-flap between his indoor and outdoor worlds.

20 The first meetings with other family members —— and that includes other cats and dogs —— should be carefully planned to make certain the introductions are not just (E) but also as pleasant as possible for everybody. It's up to us to make sure that cats live in our world with as few problems as possible. This might be difficult ②[what /
25 misunderstand / when / why / they / do / do / we / cats]. Their use of *urine and scratching posts to mark their territory is very effective, but such activities can also be seriously (F) to many cat owners. Fortunately, with a little help from us, these habits can be changed in order to avoid problems.

30 I am an animal doctor, and in my opinion the biggest problem with cats is the way they hide their sickness. It is up to you, as the cat's

protector, to be aware of your cat's behavior. You must notice that something is wrong and take them to a doctor when it is needed. ③Living with a very elderly cat can be just like living with a person with *Alzheimer's disease, but even in these sometimes trying cases, our own need to feel wanted is satisfied by the rewards we get from our cats choosing to live alongside us in our homes.

35

🈟 pack =a group of dogs trained to hunt together
cat-flap=a small hole cut out into a door and covered with wood or plastic that moves to allow a pet cat to enter or leave a house
urine =the yellow liquid waste that comes out of the body
Alzheimer's disease アルツハイマー病

問1 下線部①を日本語にしなさい。ただし，it および their の内容を明らかにすること。

問2 ②の[　]内の語を並べかえて，意味が通る英文を作りなさい。

問3 下線部③の意味として最も適当なものを1つ選び，記号で答えなさい。

　ア Cats that decide to live with us, which are sometimes tiring, are very happy when they live with us.

　イ Cat owners have feelings of loneliness when cats, which we often find boring, don't want to live with them.

　ウ People who feel loneliness can be very happy when they decide to live with cats, though it is tough for old people to take care of them.

　エ Although it is tough to live with very old cats, we don't have to feel alone when we live with them.

問4 空所(A)に入る最も適当な助動詞を答えなさい。

問5 空所(B)～(F)に入る最も適当な語を下から選んで，記号で答えなさい。ただし，同じ記号を二度以上使ってはならない。

　ア easy　　　　　イ safe　　　　　ウ ugly
　エ annoying　　　オ difficult　　　カ beautiful

28 永遠の愛

制限時間 1回目：20分 ／ 2回目（英文のみ）：8分

①I sat in the crowded hospital. I saw the sad faces around me. I put my own head down and cried. ②I cried for the woman who was so young and had her life ahead of her and I cried for her husband who was at home. He didn't even know yet. I lifted my head from my
5 hands. He must be told. He was my best friend. It should come from me.

I got up to go when I heard my mother's *anguished cry: "Samantha!" I turned to face her.

"I have to go...."

10 She almost (**A**), but my father caught her. I should stay here with ③them, but I knew I must go to David.... I had to tell him. I walked out of the hospital and felt the air on my face. He lived just down the street from the hospital so I walked right past my car.

When I reached his house, I just walked in. ④I knew I could. He
15 was in the kitchen. He didn't look up as I walked in. I saw he was reading and I smiled. He was always in his own world when he read. I went and sat down next to him. He seemed to know I was there so he slowly put the book down and looked up.

"I have ⑤something to tell you...."

20 He closed his eyes. He knew it was bad.

"⑥The woman you've loved your whole life, the one you grew up with, the one you promised to marry when you were five is dead."

He put his head down and I saw his *Adam's apple move up then down again.

25 "She didn't feel anything. A truck hit her...then she was gone."

A tear rolled down his cheek. He was trying to control his breath and the pain he felt.

"David, she'll always be with you. She'll always love you...."

The phone's sudden ringing broke the moment. David got up
30 slowly. He had pain in each step.

"Hello?"

I could hear my mother's voice on the other end.

"David.... Poor Samantha is gone. Samantha ... a truck...."

Then he did ⑦something totally unexpected. He looked right at me. He looked straight at me though I knew he couldn't see me. I stood 35 there looking at him, my best friend, my lover, my husband. Then he smiled.

"I already know, Mom. But she's not gone. She'll always be here."

And I was. ⑧I was there when he went to college. ⑧I was there when he became a doctor. ⑧I was there when he re-married and had 40 children. And ⑧I was there when he got old and sick. Through the *haze between life and death, he looked at me and said, "Sam? Samantha? I always knew you were there...."

I walked over to his bed and (B) a hand on his cheek. I asked God to let him ⑨go peacefully. He took one last breath. He never 45 breathed again. I realized it was time for me to go. I turned around and I saw such a pretty light.

注 anguished 悲痛な　　Adam's apple のどぼとけ　　haze もうろうとした状態

問1 下線部①はだれか，下から選び，記号で答えなさい。

　　ア Doctor　　　　　　　　イ Samantha

　　ウ Samantha's mother　　エ David's father

問2 下線部②⑥を日本語になおしなさい。

問3 下線部③ them の具体的な内容を日本語で答えなさい。

問4 下線部④ could の後に省略されている2語を答えなさい。

問5 下線部⑤ something to tell you の具体的な内容を10字程度の日本語で答えなさい。

問6 空所（ A ）（ B ）に入る語を下から選び，必要に応じて形を変えなさい。

　　[feel / fall / lie / lay]

問7 下線部⑦ something totally unexpected の具体的な内容を15字程度の日本語で答えなさい。

問8 下線部⑧を次のように言いかえる場合，（　）に入る1語を答えなさい。

　　= I was with （　　　　　　　）

問9 下線部⑨を文脈上同じ意味になるように，英語1語で言いかえなさい。

29 しあわせな男

制限時間 1回目：30分 ／ 2回目（英文のみ）：12分

That morning my wife and I said our usual goodbyes. She left her second cup of tea, and she followed me to the front door. She did this every day.

I am a *lawyer and I work very hard. My friend, Doctor Volney,
5 ① _____ . "You'll be ill," he said. "A lot of people who work too hard get very tired, and suddenly they forget who they are. They can't remember anything. It's called ② amnesia. You need a change and a rest."

That morning, when I was walking to work, I thought about Doctor
10 Volney's words. I was feeling very well, and pleased with life.

I found myself waking up on a train and feeling very uncomfortable after a long sleep. I sat back in my seat and tried to think. After a long time, I said to myself, "I must have a ③ _____ !"
I looked in my pockets. No letter. No papers. Nothing with my
15 name on. But I found three thousand dollars. "I must be someone," I thought.

The train was crowded (a) men who were all very friendly.
One of them came and sat next to me. "Hi! My name's R. P. Bolder from *Missouri. You're going to the meeting in New York, of course?
20 What's your name?"

I had to answer to him, so I said quickly, "Edward Pinkhammer from Cornopolis, Kansas."

④He was reading a newspaper, but every few minutes he looked up from it to talk to me. I understood from his conversation that he was
25 a *druggist, and he thought that I was a druggist, too.

"Are all these men druggists?" I asked.

"Yes, they are," he answered. "Like us, they're all going to the yearly meeting in New York."

After a time, he held out his newspaper to me. "Look at that," he
30 said. "Here's another of those men who run away and then say that they have forgotten who they are. A man ⑤ ( ) ( )

(   ) his business and his family, and he wants to
⑥ (   ) (   ) (   ) (   ). He goes away
somewhere and when they find him, he says that he doesn't know who
he is, and that he can't remember anything."   35

I took the paper and read this:

Denver, June 12th
Elwyn C. Bellford, an important lawyer in the town, left home three
days ago and has not come back. Just before he left, he took out a
lot of money from his bank. Nobody has seen him since that day. 40
He is a quiet man who enjoys his work and is happily married. But
Mr. Bellford works very hard, and it is (イ) that he has amnesia.

"But sometimes people forget who they are, Mr. Bolder," I said.
"Oh, come on!" Mr. Bolder answered. "It's not true, you know!
These men just want something more (ロ) in their lives —— 45
another woman, perhaps. Something different."
We arrived in New York at about ten o'clock at night. I took a taxi
to a hotel, and I wrote the name, 'Edward Pinkhammer', in the hotel
book. Suddenly I felt wild and happy —— I was free. A man without
a name can do anything.   50
The next few days in Manhattan were wonderful —— the theaters, the
gardens, the music, the restaurants, the night life, the beautiful girls.
And during this time I learned something very (ハ)—— if you want
to be (二), you must be (ホ).
Sometimes I went to quiet, expensive restaurants with soft music. 55
Sometimes I went on the river in boats full (b) noisy young men
and their girlfriends. And then there was Broadway, with its theaters
and bright lights.
One afternoon I went back into my hotel and then a tall man came
and stood in front of me.   60
"Hello, Bellford!" he cried loudly. "What are you doing in New
York? Is Mrs. Bellford with you?"
"I'm sorry, but you're making a mistake, sir," I said coldly. "My
name is Pinkhammer. Please excuse me."

65 The man moved away in surprise, and I walked over to the desk.
Behind me, the man said something on a telephone.

"Give me my *bill," I said to the man behind the desk, "and bring
down my suitcase (c) half an hour."

That afternoon I moved to a quiet little hotel on *Fifth Avenue.

70 That night I went to the theater and when I returned to my hotel, a
man in dark clothes was waiting (d) me.

"Mr. Pinkhammer," he said, "can I speak with you (e) a minute?
There's a room here."

I followed him into a small room. A man and a woman were there.
75 The woman was still beautiful, but her face was (へ) and tired. I
liked everything about her. The man, who was about forty, came to
meet me.

"Bellford," he said, "I'm happy to see you again. I told you that
⑦＿＿＿＿＿＿＿＿＿＿＿＿＿＿. Now you can come home with us.
80 You'll soon be all right."

"My name," I said, "is Edward Pinkhammer. I've never seen you
before in my life."

The woman cried out, "Oh, Elwyn! Elwyn! I'm your wife!" She
put her arms round me, but I pushed them away.

85 "Oh, Doctor Volney! What happened to him?" the woman cried.

"Go to your room," the doctor said to her. "He'll soon be well
again."

⑧The woman left, and the man in the dark clothes did, too. The man
who was a doctor returned to me and said quietly, "Listen. Your name
90 is not Edward Pinkhammer."

"I know ⑨that," I answered, "but a man must have a name."

"Your name," the doctor said, "is Elwyn Bellford. You are one of the
best lawyers in Denver —— and that woman is your wife."

"She's a very fine woman," I said, after a minute. "I love the color of
95 her hair."

"She's a very good wife," the doctor answered. "When you left two
weeks ago, she was very unhappy. Then we had a telephone call from
a man who saw you in a hotel here."

"I think I remember him," I said. "He called me 'Bellford'. Excuse me, but who are you?"   100

"I'm Bobby Volney. I've been your friend for twenty years, and your
doctor for fifteen years. Elwyn, try to remember."

"You say you're a doctor," I said. "How can I get better? Does
amnesia go slowly or suddenly?"

"Sometimes slowly. Sometimes suddenly."   105

"Will you help me, Doctor Volney?" I asked.

"Old friend," he said, "I'll do everything possible."

"Very well. And if you're my doctor, you can't tell anybody the thing
which I'm going to say."

"Of course not," Doctor Volney answered.   110

"I think it will be best to get better suddenly, Bobby. Go and bring
my wife in now. But, oh, Doctor, my good old friend —— it was
wonderful!" I said with a happy smile.

注 lawyer 弁護士   Missouri ミズーリ州   druggist 薬剤師   bill 勘定書
Fifth Avenue 5番街

問1　空所(a)～(e)に最も適当な語を入れなさい。

問2　空所(イ)～(ヘ)に入る形容詞を下から選んで記号で答えなさい。それぞれ1回のみ
　　使用すること。

A exciting   B free   C happy
D unhappy   E important   F possible

問3　下線部①について，「私にそんなに一生懸命働かないように言った」という意
　　味になるように英文を入れなさい。

問4　下線部②の意味を答えなさい。

問5　文意に即して下線部③に最も適当な語を入れなさい。

問6　下線部④⑧を日本語になおしなさい。

問7　下線部⑤⑥の（　）内に最も適当な語を入れて，下線部⑤は「うんざりする」，
　　下線部⑥は「楽しい時をすごす」の意味になるようにしなさい。

問8　文意に即して下線部⑦にふさわしい英文を入れなさい。

問9　下線部⑨は何を指しますか。日本語で答えなさい。

問10　「私」は実際に何をしたのか，また，最後にどうしたいと思ったのか，句読点を
　　含めて60字以内の日本語で答えなさい。

30 第3回 実力テスト 時間 30分 合格点 70点 得点 / 100

　　It was my twelfth birthday, and the thing that I really wanted most was a new bicycle. A blue-low-rider with fat tires. But I knew that my family couldn't buy one. My parents said that I should be happy that I had a bicycle at all ——①if you can call that old thing that I own
5　a bike.

　　②A new bike was just a dream, so I settled for a night table. I thought that I would have a safe place to keep my own things away from my noisy younger brothers. So, I asked my parents for a night table with *lockable drawers. And that's the thing I got.

10　We went to the secondhand *furniture store and found an old dark brown night table. It didn't look too cool, but it had drawers that I could keep locked. I decided that I would paint it and put some stickers on it to make it better.

　　After we took it home, I was getting ready to paint it. When I pulled
15　the drawers out, I felt something in the back of the lowest drawer. I reached in all the way to the back, and guess what I found? A plastic bag with some papers in it.

　　Cool! Maybe I've found somebody's secret things, I thought. When I opened the bag, I noticed that the papers were some kind of official-
20　looking *documents. And, wrapped in the papers were a lot of ten and twenty dollar bills! ③ Talk about finding a treasure! And on my birthday!

　　"Is this some kind of joke?" I said aloud. Maybe my family was playing a trick on me. Maybe this was not true money. But it looked
25　pretty real. Somebody put money in this bag and hid it in the back of the locked drawer. I read the papers. I found that some old lady was leaving her money for her son and grandchildren.

　　All this was too strange. My mind was going crazy. *Was I the luckiest twelve-year-old ever? With this money I could buy the coolest*
30　*bicycle. I could even buy bicycles for my brothers. Who knows? Maybe I even had enough here to get a car for my parents.*

"Finders keepers, losers *weepers," I started singing as I began counting the money. When I reached a thousand dollars, I had to stop. My mother was knocking on my bedroom door. I quickly closed the drawer with the money in it. 35

"④How is your painting job coming along, John? Do you want some help?"

"No ... thanks, Mom, I haven't even started. I ... I'll call you when it's ready."

"Is everything all right?" she asked. 40

No, everything was not right.

"I'm okay," I said. "I'll call you when it's ready."

When my mother left my room, I lay on my bed, and, looking at the ceiling, I started thinking about this past week. *First, I didn't make the basketball team. Then, I failed the math test. Finally, my little brother* 45 *destroyed my science project. (So I needed a night table with locked drawers.) And now, I found this money on my birthday —— the only good news in a long time. An answer to my problems. But I don't feel good about it. Why not?*

I would have to make up lies to tell my family and friends. "Finders 50 keepers...," the saying goes. But that money wasn't really meant for me, was it? The lady saved it for her family. She died and nobody knew about the money hidden in the night table. Her family gave it to the secondhand store, and now it was in my hands.

"What should I do?" I said to myself. "How about keeping it and 55 getting all kinds of things for me and my family? It isn't too bad for me to keep it, if I share it ... right? Or what about keeping some and returning the rest? After all, nobody knows how much money is there ... and it is my birthday! Or how about giving it all back? Tell the truth. No new bicycles. No car." 60

"⑤Somebody, help me with this!" I said to myself. But I really didn't need someone else to give me the answer. I failed the math test though I had the chance to take a quick look at my neighbor's answers. That's because ⑥I already knew right from wrong. ⑦I decided not to fail this test. It was a test of *honor. My honor. 65

I called my parents and my brothers into my bedroom and showed

them the thing that I found. ⑧They were wide-eyed —— speechless!
When they asked, "What should we do about this?" I already had the
answer.

70   "Let's take it back to the store and find her family," I said.

The store owners could not believe it when we told them the story.

"You mean to say you found over a thousand dollars and you are
here to return it?" they asked, almost at the same time.

Looking through their records, they found the family's telephone
75 number. They called them right there and then, and within a few
minutes, they all came over to the store: her son, his wife and their
three children —— a family pretty much like ours. The parents had
tears in their eyes. The old lady's twelve-year-old grandson just kept
looking at me as people were telling the story over and over.

80   You see, they were all still sad about her death. And the father lost
his job. They asked for help, and at last I brought in the answer to
their help. ⑨My act of honesty not only helped them to pay the *rent,
but also gave them hope.

I felt happiest at the time. ⑩I thought [as / as / I / bicycle / me /
85 could / felt / happy / make / new / no] that day. I failed the math test,
but I passed a more important one —— a lost and found test of my own
character.

注　lockable drawer 鍵のかかる引き出し　　furniture 家具　　document 文書
weeper 泣く人　　honor 名誉　　rent 家賃

問1　下線部①を日本語になおしなさい。　　　　　　　　　　　　　　　（7点）

(　　　　　　　　　　　　　　　　　　　　　　　　　　　　　　　　　　　)

問2　下線部②③④⑥が具体的に意味することとして最も適当なものをそれぞれ
　　　1つずつ選び，記号で答えなさい。　　　　　　　　　　　（5点×4＝20点）

② ア I just had to decide on a night table because I found that I couldn't
　　　get the new bike I really wanted.
　 イ As my dream of getting a new bike didn't come true, I asked my
　　　parents for an old one at the store.
　 ウ I made up my mind to buy not only a new bike but also a night
　　　table which was much cheaper.
　 エ I exchanged a night table for a new bike because I couldn't imagine
　　　my life without a new bike.　　　　　　　　　　　　　(　　　　)

③ ア How happy I am to find a treasure!
　 イ I'm looking forward to finding a treasure!
　 ウ I wonder where to find a treasure!
　 エ How about finding a treasure?　　　　　　　　　　　(　　　　)

④ ア How are you painting your picture, John?
　 イ Is your painting going well, John?
　 ウ Shall I come and paint with you, John?
　 エ Why don't you start painting your picture, John?　　(　　　　)

⑥ ア I already found a correct answer after making some mistakes.
　 イ I thought the answer was right though it looked wrong.
　 ウ I was already old enough to understand good and bad.
　 エ I made the wrong answer though I knew the right answer.
　　　　　　　　　　　　　　　　　　　　　　　　　　　　(　　　　)

問3　下線部⑤⑧をほぼ同じ意味になるように言いかえる場合，下の空所に入る最も
　　　適当な1語をそれぞれ答えなさい。　　　　　　　　　　　（5点×2＝10点）
　 ⑤ I want to ask someone to tell me (　　　　) to do now!
　 ⑧ They were wide-eyed and were too (　　　　) to say (　　　　)!

問4 下線部⑦に英文を続ける場合，最も適当なものを下から選び，記号で答えなさ
い。 (7点)

ア because I wanted the lady's family to return the favor to me
イ because I didn't want to do something dishonest
ウ because I didn't want to repeat the same mistake
エ because I wanted the lady's family to appreciate my kindness
(   )

問5 下線部⑨は具体的にどんな行為を示しているか。下の空所に入る最も適当な
1語を入れるとき，(A)(B)に入る語をそれぞれ答えなさい。
(6点×2＝12点)

My act of honesty was to (A) the (B) to the (   ).

● 問6 下線部⑩の [   ] 内の語を並べかえて意味の通る英文をつくるとき，下の
(A)(B)(C)に入る語をそれぞれ答えなさい。 (4点×3＝12点)
I thought (A) (   ) (   ) (   ) (   ) (   )
(   ) (B) (   ) (   ) (C) that day.

問7 次の質問の答えになるように空所に最も適当な語を入れるとき，(A)
(B)に入る語をそれぞれ答えなさい。 (5点×2＝10点)
Question: Why did John think that he would have a safe place to
keep his own things?
Answer: Because he thought (A) of his little (   ) might
(B) his (   ) (   ) again.

問8 次の英文は波線部の慣用表現を説明するものです。(   )に入る最も適当なも
のを下から選んで，記号で答えなさい。 (7点)
(   ) will say, "Finders keepers, losers weepers."

ア A person who finds something and doesn't want to waste it
イ A person who finds something and doesn't want to share it with
others
ウ A person who finds something and doesn't want to cause trouble to
others about it
エ A person who finds something and doesn't want to give it back

問9 本文の内容に合うものを３つ選んで，記号で答えなさい。 （5点×3＝15点）

ア John wanted a bicycle for his birthday because he didn't have one.

イ John's parents encouraged him to give up the idea of riding a bicycle.

ウ John's parents didn't share the same opinion with him about his bicycle.

エ John's parents were not rich enough to buy him an expensive bike for his twelfth birthday.

オ Because the night table John got from his family had only one lockable drawer, he asked them for another again.

カ The second night table John got from his parents was so new that it had some drawers with no stickers on them.

キ At the secondhand furniture store John found an old night table made better by painting.

ク John had one unfortunate experience after another in the past week just before his twelfth birthday.

ケ John looked at another student's paper during the math test to achieve better marks.

コ John tried to be as honest as possible after listening to how the old lady's family suffered from hunger.

サ The old lady's family didn't express their feelings at all, so there was no way left for John to know how they really felt about the money.

シ Neither John's parents nor his brothers agreed with his idea of sharing the money he found equally among them.

（　）（　）（　）

〈執筆者〉Team BD 6(誉田進学塾グループ難関高校受験対策英語科特別チーム)

誉田進学塾/誉田進学塾 **ism**/誉田進学塾 **sirius**(本部千葉市)の英語科スタッフから,難関高校を目指す受験生の願いを叶えるために編成された特別チーム。同塾グループは,読売ウィークリー誌が企画した「高校進学塾『合格力』ランク」において,公立編3年連続首都圏№1,私立国立編千葉県№1を達成した,圧倒的な合格実績を誇る難関中高大学受験専門の進学塾。自ら未来を拓く子に育てるという「真の意味での英才教育」の下,毎年難関校に多数の進学者を輩出している。

鴇田　隆(ときた　たかし)
　大学で英文学を専攻。私立中高で長年教壇に立ち,同塾では英語科教科長として活躍。わかる授業で生徒からの信頼も厚い Team BD 6 のリーダー。
石﨑　善信(いしざき　よしのぶ)
　米国で学んだ考古学の道から転身。本場の英語を知りつくすスペシャリスト。
糸日谷　礼子(いとひや　れいこ)
　明るい笑顔と鋭いツッコミが自慢の,絶大な人気を誇る英語科のマドンナ。
神田　篤弘(かんだ　あつひろ)
　独自の「やる気アップメソッド」で受験生の学習・進路指導に腕を振るう。
溝川　誠(みぞかわ　まこと)
　「公立高校入試解説」の生放送でおなじみの,文系科目を網羅する博識講師。
田村　威(たむら　たけし)
　熱血指導で,生徒をゴールに導く同塾グループ運営本部長。長年の実績をもつ。

*B*eyond *Y*our *D*ream!

シグマベスト
最高水準問題集 特進
中学英語長文

本書の内容を無断で複写(コピー)・複製・転載することを禁じます。また,私的使用であっても,第三者に依頼して電子的に複製すること(スキャンやデジタル化等)は,著作権法上,認められていません。

編　者　文英堂編集部
発行者　益井英郎
印刷所　中村印刷株式会社
発行所　株式会社文英堂
　　　　〒601-8121　京都市南区上鳥羽大物町28
　　　　〒162-0832　東京都新宿区岩戸町17
　　　　(代表)03-3269-4231

特進

最高　水準　問題　集

中学

英語長文

解答と解説

文英堂

1 ウエヌクが出会った少女

問1	**the other**
問2	**he wanted to know how to marry**
問3	霧の少女が夜しか家にいないで，朝には空に帰ってしまうこと。(29字)
問4	**He wanted her to stay with him**
問5	**long night**
問6	霧の少女に朝の訪れを知られないように，窓と戸口をマットでおおったこと。(35字)
問7	ウ
問8	彼は虹になって，今でも霧の少女に会いたいと思っている。(27字)

解説

問1　*l.*3 Two girls ～ に注目する。そのうちの1人(**one**)は Mist-girl (霧の少女)で残りの1人 (**the other**)は Rain-girl (雨の少女)である。

問2　直前に **so ～ that ...** があることから，that 以下は(S + V を含む)文であると考える(→ **he wanted** で始める)。want to，how to の形に注目する。*l.*15 marry one of them も参考にする。

問3　直前の2文 *ll.*19-20 をまとめる。

問4　*ll.*19-21 で「ウエヌクは霧の少女が夜のあいだ中ずっといて，朝に帰ってしまうのがたまらなくいやだった」とあることから，「ずっと(**all the time**)自分といっしょにいてほしい」という意味にする。〈**want** Ⓐ **to** 原形〉で，「Ⓐに～してほしい」の意味を表す。

問5　*ll.*23-25 でウエヌクが窓と戸口をマットでおおって，霧の少女にずっと夜だと思わせようとしていることがわかる。これを受けて霧の少女が「なんて長い夜なの！もう朝になっているはずだわ」と驚いている。〈**What a [an]** 形容詞＋名詞 **...!**〉の感嘆文。*ll.*30-31 This night is too long. I'm sure it is day now. も解答の根拠になる。

問6　trick は「だます」の意味。*ll.*23-25 から，ウエヌクが霧の少女をだました内容(方法)を考える。

問7　接続詞の基本を問う問題。直前の意味から考える。*ll.*38-40「霧の少女を探しに行こう。海でも山でもどこへでも行くぞ。彼女を見つけ出す(　　)休んでなんかいられない」
　　ア　～あと　　　イ　～ので　　　ウ　～まで　　　エ　～とき

問8　*l.*43 Now 以下「いまでも雨が降り霧が出ると，ウエヌクが見える。ウエヌクは空を渡り，もう一度霧の少女を見つけようと思い続けているのだ」を参照。

全訳

これはウエヌクの物語である。
ある朝早くまだ太陽が昇る前に，ウエヌクは森を歩いていた。彼は湖にやってきた。湖には2人の少女が泳いでいた。2人は空の少女たちで，ほんの少しのあいだだけ地上にいた。ひとりは霧の少女，もうひとりは雨の少女だった。ウエヌクはこのふたりがだれなのかわからなかったが，美しいということに気づいた。とても美しかったので，どうしたらそ

のうちのひとりと結婚できるのかを知りたいと思った。しかし，じっと見ているうちに，太陽が出てきた。少女たちは朝になったのを知って，ひじょうに怖がった。「もう行かないと」とふたりは叫んだ。「私たちは霧と雨の少女。日の光が私たちに降り注いだら死んでしまうわ」ウエヌクが見ていると，ふたりはゆっくりと静かに空へと戻って行った。

その夜，ウエヌクはひとり家にいた。彼は思った。「あのふたりの少女とまた会えるだろうか。あの子たちはとても美しかった。そのひとりと結婚したい」彼が考えていると，家の戸が開き，霧の少女が入ってきた。「ウエヌク，私はあなたといっしょに過ごすために来ました。でも，夜だけしかいられません。昼間になったら私は空に戻らなくてはならないのです。日の光を浴びると死んでしまうからです」

霧の少女はその夜のあいだ中ずっといっしょにいた。太陽が昇る前に彼女はウエヌクにさよならを告げ，空にある自分の家に戻って行った。ウエヌクはこのことがいやでたまらなかった。ずっと彼女といっしょにいたかったのだ。

ある日，彼は思った。「家の戸口と窓にマットをかぶせよう。そうすれば霧の少女は朝がやってきたことに気づかないだろう。まだ夜だと思って，私とずっといっしょにいてくれるだろう」

その夜，家の戸口と窓はマットでおおわれていた。

「日はまだ出てこない。私といっしょにいてくれ」とウエヌクが言った。すると，霧の少女は言った。「なんて長い夜なの。もう日が出るころだと思うんだけれど」すると，ウエヌクは「日はまだ出ていない。私といっしょにいてくれ」ともう一度言った。

時間が過ぎ去り，霧の少女は三度目に言った。「今夜は長すぎるわ。もう朝のはずよ」ウエヌクが止める間もなく，彼女は窓のところに来て，マットを上げ，外を見た。「朝だわ。日が出ている。ウエヌク，私をだましたのね。もう空の家に帰らなくちゃ。もう二度と戻ってこられないわ」そして，霧の少女はそのまま空に戻って行った。「戻ってきて，戻ってきてくれ。君をだまして悪かった。お願いだから，戻ってきてくれ」とウエヌクは叫んだ。しかし，霧の少女の耳に彼の言葉は届かなかった。彼女はそのまま姿を消した。

ウエヌクは言った。「霧の少女を探しに行こう。海でも山でもどこへでも行くぞ。彼女を見つけ出すまで休んでなんかいられない」

ウエヌクは出発した。山じゅう，海じゅうをくまなく探したが，霧の少女は見つからなかった。そんなウエヌクを神々は気の毒に思い，ウエヌクを虹に変えた。いまでも雨が降り霧が出ると，ウエヌクが姿を現す。ウエヌクは空を渡り，もう一度霧の少女を見つけようと思い続けているのだ。

語句

*l.*4 for a little while 少しのあいだ　　*l.*7 marry 〜 〜と結婚する（with は必要ないので注意！）
*l.*9 frighten 怖がらせる　　*l.*10 mist 霧　　*l.*10 shine 輝く　　*l.*13 say to *one*self 思う；独り言を言う　　*l.*30 pass 過ぎる　　*l.*33 trick だます　　*l.*37 disappear 消える（⇔ appear 現れる）
*l.*38 look for 〜 〜を探す　　*l.*39 rest 休憩する　　　　*l.*42 feel sorry for 〜 〜を気の毒に思う
*l.*43 turn *A* into *B* *A* を *B* に変える

重要構文・表現

時制の一致

*ll.*6-7 Ue-nuku did not know (who they <u>were</u>), but he knew (that they <u>were</u> beautiful).
（彼女たちがだれであるかウエヌクにはわからなかったが，彼女たちが美しいと思った）
波線部は日本語では現在時制のように表現するが，英語では過去時制で表現する。これを時制の一致という。ただし，これは上記のように**疑問詞節**（疑問詞 S＋V）や **that** 節（that S＋V）などを使った間接話法で表すときの決まりであって，以下のような人が直接話した言葉（英語では " "）で表すときは，話した言葉の時制は変えずにそのまま表現する。

*ll.*13-14 He said to himself, "Will I ever see the two girls again?"
直接話法では時制の一致をしない　　　（「あの二人の少女にまた会えるだろうか」と彼は思った）

これを接続詞 if [whether] (〜かどうか) を使って以下のように間接話法で表現するときは，時制を一致させる。

〈比較〉He asked himself [if he would ever see the two girls again].
時制の一致

*ll.*7-8 **so 〜 that ...** (とても〜なので…)

They were so beautiful that he wanted to know how to marry one of them.
〜したかった　　　〜する方法　　　〜のひとり

*l.*28 *What* a long night! (なんて長い夜なんでしょう) 〈感嘆文〉

〈比較〉*How* long this night is!

感嘆文では，what の場合後ろには名詞が，how の場合後ろには形容詞・副詞があることに注意！

*ll.*39-40 I will not rest **until** I find her. (彼女を見つけ出すまでは休んでなんかいられない)
→内容が未来のことであっても，until〜(副詞節)の中では現在時制で表す

（例）We will go home **before** it gets dark. (暗くならないうちに家に帰ろう)

2 | 盲導犬の一生

問1　① **brought**　② **to control**　③ **feeling**　④ **spoken**　⑤ **lie**
問2　(A) **stops being afraid of us**　　(D) **become too old to help people**
問3　生後2か月から1歳になるまで
問4　盲導犬にすべきことを伝える方法と盲導犬の世話のしかた
問5　盲導犬を連れた目の不自由な客も歓迎すること
問6　**forever**

解説

問1　① they は guide dogs を指す。前後から受動態だということが推測できる。bring 〜up (〜を育てる) の bring を過去分詞にする。
　　② easy のあとに不定詞を続けて「〜しやすい」という意味にする。
　　（例）This book is easy to read. (この本は読みやすい)
　　③ without (　　) very lonely「あまり孤独を(　　)なく」
　　without(前置詞) の後なので動名詞にする。
　　④「英語で(　　)多くの言葉」「話される」の意味で spoken を入れる。
　　⑤「盲導犬が行儀よく静かに床に(　　)」 lie (横になる) を選択。
問2　(A)「人々に深く愛されるように感じ」た後どうなるか？　「私たちを恐れるのを止める」
　　stop -ing と *be* afraid of 〜 の組み合わせ。
　　(D) too ... to 〜 の形。「年をとりすぎて，人を介助できない」

問3 *ll.*9-11「生後2か月からボランティアに育てられ，1歳になるまでたくさんの愛情を受ける」とある。

問4 直後のコロン（：）以降に注目。コロンは前文の詳細説明に用いられる。how to tell them（彼ら〈盲導犬〉にどのように伝えるか），what to do（〈盲導犬が〉すべきことを），how to take care of them（盲導犬をどのように世話するか）

問5 *ll.*36-37 most shop owners will welcome 〜 がヒント。Even restaurant owners も「そうする」ということは？

問6 *ll.*43-44「盲導犬をなくしたとき，（ ⑥ ）『目』を失ってしまったと強く感じた」
盲導犬がいなくなったとき目が不自由な人たちがどう感じるかを考える。

全訳

あなたは，盲導犬，つまり目が不自由な人々を案内するように訓練された犬を見たことがありますか。私はどうかというと，盲導犬は数えるほどしか見たことがありません。思うに，盲導犬がどのように育てられ，訓練を受け一生を過ごすのか，ほとんどの人は知らないのではないでしょうか。実際，ラブラドールやゴールデンレトリーバー，ジャーマンシェパードはもっとも優れた盲導犬です。なぜならば，賢く，静かで，性格的に穏やかで，管理しやすいからです。私たちにとっては，ごく些細なことをして日々を過ごすためでさえも盲導犬の助けを必要とする目の不自由な人がたくさんいます。

日本には，盲導犬訓練センターが6か所あります。そのうちのひとつが京都府亀岡市にあります。生後2か月たつと，子犬はボランティアの家族のもとで育てられ，子ども時代をともに過ごすのです。子犬は1歳になるまでその家族からたくさんの愛情を受けて育ちます。その犬は人間によって深く愛され，私たちに対する恐怖心を自然と感じなくなるのです。なぜ10か月なのでしょうか。10か月を超えてしまうと，犬は家族とともにいるのが居心地がよすぎて，他の人たちに興味をもったり，近い将来に自分の主人になる目の不自由な人を助けたりすることが難しくなってしまうからなのです。その犬はさみしいという思いをそれほど感じないまま，家族と別れます。

それから盲導犬は訓練センターに戻されて訓練が始まります。トレーナーが英語で話す言葉をたくさんおぼえないといけません。たとえば，"Sit（座れ）"や"Down（伏せ）"，"Wait（待て）"などが使われます。犬がいろいろな表現を理解するのは難しいことですが，人間の望むことをそれぞれきちんと理解し，トレーナーを安全かつ正確に案内しなければならないのです。そういうわけで，トレーナーは簡単な英語を使います。この種の訓練に丸一年かかります。

2歳になって訓練が終わると，それぞれの盲導犬は働き始めます。多くの目が不自由な人々が盲導犬の助けを必要としています。目の不自由な人が，1人目，2人目とかわるがわる（相性を確かめるために）盲導犬と4〜6週間過ごします。目の不自由な人もまたいろいろと学ぶことがあります。たとえば，してほしいことをどうやって犬に伝えるか，そして犬の世話のしかたなどです。

10年ほど経つと，犬は年を取り過ぎて人の助けができなくなります。そして歩くことさえ厳しくなります。盲導犬としての仕事はもう終わり，そして自分が死を迎えるその瞬間まで，逆に世話をされる時が来たのです。その老犬は第2のボランティア家族に迎えられます。その盲導犬は穏やかな時を最後の家族とともに過ごすのです。

最近，ますます多くの人々が盲導犬の重要性を理解するようになりました。たとえば，ほとんどのお店は，目の不自由な人が盲導犬を連れていても歓迎してくれます。レストランであっても，同様です。最近は目の不自由な人が盲導犬を連れて列車やバスを使い，ほとんどどこへでも行くことができます。盲導犬たちは待っているとき，お行儀よく，静かに，床に伏せているものなのだと人々が理解し始めたからです。盲導犬の唯一の問題は犬を育て，訓練が終わるのに長い時間がかかるということです。ある目の不自由な人が，こう言っていました。「私が自分の盲導犬を失ったとき，永遠に『目』を失ってしま

ったと強く感じました」と。やはり盲導犬はとても　　重要なものなのです。

語句

l.1 guide 案内人，案内する　　*l.2* blind 盲目の　　*l.2* as for ～ ～に関して言えば，～はどうかというと　　*l.4* whole 全～　　*l.5* clever 賢い　　*l.5* gentle 礼儀正しい　　*l.9* puppy 子犬　　*l.9* be raised 育てられる　　*l.12* deeply 深く　　*l.14* comfortable 快適な　　*l.16* master 主人　　*l.17* lonely さみしい，孤独の　　*l.20* trainer 訓練者　　*l.21* expression 表現　　*l.23* correctly 正しく，正確に　　*l.27* one after another 次々に　　*l.31* even ～さえ　　*l.32* moment 瞬間　　*l.34* peaceful 平和な，平穏な　　*l.35* more and more ますます多くの　　*l.35* importance 大切さ，重要性　　*l.37* owner オーナー，主人　　*l.39* almost ほとんど　　*l.40* quietly 静かに　　*l.41* smart 利口な

重要構文・表現

l.13, l.39 事柄 **It is because** 理由 「それは～だからです」

l.13 事柄
Why for ten months?
（なぜ10か月か）

It is because ～
それは～だからです
（because 以下が理由）

理由
more than ten months
make the dog too comfortable
（10か月以上では居心地が
よくなりすぎてしまうから）

l.39 事柄
blind people with guide dogs
can use trains and buses,
and go to almost any place
（盲導犬を連れた人が電車や
バスを利用しほとんどどこへ
でも行けるようになった）

It is because ～
それは～だからです
（because 以下が理由）

理由
people are beginning to know
that guide dogs lie quietly on
the floor in a smart way while
they are waiting.
（盲導犬たちは，待っているあいだ，
お行儀よく，静かに，床に伏せて，
いるものだと人々が理解し始めた
から）

l.23 理由 **This is the reason** 結論・事柄
「これが～理由です，こういうわけで～します」

理由
they have to understand
human wishes very well and
guide a trainer safely and
correctly
（彼らは人間の望みをよく理解し，
訓練者を安全に正確に案内しな
ければならない）

This is the reason ～
こういうわけで～
（前文が reason 以下の理由）

結論・事柄
the trainers use easy
English.
（訓練者は簡単な英語を使うの
です）

*ll.*23-24「時間がかかる」 **take**

This kind of training takes them a full year.
主語　　　　　　　　　人(など)　　時間
（この種の訓練には彼らは丸 1 年かかる）

*ll.*41-42「時間がかかる」 **take**

it takes quite a lot of time for dogs to be raised and to be trained.
　　　　　　　　　時間　　　　　人(など)
（犬が育てられ訓練されるのにかなり長い時間がかかる）

この用法の take は，動作を表す表現や it を主語にすることが多い。

〈S **take** Ⓐ 時 間 ～〉 または 〈**It takes** 時 間 (**for** Ⓐ) **to** 原形〉 の形で覚えよう。

● **長文読解研究所 ①　because と though に気をつけよう！**

英文を読む上でとても大切なつなぎの言葉（＝接続詞）の中でも，うっかり間違えやすい 2 つ because と though について考えてみよう。

（例）I got up very early this morning though I studied till late last night.
　　　×　今朝とても早く起きたけれども，昨夜遅くまで勉強していた。

これはよくある間違い。because や though はそれに続く文にかかるからだ。

though や because が出てきたら，その前で区切る！

I got up very early this morning / **though** I studied till late last night.
　　　○　今朝とても早く起きた / 昨夜遅くまで勉強していたのだ けれど 。

このように，接続詞は前後のつながりをよく考えて意味をとらないと危険である。次の文はどうだろうか。

（例）Takuya was late for school this morning / because he missed the 8:00 bus.
　　　×　タクヤは，けさ学校に遅れたので，8時のバスに乗り損ねた。
　　　　　　　→ because の前からそのまま訳さない。
　　　○　タクヤは，8時のバスに乗り損ねた ので，けさ学校に遅れた。
　　　　　　　→ because 以下の部分が「理由」を表す。

---

3 ｜ 珍種のニワトリ

問1　① イ　　② ア　　③ オ　　④ カ　　⑤ エ
問2　(1) ウ　　(2) イ　　(3) エ　　(4) ア　　(5) ウ

解説

問1　ア「いままででいちばん驚くようなものを見た」
　　　イ「何か仕掛けがあるにちがいない」
　　　ウ「だれもそんなおかしなニワトリを育てたくないのだと私は思っていた」
　　　　（**no one** だれも～ない）
　　　エ「私はそれ(3 本足のニワトリ)を一度も捕まえられずにいる」
　　　オ「もっとお金がかせげることに気づいた」（**make money** お金をかせぐ）

カ「まもなく 3 本足のニワトリを育てることに成功した」（**succeed in ～** ～に成功する）
① 直前 *ll.*4-5 I don't believe this. から，ア か イ のどちらかに絞られる。
② 農夫(farmer) への最初の発言であることがポイント。最初に話題に上がるものに代名詞を使うことは考えづらいので，イ It ～ は不適当。同様に，前述の内容を受けて，ウ such（そのような）も最初の発言としては不適当。直後で「ニワトリが時速 80 キロメートルで走っていた」と驚きを伝える内容であることから，ア がふさわしい。
③ 直前 *ll.*15-16「この地域ではニワトリの足は高い需要がある」，直後 *ll.*16-17「3 本足のニワトリを育てれば…」という内容をつなぐのは オ である。
④ 直前 *l.*17「実験をした」，直後 *l.*18「ニワトリが速くなった理由はそのもう 1 本の足」から，カ が適当である。
⑤ 直前 *ll.*10-20「味はどうなのか」と聞かれて，*l.*21「わからない」と答えているから，「捕まえたことがない」と述べている エ が適当である。

問2 (1)「男はニワトリを捕まえることができなかった。なぜなら…」
　　ア 男にとって田舎道で車を運転するのは難しかったから
　　イ 男がニワトリを見ると，ニワトリはすぐに消えてしまったから
　　　（**as soon as ～** ～したらすぐに）
　　ウ ニワトリが速すぎたため捕まえられなかったから
　　エ 男は車をフルスピードで運転することができなかったから
　(2)「男が農夫に会ったとき，…」
　　ア それがだれのニワトリなのか知りたかった
　　イ ニワトリを見てとても驚いたということを伝えた
　　ウ ニワトリを売ってくれるように頼んだ
　　エ ニワトリが時速 80 キロメートルで走っていると伝えた
　(3)「農夫は 3 本足のニワトリを育てたいと思っていた。なぜなら…」
　　ア 育てるのにほとんど時間がかからなかったから
　　イ この種のニワトリを育てるのは農夫には簡単なことだったから
　　ウ 3 本足のニワトリについてもっと知りたいと思っていたから
　　エ この地域の多くの人たちがニワトリの足を食べたがっていることを知っていたから
　(4)「どのようにしたらニワトリがそんなに速く走れるのか男がたずねると，農夫は，…」
　　ア 理由を説明し始めた
　　イ その男がなぜニワトリに追い越されたのかわからなかった
　　ウ 自分の耳を疑った
　　エ その質問にまったく関心を示さなかった
　(5)「農夫は 3 本足のニワトリがどのような味なのか知らなかった。なぜなら…」
　　ア 自分が育てている 3 本足のニワトリを 1 羽も殺したくなかったから
　　イ 3 本足のニワトリを味わうよりもかせぐことのほうにずっと興味をもっていたから
　　ウ 3 本足のニワトリを以前に料理したことも食べたこともなかったから
　　エ 3 本足のニワトリを食べたのがずいぶん以前だったので，どんな味なのか思い出せなかったから

 全訳

ひとりの男が田舎道を車で走っていたとき，1 羽　　　のニワトリに追い越された。彼は時速80キロメート

ルで走っていたが，そのニワトリはまるで彼が動いていないかのように（感じるほどのスピードで）追い越していった。彼は自分の目を疑った。いったいどうしたらニワトリが車より速く走れるのか。「信じられない。何か仕掛けがあるにちがいない」と男は思った。彼は加速して，そのニワトリを追いかけようとしたが，もういなかった。

間もなく彼は一軒の農家にやってきた。農夫は外にいて，門によりかかり，道路を見下ろしていた。男は車を止めて，外に出て，農夫のところまで歩いていった。「いまものすごいものを見たんだ。ニワトリが私を追い越していったんだ。時速80キロメートル以上で走っていたにちがいない」　男は農夫に言った。

「ああ，それならおれのところの1羽だ。どっち

に行ったかわからなかったよね？」　農夫は言った。

「わからなかった」と男が答えた。「でも，ニワトリがどうしたらあんなに速く走れるんだ？」

「ああ，それは」と農夫は語り始めた。「ニワトリの足はこの地域では郷土料理に使われ，高い需要があるんだ。そこで，2本じゃなくて3本足のニワトリを育てられたらもうかると思ったんだ。おれは実験してみた。そして，3本足のニワトリを育てることに成功したんだ。そのニワトリがそんなに速いのは，そのもう1本の足のためだ」と彼は言った。

「それはおもしろい。ところで，その3本足のニワトリの味はどうなんだ？」と男は言った。

「おれにもわからない。そのニワトリを捕まえられたことは一度だってないんだから」と農夫は言った。

語句

*l.*2 at 80 kilometers an hour 1時間につき80キロメートルで（時速80キロで）　　*l.*4 possibly たぶん；いったい　　*l.*6 disappear 消える ⇔ appear 現れる　　*l.*8 look down 見下ろす ⇔ look up 見上げる　　*ll.*10-11 more than ～ ～以上　　*l.*18 additional もう1つの，追加の＜ add 動 ～を加える

重要構文・表現

*ll.*12-13　You didn't see **where** it went , did you?　付加疑問文「～ですよね？」
　　　　　　　　〈疑問詞＋S＋V〉の間接疑問

（それがどこへ行ったかわからなかったよね）

これに続く文 "No," は「うん，わからなかった」の意味。**日本語に惑わされるな！**　英語では答えが**肯定ならば Yes** を，**否定ならば No** を使う。日本語の「はい」「いいえ」は相手の言葉に同意するかしないかで決まる。

It is [was] ☐ **that ～** の強調構文 ⇒ ☐ には強調する語句を入れる。

*l.*18　**It's** *the additional leg* **that** makes them so fast.
　　　　　強調する語句　　　（ニワトリをそんなに速くするのは もう一本の足 だ）

The additional leg makes them so fast. の the additional leg を強めた言い方。

強調構文　〈**It is** [was] 強調する語句 **that ～**〉の形を覚えよう！
　手順：元の文中の 強調する語句 を抜き出し It is [was] と that の間にはさむ。残りの部分は that のあとにそのまま続ける。元の文が現在時制ならば is を，過去時制ならば was を用いる。

（例）**It was** *this dog* **that** bit me. （私にかみついたのはこの犬です）
　　　It is *Korea* **that** I want to visit. （私が訪れたいのは韓国です）
　　　It was *on the bus* **that** I met her. （私が彼女に会ったのはバスの中ででした）
　　　It was *yesterday* **that** I got the letter. （私が手紙をもらったのは昨日です）

4 | わがままな太陽

問1　**better**

問2　(B) **at**　　(C) **in**　　(D) **for**　　(E) **with**

問3　(1) **Green plants and beautiful flowers began to grow.**

　　(2) **Nobody came near him.　He had no one to talk with.**

問4　① 私はすべての生命の父です。私が君といっしょに洞穴の中にいるのは正しく
　　　ないと思います。

　　② ときどき月は自分の背を太陽に向けて，彼の前を静かに通り過ぎます。

問5　イ（8）　ウ（7）　エ（2）　オ（4）　カ（3）　キ（5）　ク（6）

問6　(1) **Because she was told by the sun to go away and leave the cave for**
　　　him.

　　[別解] **Because the sun told her to go away and leave the cave for him.**

　　(2) **No, he wasn't.　He was angry.**

問7　(X) 月が新月から満月へと変化していくようす

　　(Y) 太陽が出ているときは月が沈んでいて，月が出ているときは太陽が沈んでい
　　　る現象。

解説

問1　直後に than he was とあるので，比較級にする。

問2　(B) 前にある look に注目する。look(back)at ～「～を(振り返って)見る」

　　(C) 直前 live に注目する。The sun lived in the whole sky. と考える。本文では，不定詞・形
　　　容詞的用法で sky を後ろから修飾している。

　　(D) 直前の内容「だれも太陽に近寄らず，話し相手がいなかったので，太陽は月に会いたくな
　　　った」から，look for ～（～を探す）であると判断する。

　　(E) *ll.*32-33 の内容「太陽が空に出てくると月は去ってしまう。今日まで，太陽は月を～する
　　　ことができていない」から，catch up with ～（～に追いつく）であると判断する。

問3　(1) 主語は「緑の植物や美しい花々(green plants and beautiful flowers)」，「～し始める」は
　　　begin to ～，「育つ」は grow。

　　(2)「だれも～ない」は nobody または no one，「近寄る」は come near または approach,
　　　「話し相手」は someone to talk with [to] を用いる。(設問では「話し相手がいなかっ
　　　た」なので，no one to talk with [to] とする)

問4　① it is not ... for Ⓐ to 原形 (Ⓐが～するのは…ではない)

　　② turn ～ on ... (…に～を向ける) back は名詞で「背中」の意味。pass quietly (静かに通
　　　り過ぎる)

問5　ア「太陽と月は同じ洞穴に住んでいた」

→ エ「太陽と月は洞穴でいっしょに住むことに飽きた」
→ カ「洞穴を出て行くよう太陽は月に言った」
→ オ「月は雲の後ろに隠れた」
→ キ「月が空に輝いた」
→ ク「太陽は空に飛び出した」
→ ウ「太陽はさびしくなった」
→ イ「月は古い洞穴に隠れた」
→ ケ「太陽と月は別々に旅をした」

問6　(1)　理由は，*ll.*5-6 Go away and leave this cave for me. と太陽が言ったから。英文をつくるときは，受動態（The moon が主語）と能動態（The Sun が主語）のどちらでもよい。〈tell Ⓐ to 原形〉「人に～するように言う」の構文を使おう。

(2)　「月が顔全体を見せて，だれもが月を美しいと言ったとき，太陽は喜びましたか」 *l.*14 got angry とあるので，No である。

問7　(X)　「少しずつ彼女は顔全体を見せました」

(Y)　「いまでは太陽と月は順番に洞穴で寝ます。そして，毎日別々に空を旅しているのです」

全訳

　太陽と月は洞穴に住んでいました。太陽と月の光は洞穴から出ることはありませんでした。空には星だけが輝いていました。

　太陽と月はいっしょに洞穴で暮らすことにうんざりしていました。洞穴の中は窮屈だったのです。太陽は月に言いました。「私はすべての生命の父だ。私が洞穴で君といっしょにいるのはふさわしくない。私にこの洞穴を残して，出て行きなさい」

　「私はどこへ行けばよいのですか」月はたずねました。「私にはほかに家がありません」

　「空に行きなさい」太陽は答えました。「広く青い空にはあなたの場所がたくさんあります」

　月は悲しみ，洞穴を去りました。月は，広く青い空にいるのを怖がりました。月はやせっぽちで銀色でした。月は雲の後ろに隠れました。しばらくすると，月はそれほどおびえなくなりました。少しずつ月は自分の全体を見せるようになりました。だれもが月を美しいと言いました。

　太陽は，美しく青い空にいる月を見て，腹を立てました。小さな月が自分よりもいい場所にいるのです！　太陽は洞穴を走り出て，空に飛び上がりました。

　太陽がやってくるのを見ると，月は怖がって逃げ出しました。月は太陽のほうを振り返ってばかりいました。じきに，月の姿を見るものはだれもいなく

なりました。

　いまや，太陽は空全体をすみかにしていました。太陽はすばらしい光をすべての方向に放ちました。太陽は冷たい地面を温めました。緑の植物や美しい花々が育ち始めました。人々は踊り，太陽に祈りました。

　しかし，太陽は孤独でさびしかったのです。だれも太陽に近寄りませんでした。太陽には話し相手がいませんでした。太陽は月を見つけ出したくなりました。太陽は月を探しに行きました。

　月は古い洞穴に隠れていました。太陽が洞穴に近寄ると，月は逃げ出しました。

　「ああ，月よ」太陽は叫びました。「あなたはどこに行くのですか。なぜ私が近づくと離れていくのですか。月よ，もう逃げないでください！」

　月は太陽を待つことはありませんでした。月はすばやく空に逃げ出しました。太陽が空に現れると，月は去っていきました。

　今日まで，太陽は月に追いつくことができません。あるときは，ごく短い時間，月はその冷たい顔を太陽のほうに向けます。あるときは，月は太陽に背を向けて，その前を静かに通り過ぎます。

　いま太陽と月は順番に洞穴で寝ます。そして，毎日，別々に空を旅しているのです。

語句

*l.*2 shone shine（輝く）の過去形　　　*l.*7 no other ～ ほかに～ない　　　*l.*13 whole 全体の
*l.*18 keep -ing ～し続ける　　*l.*31 to this day いまなお，今日にいたるまで

重要構文・表現

*l.*3　**get tired of ～**（～に飽きる，うんざりする）＝ get bored with ～
　　〈比較〉get tired <u>from</u> ～（～で疲れる）

*l.*10　代名詞 **she**
　　the Moon を she で受けている。このように，she は単に女性だけでなく**女性的な印象をも**
　　つものにも使われることがある。
　　（例）country（国）⇒ <u>母</u>国という言葉があるように，故郷・大地で連想するのは洋の東西にか
　　　　　かわらず<u>母</u>である。
　　　　　ship（船），airplane（飛行機），car（車）⇒ やさしく包み込むような女性（母）のイメージ。
　　本文では，月のほうが神秘的で落ち着いた印象なので she で受け，太陽は対照的に力強く激
　　しい印象なので he で受けている。

*l.*17　知覚動詞 **see, hear, feel** など
　　When she **saw** the Sun **coming**, the Moon got scared and ran way.
　　　　　　知覚動詞　人（など）　　　　-ing
　　〈**see/hear/feel Ⓐ -ing**〉　「Ⓐが～しているのを見る / 聞く / 感じる」
　　（例）I saw a boy crossing the street. （少年が通りを渡っているところを私は見た）
　　〈比較〉〈**see/hear/feel Ⓐ** 原形〉　「Ⓐが～するを見る / 聞く / 感じる」
　　（例）I saw a boy cross the street. （少年が通りを渡るのを〈一部始終〉私は見た）

---

5 ┆ 伝える勇気

問1　ウ

問2　② **fourteen**　　④ **seven**

問3　ア

問4　**3番目 all**　　**6番目 you**

問5　**No**

問6　ふだんの昼食は牛乳 **1** 杯だけ（なのに，）お腹がはち切れるほど食べざるを得なか
　　った（という点）

解説

問1 ① 直前「父は生活費として月に100ポンドしかくれなかった」，直後「私たちは大家族だった」を結ぶのは「**なぜならば**」

問2 ② 甥が知っている安いレストランで食事をした後の残りの金額を求める。

(*ll*.17-18 から)	手もちのお金	＝20ポンド
－) (*ll*.19-20 から)	料理1人あたり3ポンド×*2人分	＝6ポンド
	残りの金額	（ ② ）ポンド

*l.20 ～ each（1人につき）に注意！ 甥とおばの2人分を計上する。

④ おばが注文した料理の総計を求める。

	手もちのお金	＝20ポンド
－)	おばの料理（チキンのフランス風）	＝（ ④ ）ポンド
－) (*l*.34 から)	甥の料理（最も安い料理）	＝3ポンド
	残りの金額	10ポンド

問3 enough の後に money を補って考えてもよい。「たぶん私は一品の料理だけなら十分な（お金）をもっている」ということだから，**ア** が正解。

問4 直前で「ウェイターに払うお金さえない」と言っている状況と，[　　]内の単語に "all" があることから，おばの質問は「それがあなたのもっているすべてのお金？」と考えられる。(Is that all the money you have?)

問5 *l*.59 おば「どの国の言語でも，言うのが最も難しいことばは何？」 甥「わかりません，おばさん」 おば「それは（ ⑥ ）です」という話の流れから判断する。おばが料理を注文しようとしているときに甥が言えなかった言葉，つまり No である。*l*.18 I couldn't say "No!" や *l*.39 I couldn't say, "No, you can't, ..." もヒントになる。

問6 poor を「貧しい」と言う意味だと決めつけないように。*l*.8 でおばは quite rich（かなり裕福で）とあるので，「貧しい，貧乏な」ではおかしい。**poor** には「かわいそうな，哀れな」という意味があり，なぜかわいそうなのかを考える。ふだんの食事ときょうの食事の違いを考えて答える。*ll*.64-65 poor boy の poor も同様の意味である。

全訳

> 私の大切な甥っ子へ
> 　次の木曜日に町に行きます。どこかへランチかディナーに連れて行ってほしいのだけれど。
> 　　　　　　　　　　　おばのナディアより

　私のおばのナディアは母の姉です。母が病気のとき，おばは私たちを世話してくれました。とても厳しかったけれども，ばかげた決まりごとを作ったりはしませんでした。つまり，他人に迷惑をかけたり，自分たちにとって危険なことをしなりしなければ，したいことは何でもすることができました。おばはとても裕福です（私はそう思います）が，田舎の小さな家で，自分の世話と家事すべてをしてくれるメイ

ドと2人だけで住んでいます。しかし，年に1，2度，服の購入やおそらくは映画鑑賞のために町にやって来ます。この話は，私が大学1年生のときのことです。家が大家族だったせいで，父は私に生活費として月に100ポンドしか仕送りしてくれませんでした。ふつうはそれで十分でしたが，困ることもよくありました。友だちがパーティーに誘ってくれたときなど，次の日の夕食を抜くことになっても，断ることができず，行くと言ったりしました。実際，おばからの手紙が届いたときも，20ポンドしかありませんでしたが，私は（おばの来訪を）断ることができませんでした。

　私は小さなすてきなレストランを知っていました。

そこでは1人あたり3ポンドで昼食をとることができました。そこで食事すれば，14ポンド残ることになります。

「さあ，食事はどこに行きましょうか？ 昼食は多くは食べないの。一皿だけでいいわ。だからどこかすてきなところに行きましょうよ」とおばが言いました。

私は例の小さなレストランがある方向におばを連れて行きました。すると，突然，おばは通りの反対側にある別のレストランを指差したのです。

「あそこに行きましょうよ。よさそうな店よ」

「ああ，そうですね。これから行こうと思っていた店よりもそちらのほうがお好みなら」と私は言いました。「おばさん，私はおばさんをあんな豪勢な店に連れて行けるほどお金はもっていません。あの店は料金が高すぎます。お金がかかりすぎます」とは言えませんでした。「一品だけならたぶんお金が足りるだろう」と思いました。

ウェイターがメニューをもってきました。おばはそれを見て言いました。「私はこれをいただこうかしら」

それはチキンをフランス料理風に調理したもので，メニューの中で最も高価で，7ポンドでした。私はメニューの中でいちばん安い3ポンドの料理を注文しました。残りは10ポンドになりました。いや，9ポンドだ，ウェイターに（チップとして）1ポンド払わなければならないのです。

「メインのお食事の前に何かいかがですか，奥様。キャビアがございます」とウェイターは勧めました。

「キャビア！」ナディアおばさんは叫びました。「それはいいわ！ キャビアをいただいてもいいわね？」

「いや，だめですよ。お金が5ポンドしか残らなくなってしまいます」とは言えませんでした。おばは，チキンのほかにキャビアを大きくひと盛り平らげ，ワインをグラス1杯飲んだのです。私の残りのお金はわずか4ポンドになりました。4ポンドあれば，1週間をパンとチーズで過ごすのなら十分です。しかし，チキンを食べ終わった後，ケーキをもっているウェイターの姿がおばの目に入りました。

「あら」おばは言いました。「そのケーキ，おいしそうね。小さいのを1つだけいただいていいかしら」

これで残りは3ポンド。それから，ウェイターがフルーツをもってきました。そして，こんなにすばらしい食事の後には，もちろんコーヒーを飲まなければなりません。残りのお金はなくなってしまいました！ ウェイターへのチップのお金さえ残っていません。ウェイターは勘定書をもってきました。20ポンドです。私は20ポンドを皿の上に乗せました。ウェイターには何もなしです。

ナディアおばさんはそのお金を見ました。それから，私を見ました。

「あなたのもっているお金はそれで全部？」おばはたずねました。

「はい，おばさん」

「あなたはもっているお金を全部使って私においしい食事をごちそうしてくれたのね。あなたはとても優しいけれど，ばかなことをしたわね」

「いや，そんなことはないですよ，おばさん」

「あなたは大学で言語を学んでいるのよね？」

「そうです，おばさん」

「どの国の言語でも，言うのが最も難しい言葉は何？」

「わかりません，おばさん」

「それは『いいえ』という言葉よ。大人になったら，たとえ相手が女性であっても，その言葉を言えるようにならなければいけないわ。私はあなたにはこのレストランのお勘定を払えるほどのお金がないことを知っていたわ。でも，あなたにひとつ教えたかったの。それで，いちばん高いものを注文し続けて，あなたの顔色をうかがっていたのよ。かわいそうな甥っ子！」

おばは勘定を払って，プレゼントとして私に5ポンドをくれました。

そして，ほほえんで私に言いました。「ああ，まったく！ 今日のランチにかわいそうなおばさん（私）はもう少しで殺されるところだったわ。私の昼食はふだんは牛乳1杯だけなんだから」

語句

*l.*5 take care of ～ ～を世話する   *l.*10 once or twice 1 度か 2 度   *l.*12 at the time of ～ ～のとき   *l.*12 university 大学   *l.*17 in fact 実際に   *l.*23 led lead（導く）の過去分詞   *l.*24 point to ～ ～を指差す   *l.*48 not even ～ ～でさえない   *l.*54 spend A on B A を B に使う   *ll.*63-64 go on -ing ～し続ける

重要構文・表現

*ll.*7-8 we could do anything <u>we liked</u>〈好きなことは何でも **as long as** <u>we did not trouble others</u> or <u>put</u>〉.
〜でさえあれば　ほかの人たちに迷惑をかけない
<u>ourselves in danger</u>
自分たちを危険にさらさない

*ll.*16-17 **even if** it meant <u>going without</u> my dinner next day
たとえ〜としても　〜なしですますこと

*l.*25 Can't we go there?（あそこに行けませんか ⇒ あそこに行きましょうよ）

*ll.*41-42 Four pounds <u>would buy</u> <u>enough bread and cheese for a week</u>.
4 ポンドあれば　買えるだろう　1 週間分のパンとチーズ

*l.*52 **all ～** と **all the ～**

　　all ～　　　（すべての～）　　　→ 一般の人や物
　　all the ～　（〈その〉すべての～）　→ 限定された人や物
　（例）<u>All children</u> like painting.　（子どもはみんな絵を描くのが好きだ）
　　　（一般の）子どもたちすべて

　　　<u>All the children in the class</u> like painting.
　　　（限定された）子どもたちすべて　　　　（そのクラスの子どもたちはみんな絵を描くのが好きだ）

---

6 | 川向こうのふしぎな世界

問1　向こう岸も同じ土地で同じ植物や木が生えていたから。(25字)

問2　ア

問3　**sable**

問4　ウ

問5　**All I have found is this**（ sable. ）

問6　**living water**

問7　ウ

問8　エ

解説

問1　*ll.*6-8 で狩人は川の向こうにはどのような生物がいるのか興味をもったが，実際に飛び越えてみると，こちら側（自分がいた側）と同じ状況だった。直前の *l.*10 をまとめる。

問2　*ll.*20-21 で狩人の言葉 "I am a hunter." に対して小人たちが騒いでいることと，*l.*27 で小人たちが動物の退治を依頼していることから推測する。

問3　*ll.*39-40 より，狩人が捕まえた動物は sable(クロテン)で，それを見た小人たちが That's it, that's it! (それだ，それだ)と叫んでいることからわかる。

問4　*l.*27 で小人たちが狩人に巨大で恐ろしい動物を退治してもらうことを頼んでいる。その後，*l.*30「彼はその動物を探しに出かけた」ことから，狩人はその依頼を引き受けたことがわかる。
　ウ Why not? は直訳すると「なぜそうしないのか」だが，依頼や提案に対して反語的に「もちろん(やるとも)」と了承する表現である。

問5　**All** I have found (私が見つけたすべて〈のもの〉は)が主部である。All が先行詞で，関係代名詞 that が省略されている。「見つけたすべて」つまり「見つかったものはこれだけ」と考える。

問6　直後の文 *l.*46「あなたもそれで身体を洗えば不死になる(You'll wash in it and will become immortal, too.)」とあるので，*l.*19 で言及されている living water(命の水)のことだとわかる。

問7　直前 *ll.*59-61 で笑われたことに対して小人たちが腹を立てていることがわかる。また，*l.*64「彼らはみんな水を地面に投げつけた」からも判断できる。ア 彼らを祝福しよう，イ もう一杯水をもってこよう，ウ 彼らに水をやるな，エ 水を地面に投げつけるな

問8　物語のはじめに「大昔，松の葉は秋には黄色になり落葉していた」とあり，終わりに「命の水が地面にまかれたために，松の葉が常緑(一年中緑色)になった」とある。

全訳

これは，昔々，大昔に起こったことである。まだ松の針葉が秋になると黄色く色づき，落ちていたころの話である(→ 松がまだ常緑樹ではなかったころの話である)。

ある日，狩人が森へ入っていった。歩きに歩いて，ずいぶん遠くまで来てしまった。川が見えた。川幅がとても広く，どんな動物も渡ることができなかった。鳥でさえもその川を飛んで渡ることができなかった。狩人はつぶやいた。「私たちの知っているどんな動物もこの川を走って渡ることができないとしたら，また私たちの知っているどんな鳥もこの川を飛んで渡ることができないとしたら，川の向こうにはいったいどんな種類の動物や鳥たちが住んでいるのだろう」そう考えているうちに，狩人は向こう岸のことについてもっと知りたくなった。そこで，できるだけ速く走って，その川を飛び越えてみた。あたりを見回してみると，そこは同じような土地で，同じ草や木が生えていた。「おかしい！」狩人は言った。「飛び越えてくるほどのことではなかった」

突然，彼はたいへん驚いて，開いた口がふさがらなかった。7羽のウサギが彼の前に立って，静かにたたずんでいた。それから，7人の人が地面の穴から出てきた。人間にとてもよく似ていたが，ひじょ

うに小さかった。ウサギが耳を下におろせば小人たちはウサギよりも大きくなり，ウサギが耳を立てれば小人たちのほうが小さくなるくらいだった。「君たちはいったいだれだい？」と狩人はたずねた。「我々は不死の人間である」小人たちは答えた。「我々は命の水で身体を洗い，けっして死ぬことはないのだ。おまえこそだれだ」「私は狩人です」すると，小人たちは喜んで大声を上げた。「ああ，すばらしい，すばらしい」と彼らは一斉に叫んだ。

彼らのうちの1人で，白髪の者が前へ進み出て言った。「恐ろしい巨大な動物が我々の国に入ってきた。それがどこからやってきたのか我々にはわからない。先日，そいつは，我々の民の1人を捕まえて殺したのだ。我々はふつう不死なので，年をとって死ぬことはない。しかし，この動物は我々の民の1人を殺したのだ。あなたは狩人だと聞いた。我々のために力を貸していただけないか。あなたはその動物を殺せるか」「もちろん(協力しましょう)」狩人は答えた。しかし，思った。「私にそんなに大きくて恐ろしい動物を殺せるだろうか」

そう思いながらも，狩人はその動物を探しに出かけた。探し続けたが，見つかるのはウサギの足跡だけだった。突然，狩人は，ウサギの足跡に混じって

クロテンの足跡を見つけた。「おお，なんてラッキーなんだ！　せっかくのチャンスだ。逃してなるものか」狩人は言った。「まずクロテンを捕まえて，それから恐ろしくて巨大な動物を探そう」

少したって，狩人はクロテンを見つけ，仕留めた。それから，クロテンをかつぎながら，恐ろしい動物を探し続けた。小人の国をくまなく探しまわったが，ほかの動物を見つけることはできなかった。

そこで，狩人は小人たちの元へ戻り，言った。「あなたたちの言う恐ろしく巨大な動物は見つけられなかった。私が見つけたのはこのクロテンだけだ」そして，狩人がクロテンの皮を小人たちに見せると，「それだ，それだ！」と小人たちは叫んだ。「ああ，なんて大きな皮，なんて太い足，なんて恐ろしくて野蛮な爪！」

そして，小さな白髪の老人が狩人に言った。「あなたは我々の民を救ってくれた。勇敢で親切なお方だ。我々はあなたに感謝の気持ちを表したい。我々を待っていてくれたまえ。命の水をもってあなた（の国）を訪れる。あなたたちがそれで身体を洗えば，不死の身体になる」

狩人は川を飛び越え，自分の村に帰った。そして，小人たちの話をみんなに聞かせた。人々はその客人たち（不死の小人たち）を待ち始めた。

人々は，1日，2日，3日と何日も待ち続けた。しかし，その客人は現れなかった。そして，人々は彼らの存在と彼らとの約束をいつの間にか忘れてし

まった。

冬が来た。何もかもが冷たくなった。そして，川も氷で覆われた。

そんなある日，村の女たちが森へ何か食べるものを探しに行った。そのとき，突然，女たちはウサギを見つけた。ウサギは女たちのほうへ跳びはねてきた。女たちがもう一度目を向けると，どのウサギにも小人たちが1人ずつ乗っていた。どの小人たちも手に小さなカップをもっていた。女たちはそれを見て，笑いだした。「見て，見て！」女たちは互いに叫んだ。「あの小人たち，ウサギの上に乗ってるわ」「ねえ，見て，あの小人。おかしいわね！」「ああ，冗談みたい！」

さて，不死の小人たちはとても自尊心が強かった。彼らはこれ（女たちの態度）に腹を立てた。先頭にいた白髪の老人はほかの者たちに何か叫んだ。そして，みんなが手にもっていた（命の）水を地面に投げつけた。そして，ウサギたちは背を向け，すばやく跳びはねて去っていった。

そうして，その村の人々は命の水を手に入れることができなかった。そして，それ（命の水）は松の木にかかった。こういうわけで，松の木は冬でも生き生きとした緑色になった。松の針葉はけっして死なないのだ。

カハ・バード：中央アジアの草原地帯の民話より
（訳：ミラ・ギンズバーグ）

*l.*3 forest 森　　*l.*8 the other side もう一方の側（ここでは狩人の住む地と川をはさんで反対側）　*l.*10 earth 大地　　*l.*12 drop open （口が）あんぐりと開く　　*l.*13 quietly 静かに　　*l.*14 just like ～ 〜と同様に　　*l.*22 forward 前に　　*l.*23 terrible 恐ろしい　　*l.*24 the other day 先日　*l.*25 die of ～ 〜で死ぬ　　*l.*31 among ～ 〜のあいだで　　*l.*33 pass up 逃す　　*l.*36 all around ～ 〜じゅう　　*l.*44 brave 勇敢な　　*l.*46 wash in ～ 〜で身体を洗う　　*l.*52 promise 約束　*l.*56 toward ～ 〜のほうへ　　*l.*63 shout 叫ぶ

重要構文・表現

*ll.*4-5　**so ～ that ...**（とても〜なので…）⇒ so の後は形容詞・副詞で，that 以下は節（主語＋動詞）が続く。

It was **so** wide **that** no animal could cross it.

（それ〈その川〉はとても広かったので渡れる動物はいなかった）

*l.*6　**say to *one*self**（心の中で思う；ひとり言を言う）〈比較〉talk to *one*self（つぶやく）

l.8　he wanted to know more （about the other side）
（彼は〈川の向こう側について〉もっと知りたくなった）

名詞のくり返しを避ける that と those

ll.31-32　《 among the rabbit footprints 》he noticed those of a sable
　　　　　　　〜の中に　　ウサギの足跡　　　　　　　　　　　　　　クロテンの足跡

that（複数 **those**）は〈**the ＋名詞**〉の代わりとして名詞の反復を避けるために使われる。
その場合，of 〜 の形で後ろから修飾されることが多い。

（例）The temperature here is higher than that of Tokyo.

　　　（ここの気温は東京〈の気温〉より高い）

l.53　*be* **covered with** 〜（〜でおおわれている）

前置詞に注意すべき受動態の慣用表現

be **filled with** 〜（〜で満たされている）	*be* **known to** 〜（〜に知られている）
be **made of** 〜（〜でできている）〈材料〉	*be* **made from** 〜（〜から作られる）〈原料〉
be **interested in** 〜（〜に興味をもつ）	*be* **satisfied with** 〜（〜で満足している）
be **worried about** 〜（〜について心配する）	*be* **pleased with** 〜（〜が気に入る，〜で喜ぶ）
be **disappointed with** [**at**] 〜（〜に失望する）	*be* **killed in** 〜（〈戦争や事故などで〉死ぬ）

7　ペンの行方

問1　ア **matter, with**　　イ **when**　　ウ **How**[**What**]**, about**　　エ **which**
問2　トムにボールペンをくれたおばさんは，だれかにプレゼントすると，後日それを
　　　見たがるから。
問3　**Aunt Jane**
問4　(1) **3 本**
　　　(2) トムが 5，6 軒の店を回ってやっと手に入れたペンが 1 本，メイが買ってき
　　　　　てくれたペンが 1 本，トムが道に落として，おばさんがもってきてくれたペ
　　　　　ンが 1 本

解説

問1　ア 困っているトムのようすを見たメイの言葉。What is the matter with you?（どうしたの？）
　　　イ トムのカップにコーヒーを注ぎながらケイトが言った言葉。「（注ぐのを）止めるときに言
　　　　　って」の意味。
　　　ウ 「それと同じのをもう1本買うのはどう？」
　　　　　How[What] about -ing?（〜するのはどうですか）
　　　エ 「その女性はどの店へ行けばいいか教えてくれたそうなの」⇒ 日本語で「どこの店」と考
　　　　　えて，where を用いないように。where は副詞なので 名詞（shop）を修飾しない。
問2　「だからぼくはあのペンを取り戻さなければならないんだ！」と言った理由を考える。

*ll.*20-21 When she gives someone a present, she always wants to see it later. の内容を答える。
問3 *ll.*36-38「アンのお兄さんのシドニーが①隣に住んでいる女性のところに行ってみると，その女性はどの店に行けばいいか教えてくれた」 *ll.*51-52「昨夜，②隣に住んでいる男の子が緑色のボールペンについて聞きにきたの」 以上の内容から，①はジェーンおばさんで，②はアンの兄シドニーであるとわかる。
問4 *l.*38 メイが買ってきてくれた1本。*ll.*42-43 トムが自分で買った1本。このボールペンは，ポケットから取り出して，テーブルに置いたものと同一（*ll.*33-34）。*ll.*48-49 トムが道で落として，ジェーンおばさんがもってきてくれた1本。合計で3本になる。

全訳

　ある土曜日の午後，トムはメイの部屋へ急いだ。メイはトムの女友だちだった。メイは友人のケイトとアンと部屋を共有していた。「ぼく，どうしたらいいんだろう，メイ？」トムは言った。「ぼくは家中あらゆる場所を探して，お父さんとお母さんにも聞いてみたんだ。もうほかにどこを探したらいいかわからないよ」

　メイは言った。「トム，あなたどうしたの？ ちょっと座ってコーヒーでも飲んだら？ 気分がよくなるわよ。でも，まず教えて。何を探しているの？」

　「ああ，ごめん」と言って，トムは，メイが渡してくれたカップを取った。

　「ストップって言ってね」ケイトはカップにコーヒーを注ぎながら言った。

　「そのくらいでいいよ，ありがとう」トムは答えた。「覚えてる？ ぼくはゆうべここに来ておしゃべりして，緑色のボールペンで遊んでいたよね。そう，そのボールペンが見つからないんだ」トムは続けた。「君たちのうちのひとりがぼくとゲームをしていた。でも，だれだったか覚えてないんだ」メイが言った。「私たちはもっていないわよ。ボールペンのようなちっぽけなものでそんなに興奮しなくてもいいじゃない」

　「君はわかってないなあ」トムは答えた。「あのね，あのペンは3週間前にジェーンおばさんがぼくに買ってくれたものなんだ。けさ通りでおばさんに会ったら，あすぼくの家に来るって言うんだ。おばさんがどんな人か知ってるだろ。だれかにプレゼントをあげると，いつも後でそれを見たいって言うんだ。だから，ぼくはそれを取り戻さなければならないんだ！」

　3人の女の子は再びお互いの顔を見合わせた。

　「じゃあ，いっしょに探しましょうよ」アンが言った。でも，そのペンがこの部屋にないとしたら，ほかにどこを探したらいいかわからないわ」彼女たちはトムのペンを探し始めた。

　「それと同じものをもう1本買うのはどうかしら」ケイトが言った。

　「それはそうだけど」トムは答えた。「でも，ボールペンはいろいろあるし，店もたくさんあるから，どの店に行ったらいいかわからないよ」

　探したけれどボールペンは見つからなかったので，トムは帰ることにした。「ごめんね，でも，もう行くよ。ああ，どうしたらいいのかな」

　次の日の午後，トムは喜んだ。ポケットの中に緑のボールペンがあるのだ。すると，ドアのベルが鳴った。ボールペンをテーブルに置いて，玄関に出た。メイだった。「ほら」彼女は言って，ちょうどトムのと同じ緑のボールペンを差し出した。「ゆうべ，アンがお兄さんのシドニーに電話して，どこで緑色のボールペンを買ったらいいか聞いてくれたの。隣に住んでいる女性のところへシドニーが行ってみると，その女性がどの店に行けばいいかを教えてくれたそうなの。そこで，私がこのボールペンを買ったわけ。さあ，どうぞ」

　ちょうどそのとき，彼女は机の上に2本目のペンがあるのを目にした。「あら，いろいろ苦労したけど，あなたのペンは見つかったのね。どこにあったの？」

　「いいや」トムは言った。「これはぼくがなくしたペンじゃないんだ。きのう君たちの家を出た後，5，6軒店を回って，ある店でやっと同じボールペンを見つけたんだ」

　「すると，いまあなたはボールペンを2本もって

いるわけね。どちらのペンをジェーンおばさんに見せるつもりなの？」メイは言った。

　突然，ドアが開いた。ジェーンおばさんが会いに来たのだ。おばさんはバッグを開けて言った。「あなたは不注意ね，トム。きのう会ったとき，道にこれを落としたわよ」そして，トムがなくした緑のボールペンを渡した。ちょうどそのとき，テーブルの上に 2 本のボールペンがあるのをおばさんは目にした。「そのボールペンも全部あなたのものなの！ 全部必要というわけではないのなら，1 本私にくれない？ ゆうべ隣に住んでいるすてきな男の人が緑のボールペンのことを聞きに来たの。彼はボールペンをほしがってたから。ありがとうね，トム」おばさんはにっこり笑って言った。

語句

*l.*2 share *A* with *B*　*A* を *B* と共有する　　　*l.*4 where else　ほかにどこで　　　*l.*10 fill *A* with *B*　*A* を *B* で満たす　　*l.*12 play about　遊びまわる　　*l.*19 come round　やって来る　　*l.*23 Come on.　さあ，来なさい；さあさあ（元気を出して）　　*l.*28 maybe　たぶんそうだと思う　　*l.*33 rang　ring（〈ベルなどが〉鳴る）の過去形（ring—rang—rung）　　　*ll.*34-35 hold out ～　～を差し出す　　*l.*37 next to ～　～の隣に　　*l.*53 with a big smile　にっこり笑って

重要構文・表現

*l.*6　**What is the matter with you?**（どうしたの？）＝What's wrong with you?
　matter（問題，事がら，困難）の意味。
　〈比較〉Is anything the matter with you?（どうかしたの？）＝Is anything wrong with you?

*l.*10　**"Tell me when to stop."** "That's fine, thanks"
　（「ストップと言ってね」「それでいい，ありがとう」）
　この表現は，人のためにコーヒーやお茶やお酒などを注ぐときの表現である（Say when. とも言う）。when to stop で「いつストップしたらよいか」の意味。"That's fine〔OK / enough〕." などと答える。

*l.*17　**You see**（あのね，実はね，おわかりでしょうが）⇒ 注意を促したり確認する場合に用いられる。
　〈比較〉You know（ねえ，いいかい，だからさ，ほら例の）⇒ 念押しや強調などに使われる。

*l.*23　**Oh, come on.**（ねえ，元気出しなよ）
　Come on はいろいろな意味で使われる。実際の会話では語調やイントネーションなどで使い分ける。
　　①「こっちに来い，行こうぜ，さあどうぞいらっしゃい」〈勧誘〉
　　②「がんばれ，元気出せよ」〈激励〉
　　③「早く，もったいぶるなよ」〈催促〉
　　④「いいかげんにしろよ，冗談だろ」〈不満・不信〉

*ll.*50-51　**部分否定** If you don't need all of them, ～（すべて必要なわけではないならば，～）

8 | 九月の旅行

問1 **the door wasn't locked**

問2 自分が今朝行ってない庭のテーブルの上に緑の帽子が置いてあったこと。(33字)

問3 **3** 時の列車に乗り損ねて，次の列車は **4** 時までないこと。(26字)

問4 直前にはなかった場所から，帽子が見つかったから。(24字)

問5 列車の追突事故による線路上の障害物を取り除かないといけないから。(32字)

問6 **saved**

解説

問1 ①の前後の妻の言葉に注目。「あなたは，帽子をさがしに行って，（　　　）とわかったわ。ラッキーだったわね。もう留守中にだれも家の中に入れないわ」という話の流れから，①には「なくした帽子」ではなく，*ll.*21-22 (Oh,) the door wasn't locked. を入れる。

問2 「それはとっても奇妙だ。ぼくにはそれがまったく理解できない」の「それ」とは *l.*26 It's strange (それは奇妙だ)と同一内容。直後の文の内容をまとめればよい。

問3 「それは大事ではない」の意味。直前の妻の言葉 Oh dear, 〜 four o'clock. に対して夫が返した言葉。直後の I'm not moving 〜 that hat. から考えて，大事なのは「帽子」であって，「列車に間に合うこと」ではない，とケイン氏は考えている。

問4 「それは私を怖がらせる(それのせいで私は怖くなった)」の意味。妻がその帽子を怖いと感じた理由は，*ll.*49-50 I've looked in this room again and again. That hat wasn't there two minutes ago. (この部屋を何度も何度も探して，2分前にはそこになかった)のに，「いま急に現れたこと」である。

問5 「4 時発の列車はありません」の意味。その理由として直後の 2 文をまとめればよい。run into 〜 (〜に衝突する)，clear the line (線路上の障害を取り除く)

問6 「この帽子は私たちの命を（ ⑥ ）してくれた」帽子を探すのに手間取って 3 時の列車を乗り過ごしために，帽子が 2 人の命を救った(save 救う)と言える。has の後に適当な形(過去分詞)に直して入れる。

全訳

　毎年，ケイン夫妻は 9 月の早い時期に 2 週間海に行くことにしていた。彼らはいつも同じ場所に行って，同じホテルに泊まった。

　毎年，彼らは新しい衣類などを買うことにしていた。その年はケイン氏は新しい帽子を買った。それは彼がもっていたどの帽子とも異なる色合いだった。それは濃い緑色をしていた。ケイン夫人は緑色の帽子をかぶる男性を好まなかった。しかし，ケイン氏はその帽子が気に入っていた。彼はその色が好きだった。そして彼は海に行くときにその帽子をかぶっていきたいと思った。

　「よくわかったわ」ケイン夫人は言った。「あなたがそれでうれしいのならね。でも私は黒い帽子のほうが好きよ」

　「ぼくがこれまで買ってきた帽子といったら，ほとんどが黒だよ。これは違うんだ」ケイン氏は言った。

　翌日，タクシーがやってきた。夫妻は荷物やコー

トをタクシーに積み込んだ。夫妻はまさに出発しようとしていた。しかし、ケイン氏の帽子が見当たらなかった。夫妻は家じゅうを探してみた。しかし帽子の影も形もなかった。

「古い帽子をかぶっていかなきゃだめよ」ケイン夫人は言った。「早くして。列車に乗り遅れるわよ」

「ちょっと待ってくれ」ケイン氏は言った。「庭に行ってみるから」

「庭ですって？」夫人は叫んだ。「庭に行っても、見つからないわよ。今朝はあなた庭に行ってないじゃないの」

ケイン氏は裏口を開けた。そうしながら彼は思った。「ドアのカギが閉まっていなかった。ひょっとしたら、だれかが侵入してしまったかも」彼はあたりを見回した。庭のテーブルの上に彼は自分の新しい緑色の帽子を見つけた。彼はそれを取り上げ、ドアにカギをかけ、妻といっしょにタクシーのところへ行った。駅への道すがら、彼らは何も話さなかった。

「奇妙だな」ケイン氏は言った。「ぼくは今朝、庭には出なかった。あのテーブルの上にこの帽子を置いたなんてことはないはずなんだが」

「そうね」妻は言った。「あなたは、帽子をさがしにいって、ドアが閉まってなかったのがわかったわ。ラッキーだったわね。もう留守中にだれも家の中に入れないわ」

「そう」ケイン氏は言った。「とっても奇妙だ。ぼくにはまったく理解できない」彼は帽子を両手に持ち、それを回し、それを注意深く見た。それはただの濃い緑色の帽子だった。

旅先で彼らは楽しい時を過ごした。太陽がずっと顔を出していた。海は美しかった。そして、ホテルに滞在していたのも良い人たちだった。彼らは自分たちが旅先を離れるのがとても残念だった。

タクシーがホテルのドアに到着して、夫妻が帰りの準備をしていたとき、ケイン氏の帽子が見当たら

なかった。彼らはホテル中をさがしたが見つからなかった。

「帽子はないけど、もう出発しないといけないわ」ケイン夫人は言った。「列車に乗り遅れるわよ」

「帽子がなかったら行かないよ」ケイン氏は言った。「ぼくは、あの帽子を気に入ってるんだ。それに帽子はホテルのどこかにあるはずだ。帽子が見つかるまで出発しないよ」20分たっても、帽子は見つからなかった。

「ねえ、あなた！」ケイン夫人は言った。「列車に乗り損ねたわよ。4時まで列車はないのよ」

「それはたいした問題じゃない」ケイン氏は言った。「帽子が見つかるまでここから動かない」ちょうどそのとき、彼の妻が叫んだ。「ねえ、見て！」彼のすぐ後ろのテーブルの上に帽子があったのだ。

「あれ、変だなぁ」ケイン氏は言った。「ぼくはこの部屋を何度も見た。2分前には帽子はそこにはなかったはずだ」

「私はあなたにその帽子を買ってほしくなかったわ。その帽子好きじゃないわ。なんか怖いの」

「怖がる必要なんかないよ」ケイン氏は言った。「理解しがたいことだけど、怖がることはないさ」

「列車に乗り遅れてしまったわ」ケイン夫人は言った。「家に着くのが遅くなるわ」

「たいした問題じゃないよ」ケイン氏は言った。「お茶でも飲んで、4時の列車に乗ればいいんだよ」

彼らが駅に着いたとき、彼らは4時（発）の列車はないと言われた。3時の列車が別の列車に突っ込んで、何人かの人が死んで多くの人がひどいけがをしてしまった。線路上の障害を取り除こうと作業しているが、しばらくは次の列車は出ないとのこと。ケイン夫妻はお互いの顔を見合わせた。そして、ケイン氏は帽子を脱いで、それを両手で強く握りしめた。「この帽子がぼくたちの命を救ってくれたのだ」と彼は言った。

語句

*l.*1 each year 毎年　　*l.*1 go away to ～ ～に出かける　　*l.*11 nearly every ほとんど全部の
*l.*15 everywhere どこでも、あらゆるところで　　*l.*15 there was no sign 影も形もなかった
*l.*17 miss ～に乗り遅れる　　*l.*21 back うしろの、裏の　　*l.*22 lock 鍵をかける　　*l.*22 get in ～
～の中に入る　　*l.*22 look around あたりを見回す　　*ll.*24-25 on the way to ～ ～に向かう途中

*l.*25 else その他の　　*l.*27 *be* sure that 〜 〜と確信している　　*l.*30 while 〜あいだ
*ll.*37-38 *be* ready to 原形 〜する用意ができている　　*l.*42 somewhere どこか　　*l.*59 get to 〜
〜に着く　　*l.*60 run into 〜 〜に衝突する　　*l.*61 *be* badly hurt ひどくけがをする　　*l.*62 for
some time しばらくの間

重要構文・表現

*l.*5 It was a **different** color **from** any hat that he had.
（それは彼がもっていたどの帽子とも異なる色合いだった）
be **different from** 〜（〜と異なる）
肯定文の any は，単数形の名詞が続いて，「どの〜も，どんな〜でも」の意味を表す。
*ll.*31-32 **not 〜 at all**（少しも〜ない，まったく〜ない）
I can't understand it at all. （私にはまったく理解できない）
*l.*53 **don't need to 〜**（〜する必要はない）
「〜する必要はない」の表現パターン
You don't need to be afraid. （恐れる必要はない）
＝You don't have to be afraid.
＝You need not be afraid.
＝It isn't necessary for you to be afraid.

---

9 ある教室での実験授業

問1　差別
問2　ウ
問3　**in front of**
問4　**brown-eyed people are not as good as blue-eyed people**
問5　エ
問6　その2日間に子どもたちが行ったすべてのことにおいて，「劣等」グループの子どもたちの出来はよくなかった。
問7　**skin**
問8　**collars**

解説
問1　この授業の話題・テーマは何なのかを考える。
問2　get［*be*］excited で「興奮する」→ *p.25* **重要構文・表現** 参照
問3　in front of 〜（〜の前で）⇔ behind 〜（〜の後ろに）
問4　*ll.*12-13 きのうのクラスでは「青い目をした子どもがほかよりも優れて」いたことがわかる。
　A **... not as 〜 as** *B*（*A* は *B* ほど〜ではない）

問5 前の段落のエリオット先生の言葉 *ll.*27-30（きのう伝えたことはうそで，本当は茶色い目の人たちのほうが優れている）を受けて，茶色い目の子どもたちは喜び（with delight），青い目の子どもたちは悲しくなった。turn sad（悲しくなる）

問6 《In everything [(that) they did on those two days]》, the children [in the "inferior" group] worked poorly. （その2日間に子どもたちが行ったことすべてにおいて，「劣等」グループの子どもたちの出来はよくなかった）

主語：the children
動詞：worked

問7 直後の black or white から黒色人種と白色人種を推測する。また，エリオット先生の冒頭の言葉 *l.*4 で「人を肌の色で（the color of your skin）で判断するかどうか」と問うていることから判断する。

問8 take off ～［take ～ off］（～を脱ぐ，～をとる）。何をとったのかは，*l.*14 wear collars（首輪をつける）から判断する。

全訳

1970年，アイオワ州ライスビルで3年生を担当していたジェーン・エリオットは，差別についての興味深い授業を行った。

エリオット先生はドアのほうへ2，3歩進み，振り向いて，こう質問した。「だれかがあなたたちのことを肌の色で判断したら，どう感じますか。知りたいですか」エリオット先生はたずねた。

数人の子どもたちが「はい」と言った。

「それでは，みなさん，いいですか。きょうは人を目の色で判断してみましょう。みなさん，やってみたいですか」とエリオット先生は言った。

「はい！」クラス中が興奮して，歓声があがった。

「さあ，やりましょう！ きょうこの教室は，青い目の人が優れた人です」

エリオット先生は教室の後ろにある机へ行き，「きょうこの部屋にいる茶色い目の人たちは，目の色がわかるように首輪をします」と言い，8本の首輪を取り出した。

午前中は，茶色い目の子どもが行動が遅かったり間違えたりすると，エリオット先生はそのたびにそれをみんなに知らせた。当然ながら茶色い目の子どもたちはみじめな気持ちになり，その一方で青い目をした子どもたちは先生の満足げな視線のもと終始くつろいでいた。

お昼になると，エリオット先生はクラスのみんなの前に立って，「だれが最初に昼食をとりますか」と質問した。

すると，青い目をした子どもたちが「青い目の人」と答えた。

「青い目の人です」エリオット先生は同意した。「茶色い目をした人はおかわりをしてはいけませんよ。さあ，一列に並んで，まずは青い目の人です」

翌朝，エリオット先生はこう切り出した。「きのうは茶色い目の人は青い目の人ほど優れていないと言いましたが，それは本当ではありませんでした。私はきのうあなたたちにうそをついていました。本当は茶色い目をした人が青い目をした人よりも優れているのです」

茶色い目をした子どもたちは喜んで笑った。青い目をした子どもたちは悲しい表情に変わった。

授業が始まった。茶色い目をしたジョンは作文の指導を受けた。習得すると，エリオット先生はこう言った。「すばらしい作文です！ やっぱり茶色い目をした人は覚えが早いですね」

そして，その日，茶色い目をした子どもたちは本当に覚えが早かった。その2日間で子どもたちが行ったことすべてにおいて，「劣等」グループの子どもたちの出来はよくなくて，その一方「優等」グループはつねにたいへんよくできていた。

「首輪をつけた人たちは今日で何がわかりましたか」みんなが静かにしているとき，エリオット先生はこう質問した。

レイモンドが言った。「きのう首輪をつけた人がどう感じたかぼくはわかった」

「ぼくもわかった」グレッグは強く言った。

「その人たち（首輪をつけた人たち）はきのうどう

感じたの？」とエリオット先生がたずねた。

「まるでひもにつながれた犬だよ」とグレッグが言った。

「あなた方は目の色によって相手に対する態度を変えるべきでしょうか」エリオット先生がたずねた。

「いいえ（変えるべきではありません）」という大きな声があがった。

「そうですね，では，肌の色ではどうですか」

今度は「いいえ」の声はもっと大きくなった。

「肌の色が黒か白かでは？」

「いいえ」

「黄色（黄色人種）か赤（アメリカ先住民）かでは？」

「いいえ」

「肌の色でだれがよい人でだれが悪い人かを決めますか」

「いいえ」

「肌の色は人をよいものにしたり悪いものにしたりしますか」

「しません」

「首輪なんて取ってしまいましょう」

すぐに子どもたちは首輪を外し，投げ捨てた。

語句

*l.*2 discrimination 差別　　　*l.*4 judge A by B A で B を判断する　　　*l.*14 collar 首輪；えり　　*l.*16 whenever ～ ～ときはいつでも，～たびに　　　*l.*17 make a point of -ing 必ず～する　　*l.*19 approving 是認の，賛成の　　　*l.*23 agree 同意する　　　*l.*24 in line 1 列に　　　*l.*28 lie うそをつく（lie—lied—lied—lying と活用する。「横になる」は lie—lay—lain—lying と活用する）　　*l.*30 with delight 喜んで　　　*l.*33 master 習得する　　　*l.*36 inferior 劣っている　　　*l.*37 superior 優れている　　　*l.*37 perform 行う，成し遂げる　　　*l.*44 affect ～ ～に影響を及ぼす　　　*l.*44 behavior ふるまい，態度　　　*l.*46 loud 大声の　　　*l.*58 remove 取り除く

重要構文・表現

l.11 excited と exciting

現在分詞(-ing)と過去分詞(-ed の形が多い)が形容詞化した語である。元の動詞 excite（～を興奮させる）の意味をきちんと押さえて，それぞれの意味のちがいを確認する。

「興奮させる ⇒ 主に**物事**」が主語の場合は現在分詞(exciting)を用いる。

「興奮させられる（興奮する）⇒ 主に**人**」が主語になる場合は**過去分詞**(excited)を用いる。

「Ⓐ 過去分詞 / 物 -ing」（ヒトカコブンシモノイング）と覚えよう！

Ⓐ *be* interested(in ～)　　　　　　　物 *be* interesting(to～)
「Ⓐが(～に)興味がある」　　　　　　「物が(～にとって)おもしろい」

Ⓐ *be* surprised(at ～)　　　　　　　物 *be* surprising(to～)
「Ⓐが(～に)驚く」　　　　　　　　「物が(～にとって)驚きだ」

Ⓐ *be* disappointed(at ～)　　　　　物 *be* disappointing(to ～)
「Ⓐが(～に)失望する」　　　　　　「物が(～にとって)期待はずれだ」

Ⓐ *be* satisfied(with ～)　　　　　　物 *be* satisfying「物が満足のいく」
「Ⓐが(～に)満足する」

Ⓐ *be* tired(from ～)「Ⓐが(～で)疲れる」　　物 *be* tiring「物が骨の折れる」
Ⓐ *be* tired(of ～)「Ⓐが(～に)うんざりする」
Ⓐ *be* bored(with ～)「Ⓐが(～に)退屈する」　　物 *be* boring「物が退屈な」

ll.13-15 so that S can [may] ～ 「S が～できるように」

The brown-eyed people [in this room today] are going to wear collars
　　茶色の目をした人は　　　　今日この部屋にいる　　　　首輪をつけます

《**so that** we **can** tell what color your eyes are》.
　　　みんながわかるように　　　その人の目が何色か

否定
*ll.*23-24　No brown-eyed people may go back for seconds.
　　　（茶色の目の人たちはだれひとりおかわりをもらいに行ってはいけない）

*ll.*36-37　対照の **while**「(ところが)その一方で, 他方では」

the children in the "inferior" group ～, **while** the "superior" group children ...
（「劣等」グループの子どもたちは～。その一方で, 「優等」グループの子どもたちは…）

*l.*38　**you**＝**people** (you と people 以下は同格の関係)
　　　　　あなたたち(＝首輪をつけている人々)
What did you people [who are wearing collars] find out today?

10　第1回 実力テスト

問1　水(の)重要性

問2　水(は)運搬(に利用される。)

問3　**5**

問4　人は食糧がなくても 5 週間は生きられるが, 水がなければわずか 5 日間程度し
　　か生きられないから。(45字)

問5　② **is in the food we eat**

　　　④ **and other things to make cakes**

　　　⑤ **be meat for us to eat**

問6　ウ

問7　(A) **built**　　(B) **falling**　　(C) **frozen**　　(D) **polluted**　　(E) **drinking**

問8　水は落下するときに巨大なエネルギーを生み出すこと。

問9　**depends on water**

(ラ・サール高 改)

解説

問1　第 1 段落 *l.*1 Every living thing needs water. から「水が生きるために不可欠であること」を
　　述べ, 最終段落 *l.*29 Water is very precious. で「その重要性」を結論付けている。

問2　第 4 段落の結論は, *l.*22 People also use water to carry things from one place to another.
　　で, 以降はその具体例という構成になっている。

問3　Finally, we use water for washing. (最後に, 私たちは洗うために水を使う)と述べているので,
　　水の使用例(第2～5 段落)の最後に置くのが適当である。

問4　直後の 1 文 *ll.*2-3 の内容に示されている。

問5　② much of this water（この水の多く）の後に we eat（私たちが食べる）が続くのは不適切。

　　④ other things の位置がポイント。「ほかのものやケーキやマフィン」と表現するのは不自然で，「ケーキやマフィンを作るため，小麦粉やほかのものに水が加えられる」と考えるのが最も自然である。

　　⑤ there would not には動詞 be が続き，主語 meat の後にはそれを修飾する語句 for us to eat（私たちが食べる）を続ける。

問6　直前の内容 *ll.*4-6 から判断する。「たとえば，レタスやスイカのような食べ物は多くの水分を含んでいるが，パンやドライフルーツにはそれほど（レタスやスイカほど）水分は含まれていない」

問7　(A)「製紙工場は大量の水を必要とする。そういうわけで，（製紙）工場は川の近くに建てられることが多い」⇒ 受動態なので，過去分詞（built）を用いる。

　　(B)「ダムから落下してくる水のエネルギーは電力に変えられる」
　　　⇒〈進行〉を表しているので，現在分詞（falling）にする。

　　(C)「アイススケートは凍ってしまった水（＝氷）の上で行われる」
　　　⇒〈完了〉を表しているので，過去分詞（frozen）にする。

　　(D)「人々は汚染された河川や湖では安全に泳げない」
　　　⇒〈受身〉を表しているので，過去分詞（polluted）にする。

　　(E)「そのような（汚染された）水は飲用に使えない」
　　　⇒ 前置詞（for）の後なので，動名詞（drinking）にする。

問8　直前の1文 *ll.*18-19 When ～ energy. に This の内容が述べられている。

問9　Sports such as ～ depend on water.（～などのスポーツは水がないとできない）を受けて，So does ice-skating.（アイススケートも同様である）と述べられている（→ *p. 28* **重要構文・表現** 参照）。depend に3人称・単数・現在の –s をつけるのを忘れないように！

全訳

　あらゆる生き物は水が必要である。水は良好な健康を保つために必要とされ，食糧よりも重要である。人は食糧なしでも5週間は生きられるが，水がなければわずか5日間程度しか生きられない。ほとんどの人は毎日約4リットルの水を体内に取り入れる。そして，その水の多くは，私たちが食べる食物に含まれている。レタスやスイカのような食べ物は大量の水を含んでいる。パンやドライフルーツのような食べ物はそれほど多くの水は含んでいない。

　人は料理をするためにも水を使う。ジャガイモは水でゆられ，ほかの多くの食物も水の中で調理される。水はケーキやマフィンを作るために小麦粉やほかの材料に加えられる。農家の人は私たちの食物を生産する際に大量の水を使う。植物が健康に育つためには水をやる。家畜を成長させるためにも水を与えなければならない。家畜が十分な水を得られないと，病気になり，死んでしまい，その結果，私たちが食べる肉はなくなってしまう。多くの工場もま

た大量の水を必要とする。たとえば，製紙工場は紙を製造するために大量の水を使う。そんなわけで工場はよく川に隣接して建てられているのである。

　水は電力をつくりだすためにも使われている。水が落下するときには巨大なエネルギーを生み出す。こんなわけで，発電所はダムに隣接して設置されるのである。ダムから落下する水のエネルギーが電力に変換されているのだ。

　人々はある場所からほかの場所へものを運ぶ際にも水を利用する。大型船は大洋を越えて原油を運び，それより小型の船舶は小麦やほかの食糧を川や湖を通って運搬する。人や車を町から町へと運ぶ船もある。

　水は娯楽のためにも利用される。水泳やボート，釣り，水上スキーのようなスポーツは水がなければ成り立たない。アイススケートも同様で，凍った水の上で行われる。

　水はとても貴重なもので，浪費されるべきではな

い。したがって，私たちは水を汚染しないように細心の注意を払うべきである。汚染された川や湖では安全に泳ぐことはできない。さらに悪いことは，そ のような（汚染された）水は飲料用として使えないことである。

語句

*l.*1 living thing 生物　　*l.*4 take in ～ ～を取り込む　　*l.*4 liter リットル　　*l.*8 boil 煮る，ゆでる，沸騰する　　*l.*9 add A to B A を B に加える　　*l.*11 produce 生産する　　*l.*13 raise 育てる；上げる　　*l.*14 as a result 結果として　　*l.*15 factory 工場　　*l.*15 for example たとえば　　*l.*17 next to ～ ～の隣に　　*l.*18 electricity 電気，電力　　*l.*18 as well 同様に，その上　　*l.*19 energy エネルギー，活力　　*l.*19 place 設置する　　*l.*19 dam ダム　　*l.*23 wheat 小麦　　*l.*26 have fun 楽しむ　　*l.*27 depend on ～ ～に頼る；～しだいである　　*l.*29 precious 貴重な　　*l.*29 waste 浪費する　　*l.*30 pollute 汚染する　　*l.*31 what is worse さらに悪いことに

重要構文・表現

*ll.*5-6　**such as ～**（たとえば ～のような）⇒ 例をあげるときに使う。

食べ物
Food **such as** lettuce and watermelon have a lot of water.
　　　　　　たとえばレタスやスイカのような

*ll.*11-12　**so that** Ⓐ **will**［**can/may**］～　「Ⓐが～するために」〈目的〉

They water plants 《**so that** the plants will grow and be healthy》.
彼ら（農夫）は水をやる　　　植物が成長し健康であるために

（例）Talk louder 《**so that** everyone **can** hear you》.（口語では that はよく省略される）
（みんなが聞こえるようにもっと大きな声で話しなさい）

I'll give you my phone number 《**so you can** call me》.
（君が電話できるようにぼくの電話番号を教えておくよ）

この構文は〈**for** Ⓐ **to do**〉を使って言いかえもできる。

→ Talk louder for everyone to hear you.

→ I'll give you my phone number for you to call me.

*l.*27　倒置構文〈So ＋（助）動詞＋主語〉「～もまた同様である」

So does ice skating（アイススケートもまた同様である）
　助動詞　　主語

直前の文の内容を受けて，「～もまた同様である」の意味を表す表現。主語と（助）動詞の語順が入れかわる（倒置する）点に注意！

（例）I like carrots, and so does my brother.
（私はニンジンが好きで，兄もまた同様です）

Most students knew the teacher, and so did I.〈時制に注意〉
（ほとんどの学生がその先生を知っていたし，私もまた同様でした）

〈比較〉否定文の後に「～も（同様に）そうではない」という場合は〈**Neither**（または **Nor**）＋（助）動詞＋主語〉の形になる。

（例）When Mary traveled in China with her friends, she couldn't speak Chinese, and **neither could** her friends.
（メアリーが友人たちと中国を旅行したとき，彼女は中国語を話せなかった。彼女の友人たちも同様に話せなかった）

11 地球上の水

(1) イ	(2) イ	(3) ア	(4) ウ	(5) イ

解説

(1) 「地球の表面のどのくらいの部分が水でおおわれていますか」 surface（表面），*be* covered with ～（～でおおわれている）。*ll*.3-4 It（＝Water) covers three quarters of the earth's surface. から判断する。three quarters（4 分の 3）

(2) 「地球の水はどのようにリサイクル（循環）しているのですか」
　　ア 降雨や降雪があり，土にしみ込んで地下に留まるものがある（soil 土壌，remain 残る）
　　イ 地表に降雨があり，川や湖に流れ込むものがある。地表水は空気中に蒸発するものもある
　　ウ 雲の中の水が重くなると，それが蒸発して空気中に昇っていく
　　ll.15-20（降雨の一部は地表の水になる。地表の水は蒸発して雲となり，雲の中の水が重くなりすぎると，ついには再び降雨になる）から判断する。ア は循環を表していない。ウ は記述の内容が誤っている。

(3) 「地球の淡水にとって，脅威になっているのは何ですか」(endanger 危険をもたらす)
　　ア 原油の事故，ごみ，有毒な化学物質による汚染（poisonous 有毒な）
　　イ 地球内部の地下水
　　ウ ゴルフコース，工場，湖と川
　　ll.24-30（原油事故やごみによる地表水の汚染，有毒化学物質による地下水の汚染が脅威である）から判断する。ウ は，*l*.29 で polluted lakes and rivers と述べられているので不適切。

(4) 「どのように私たちは淡水を守ることができるのでしょうか」
　　ア 人々は海水の使い方を考えなければならない
　　イ 人々は家庭用の薬品を排水管やトイレに捨てなければならない（household 家庭用の）
　　ウ 人々は家庭の内でも外でも水を節約することを心掛けなければならない
　　ll.31-33（家庭の中でも外でも使う水を減らして，淡水を保護，つまり守りなさい）から判断する。ア は本文中に記述がない。イ は，*ll*.34-35（けっして排水管やトイレやごみ箱に〈危険な家庭用の薬品を〉捨ててはいけません）の内容に反するので，不適切。

(5) 「なぜ私たちは注意深く淡水を使わなければならないのですか」
　　ア 汚れた水をきれいにするのはみんなの責任だから（*be* up to Ⓐ ～はⒶ次第である）
　　イ 淡水は多量にあるわけではないから
　　ウ すべての降水が地表に留まるわけではないから
　　l.36 There is not a lot of fresh water, really. から判断する。

全訳

　あなたの身体は，地球上のすべての植物や動物と同様に，ほとんどが水でできていて，生きるためには水を飲まなくてはなりません。
　地球上で最も普通に，つまり大量にあるものは水です。水は地球の表面の 4 分の 3 をおおっています。

　しかし，水のほとんどは海に存在します。海水は人には塩分が強すぎます。私たちはそれを飲めませんし，農作物を育てたり，必要とするものをそれでつくったりもできません。これらの目的のためには，塩水ではなく淡水を使わなくてはなりません。

塩水と違って、地球上にはごくわずかの量の淡水しかありません。私たちが利用できる淡水は地球上すべての水の１％に満たないのです。この淡水は地表にあったり地下にあったりします。地表の水は湖や川という水域の形で現れます。地下水は地球の内部にある水です。

地球は新たに水を得ることはないということを知っていましたか。地球にずっとある水は何度も何度も循環しているのです。降雨——雨や雪——が地面に落ちます。地表に留まり、山や丘の斜面を下り、川や淡水湖に注ぎ込むものもあります。太陽が輝くと、乾いて、つまり蒸発してしまう水もあります。それは空気中を上昇して雲になります。ついには、雲の中の水が重くなると、もう一度 降水として地面に戻り、再び循環が始まるのです。

けれども、すべての雨水が地表に留まるわけではありません。その一部は土壌にしみ込み、地中に集まって地下水になるのです。

地球上のわずかな量しかない淡水が危険な状態に

あります。みなさんは原油の事故やごみやそのほかの廃棄物が地表の水——湖や川の水——を汚染しうるということをおそらくすでに知っているでしょう。汚染は地下水をも害しうるのです。有毒な化学物質が、ちょうど雨水のように地下にしみ込むことがあるのです。それらの物質はゴルフコースや工場や、汚染された湖や川からさえ発生することがあります。汚染された水をきれいにするには長い時間と多くのたいへんな作業が必要で、とくに地下水の場合はなおさらです。

淡水を保護し残すのは、みなさんにかかっています。家庭の中でも外でも使う水を減らして、淡水を保護、つまり守ってください。危険な家庭用の薬品を捨てるときには注意して、淡水を維持、つまり安全にきれいに保ってください。けっして排水管やトイレやごみ箱に（危険な家庭用の薬品を）捨ててはいけません。

淡水は本当に多くはないのです。だから、みんなで水をきれいに保つ手助けをしましょう！

語句

*l.*3 common ありふれた；共通の；公共の　　*l.*4 most of ～ ～のほとんど，大多数の～
*l.*7 fresh water 淡水　　*l.*8 amount 総計，額，量　　*l.*13 receive 得る，受け取る　　*l.*14 recycle 循環する　　*l.*14 again and again 何度も　　*l.*18 dry up 乾く　　*l.*18 evaporate 蒸発する
*l.*20 once more もう一度　　*l.*24 *be* in danger 危険な状態にある　　*l.*26 pollute 汚染する
*l.*27 poisonous 有毒な　　*l.*30 especially とくに，とりわけ　　*l.*31 conserve 保護する
*l.*31 preserve 保存する，維持する　　*l.*32 save 守る；救う　　*l.*34 household 家庭用の

重要構文・表現

*l.*9 **less than ～**（～より少ない，～に満たない）⇔ more than ～（～より多い）
その数に満たないので「～以下」ではないことに注意。
（例）They live on quite a small income, less than one thousand dollars a month.
（彼らは１か月に1,000ドルに満たない，かなり少ない収入で暮らしている）
*ll.*10-11 **either *A* or *B***（*A* か *B* かどちらか）〈単数扱い〉
〈比較〉*l.*32 **both *A* and *B***（*A* と *B* と両方）〈複数扱い〉
Both my brother **and** I are the members of the tennis club.
　　　　　A　　　　　B　　（兄も私も両方ともテニス部員だ）
*l.*21 **not all ～**（すべての～が…というわけではない）〈部分否定〉
部分否定の表現
not always ～ （いつも～というわけではない）
not necessarily ～ （必ずしも～というわけではない）

```
    not all 〜    （すべての〜というわけではない）
    not every 〜  （すべての〜というわけではない）*every の直後は単数名詞。
（例）Not every student has his or her own computer.
    ○すべての生徒が自分のコンピュータをもっているというわけではない。
    ×すべての生徒が自分のコンピュータをもっていない。
〈比較〉全体否定
No student in this class has been abroad. （このクラスのだれも外国へ行ったことがない）
```

*ll.*29-30 **it takes 時間 to 原形** （〜するのに…の時間がかかる）

*l.*34 **Never ＋原形** （けっして〜してはならない）

　強い否定の命令文になる。〈Don't ＋原形〉より否定の気持ちが強い。

*l.*36 **let's all 原形** （みんなで〜しましょう）

*ll.*36-37 **help keep it fresh** （それ〈＝水〉をきれいに保つ手助けをする）

　〈help 原形〉で「〜するのを手助けする」，〈keep O C〉で「O を C ままに保つ」

12 病気になったら

```
問1  1. エ   2. ウ   3. ウ   4. イ   5. ア
問2  ア ○   イ ×   ウ ×   エ ○   オ ○   カ ×   キ ×   ク ×
```

解説

問1

1「ウィルスは，（　　　）生き残ろうとしたり繁殖したりしようとする」

　ア　かぜなどの病気から体を治療することによって

　イ　（ウィルスが）咳やくしゃみをしたり，鼻水を出したりすることによって

　ウ　健康であることの恩恵を私たちの体に与えることによって

　エ　私たちの体内に侵入した後，それ（ウィルス自身）をまき散らすことによって

　*ll.*12-14 A good way of 〜 and have a runny nose. から判断できる。

2「熱は病気を治療するためのよい方法である。（　　　）」

　ア　なぜなら，痛みを伴わないで病気と闘うから

　イ　なぜなら，私たちの体が作ったオーブンの中で使われるから

　ウ　なぜなら，ウィルスを殺す私たちの助けになる反応であるから

　エ　なぜなら，私たちの気分を良くしてくれるから

　*ll.*21-22 In many cases, 〜 to kill the virus. から判断できる。

3「私たちの痛覚は，（　　　），私たちが病気にかかったり事故にあったりすることを防いでくれる」

　ア　たまたま熱いものの表面を触っても痛みを感じないように

　イ　なんの警告もなしにすぐに私たちの指を黒こげにしてしまうのと同じように

　ウ　食べ物が，食べて安全かそうでないかを味やにおいで見分けるのと同じように

　エ　すべての苦かったり酸っぱかったりする食べ物はその中に毒を含んでいるのと同じように

*ll.*37-38 Taste and smell 〜, and when it is not. のひと続きの2文から判断できる。

4 「心臓病やガンや高血圧の原因は，（　　　）かもしれない」

　ア 私たちの生活様式，伝えられてきたもの，あるいは感染症

　イ 私たちの生活様式，遺伝子，あるいはその2つの組み合わせ

　ウ 私たちのライフスタイルと事故の組み合わせ

　エ 私たちのライフスタイルと繁殖の組み合わせ

*ll.*46-49 We know that 〜, or by a combination of the two. のひと続きの2文から判断できる。

5 「いくつかの点で病気は逆説的に見える。（　　　）」

　ア たとえば，エイズウィルスは，人を殺すが，また自らが殺した人間とともに死んでしまう

　イ たとえば，HIV ウィルスは人間の体に入り込んで，自らが生き残るために次第に人間の体を殺してしまう

　ウ たとえば，はしかはいまでは子どもの頃にかかるにすぎない

　エ たとえば，かぜやインフルエンザは私たちの体内で生きるために順応している

*ll.*58-60 If some viruses 〜, so do they. のひと続きの2文から判断できる。

問2　ア「生活習慣病や老齢疾患は，インフルエンザよりも深刻なものになりうる」○

*ll.*4-5 Other types of illnesses can be more serious. に一致する。

イ「私たちがせきやくしゃみをしたら，熱を下げることができる」×

*ll.*9-11 Our body reacts by coughing, sneezing and having a runny nose in order to get rid of the virus. に一致しない。

ウ「熱が出たときに気分が良くなるためには，薬を服用するほうが，薬を飲まずに休息をとるよりもよい」×

*ll.*25-28 This show us that our bodies have natural defenses, and 〜 with the body's natural defense system. に一致しない。

エ「苦い食べ物を食べてみたとき，私たちのほとんどは口から吐き出す」○

*ll.*40-41 If we put something that is bitter into our mouths, 〜 and take it out quickly. に一致する。

オ「心臓病やガンや高血圧にかかる子どもは多くない」○

*ll.*44-45 Some illnesses are different from those written above because they are mostly suffered by adults. に一致する。

カ「1800 年代後半のおもな死亡原因のひとつはガンだった」×

*ll.*55-56 For most humans, cancer was not a problem because few humans lived long enough to get it. に一致しない。

キ「将来エイズはおそらくより強力なウィルスになるが，人間を殺すことはないだろう」×

本文に become stronger という記述はないので，一致しない。

ク「私たちの体は，熱が高くなったときに私たちが薬を服用するべきだと教えてくれる。だから，私たちはこのメッセージに耳を傾けるべきだ」×

*ll.*71-72 Think of this when you take some medicine to bring down your fever. に一致しない。

全訳

だれでも具合が悪くなった経験があります。かぜをひいたときは，咳をしたり，くしゃみをしたり，鼻水が出たりします。私たちがインフルエンザにかかれば，熱が出てだるくなります。私たちが古いものや不衛生なものを食べたら，トイレに駆け込まねばならないときもあります。もっと深刻な事態を引

き起こすタイプの病気もあります。年をとるにつれて，体が弱くなり，生活習慣病にかかるかもしれません，例えば心臓病や老齢疾患，さらにガンなどの病気がそうです。これらの病気になぜかかるのか説明できますか。

　私たちがかぜをひいたときは，ウィルスが体に入り込んでいるのです。私たちの体はウィルスを取り除くために咳をしたり，くしゃみをしたり，鼻水を出したりして反応するのです。しかしながら，ウィルスも生きているので，生き残ろうとしたり繁殖しようとしたりします。これらが生き残ったり繁殖するのによい方法は，ウィルスをもっている人間に咳やくしゃみをさせたり，鼻水を出させたりしてそれ（ウィルス）自体をまき散らすことなのです。このようにして，私たちの体とウィルスの両方が利益を得ているのです。この例は，ウィルスや細菌によって引き起こされる病気の症状が，私たちの体を病気から治すためのごく自然な反応だということを示しています。

　もう一つの例として熱があります。なぜ体が熱くなるのかと問うてみれば，熱は病気と闘うのにいかに役立っているかを理解する助けとなるでしょう。たいていインフルエンザにかかったときは，ウィルスが体内に入っています。するとすぐに熱が出ます。1日か2日くらいしたら，熱が引き，具合がよくなり始めるのです。多くの場合，熱は実のところウィルスを殺すために体が使う手段なのです。ウィルスは私たちが作り出すオーブン（熱）の中では生き残れないのです。熱が出ると，私たちはうれしくないし，みじめな状態にもなりますが，熱はウィルスを殺すために有益な反応だったのです。これは私たちが体の中に自然の抵抗力をもっていることを示すと同時に，薬を服用して症状を抑えることは必ずしも正解ではないことも示しているのです。なぜなら私たちの体がもつ自然抵抗力のじゃまをすることになるからです。

　私たちの体がもつ自然抵抗力は，私たちの体を病気から治すばかりではなく，病気を未然に防ぐ助けにもなっています。いつも気にしているわけではありませんが，私たちの痛覚や味覚，嗅覚は病気や事故から身を守るために非常に役に立っているのです。あなたの体が何も痛みを感じないと想像してみてください。最初は，それがすばらしいことだと思うかもしれませんが，実際には問題があります。たまたまとても熱いものの表面を触ってしまったときに感じる痛みのような，危害に対する警告にまったく気づかなくなります。このようなものに触ってしまった場合はたいていすぐに手を引っ込めますが，もし痛みを感じなかったら私たちの指はすぐに丸焼けになってしまうでしょう。味覚と嗅覚も（痛覚と）同様の働きをします。これらは食べ物が食べるのに適しているかどうかを教えてくれるのです。苦かったり酸っぱい食べ物は私たちを病気にしたり，時には殺したりさえする毒をもっていることがあります。苦い食べ物を口の中に入れれば，ほとんどの人が口に合わなくてすぐに吐き出します。これは私たちの自然抵抗力の一例です。しかし，いくつか例外があります。レモンはとても酸っぱいですが，私たちに害を与えることは決してありません。

　おもに大人がかかるような病気であるため，先ほど説明したものとは異なる病気もあります。心臓病やガン，高血圧のような病気は大きな不幸をもたらすことがあります。これらの病気の原因は私たちの生活習慣から来ていることがわかっています。また，ある時は遺伝子が原因で起こるかもしれないし，この2つ（遺伝と生活習慣）が重なって起こるかもしれないのです。もう一度なぜ病気にかかるのかを考えることで，理解しやすくなります。たとえば，ガンはおもに年輩の人たちの病気です。これはガンにかかるような人はすでに子どもを持つ人生の段階を過ぎていることを意味しているのです。これは，私たちの体がおもに生殖（繁殖）のためであるということを示しているのです。100年か200年くらい前まではほとんどの人は40〜50歳を過ぎて生き延びられなかったことを理解すべきです。ガンになるまで長く生きられる人はほとんどいなかったので，ガンはほとんどの人間にとって問題ではなかったのです。その代わり，人々はその他の感染症や事故，中毒で亡くなっていったのです。

　最後に，病気はいくつかの面で逆説的なものに見えます。私たちの体に入ってきたウィルスが生きものならば，なぜそれらは私たちを殺すのでしょうか。私たちが死ねば，ウィルスたちも死ぬのです。たとえば HIV ウィルスが人の体内に入ってきて，最終

的にその体を殺したら，ウイルス自体も死んでしまいます。これは明らかに，ウィルスにとってもよくないことです。この質問に対する答えは，病気が新種のもの（自分の体が未知のもの）であったときに起こるということです。エイズは明らかに新しい病気で，侵入した人を殺さずに，その人間の体の中で生きられるように自分を適応させる時間がなかったということなのです。かぜやインフルエンザのような古い病気（既知の病気）はうまく適応しています。はしかのように，以前は人々を死に至らしめた病気で

も，今では私たちが子どものときに一度かかるだけのものになっているものもあります。

　私たちは，なぜ病気になるのかを理解することによって，私たちの身体がいかにすばらしいものかが理解できるようになります。ときに私たちの身体を不快な気持ちにする症状が，実は私たちの体を健康にする手段なのだということを理解できるようになるでしょう。熱を下げるために薬を飲もうとしたときはこのことを考えてみてください。

語句

*l.*1 experience 経験する　　*l.*2 flu インフルエンザ　　*l.*3 fever 熱　　*l.*4 unclean 汚れた
*l.*5 illness 不健康，病気　　*l.*5 serious 深刻な　　*l.*6 disease [dizíːz] 病気，疾患　　*l.*7 aging
加齢の　　*l.*7 cancer ガン　　*l.*7 explain 説明する　　*l.*9 enter 入る　　*l.*10 react 反応する
*ll.*10-11 get rid of 〜 〜を取り除く　　*l.*12 survive 生き残る　　*l.*12 spread oneself 広がる
*l.*14 benefit 利益を得る　　*l.*15 cause 引き起こす　　*l.*16 cure 治癒する　　*l.*18 actually 実際に
*l.*20 disappear 見えなくなる，消える ⇔ appear　*l.*22 means 手段（単数・複数 同形）　*l.*23 create
造り出す　　*l.*25 miserable みじめな　　*l.*26 medicine 薬　　*l.*26 reduce 減らす　　*l.*30 prevent
妨げる　　*l.*30 although 〜 ＝though 〜 〜だけれども　　*l.*31 sense 感覚　　*l.*31 pain 痛み
*l.*31 taste 味　　*l.*31 smell におい　　*l.*32 sickness 病気　　*l.*32 accident 事故　　*l.*32 imagine
想像する　　*l.*34 warning 警告　　*l.*34 harm 害　　*l.*35 surface 表面　　*l.*35 by accident 偶然
*ll.*35-36 at once すぐに　　*l.*37 completely 完全に　　*l.*37 burn 燃やす　　*l.*39 bitter 苦い
*l.*39 sour [sauər] 酸っぱい　　*l.*39 poison 毒　　*l.*42 however しかしながら　　*l.*43 hurt
傷つける　　　　*l.*45 suffer （苦痛などを）受ける　　　*l.*46 high blood pressure 高血圧
*l.*46 unhappiness 不幸　　*l.*48 combination 組み合わせ　　*l.*51 past 過ぎている
*l.*53 reproduction 繁殖　　*l.*53 realize 認識する　　*l.*55 human 人間（の）　　*l.*56 instead
その代わり；そうではなく　　　*l.*58 seem 〜ように思われる　　*l.*60 eventually 次第に
*l.*61 clearly 明らかに　　*l.*69 fully 十分に　　*l.*70 uncomfortable 不快な

重要構文・表現

*ll.*25-28

This shows us (that our bodies have natural defenses), and it also shows (that
 S　　V　 O 　　　　　　　　　　　O　　　　　　　　　　 S　　　 V 　　 O
sometimes taking medicine to reduce symptoms is not always the best answer
　　　　（S´） 症状を和らげるため薬を服用すること　　（V´）必ずしも〜ない　（C´）最良の答え
《because it interferes with the body's natural defense system》).
　　　　それ（薬）は体の自然防御システムをじゃましてしまうから

*ll.*69-71

We can also come to fully understand (how the symptoms [that sometimes make
 S　 V　　よく理解できるようになる　　　 O　　　　 S´
us feel very uncomfortable] are actually the body's way [of making us healthy again]).
私たちをときに不快にさせる　　　　　V´　　　　 C´　　　　　　　私たちを再び健康にさせる

*ll.*59-60　**倒置表現** → *p. 28* **重要構文・表現** 参照

If we die, 　**so**　 do they. （私たちが死ねば，彼らもそうなる）

助動詞 主語

● **長文読解研究所 ②　指示語の内容をきちんとつかもう！**

　みんな，指示語が大事なのはよくわかっているかな。長文の中ではさまざまな指示語が出てきて，それらの指す内容を取り違えると意味がよくわからなくなる。また，指示語の内容を答えさせる問題もよく出題されるのだ。

　長文で特に大事なのは，it や they，それから this や that の指す内容だ。it と they はそれぞれ単数の名詞か複数の名詞かで見分ければよい。this や that は前後の内容や出来事などを指すから要注意。

　では，今回の文章から指示語が多く使われている部分を抜き出して見てみよう。they は直前に複数の名詞があっても，すぐに飛びついてはいけない。それより前の複数の名詞を指す場合もあるぞ。また，this が指す内容は単なる名詞ではない場合が多いから気をつけよう。

*ll.*34-42

Usually, we move our hand away at once when this happens, but if we felt no pain, we could very quickly and completely burn our fingers. Taste and smell work in the same way. They tell us when food is good to eat, and when it is not. Often foods which are

> それら ○ taste and smell 味覚と嗅覚
> × fingers 指

> それ ○ food 食べ物

bitter or sour can have poisons in them that make us sick or even kill us. If we put

> それら ○ foods 食べ物 × poisons 毒

something that is bitter into our mouths, most of us do not like the taste and take it

> 前文の内容 If～quickly

> それ ○ something that is bitter
> 何か苦いもの

out quickly. This is an example of our natural defenses. There are some exceptions, however. Lemons are very sour, but they do not hurt us at all.

> それら ○ Lemons レモン

13 ｜ 過去におびえる男

問1　**climbed out through the window**

問2　(a) **sold**　　(b) **no**　　(c) **live**

問3　ブランプトンに移り住んでからどろぼうをすること。

問4　自分の過去を知る男からお金をゆすられていたから。

問5　リチャード・ストロングの死体がある部屋に手袋を取りに戻ること。

問6　ジェイムズ・ブラウンが強盗殺人をするなんて思ってもみなかったから。

問7　**the glove** または **his glove**

解説

問1　冒頭部分の訳は「ジェイムズ・ブラウンは窓の外を見た。その瞬間，地面に向けて飛び降りた」　この後に書かれている第1段落の後半 Nobody will see me 〜 he felt safe now. から，冒頭の飛び降りた場面は，ストロング殺害後の場面だとわかる。ストロングの殺害は，第6段落に書かれている。殺害後に逃げる場面は第6段落の最後の文。

問2　(a) 空所のある文の前で，「リチャード・ストロングは自宅に高価な骨董品をたくさん所有していた。ブラウンはそのことを知っていた」と述べられている。「彼（＝ブラウン）はよく古い金を買っては，それを（　a　）いたのだ」という文のあとに続く内容から判断して，sell（売る）の過去形 sold が適当。

　　　(b) *l.25*「家に侵入するのは簡単であった」とあるので，この文は「ブランプトンでは，だれもどろぼうについて心配する必要がなかった」と解するのが自然。

　　　(c) ストロングを殺害したジェイムズ・ブラウンの言い訳の言葉。「それに，彼はもう年寄りだ。（　c　）するのもあとほんの数年しかない」

問3　① 直前の Tonight は，後の内容から判断して，ジェイムズ・ブラウンがストロングの家にどろぼうに入った晩のことである。

　　　② *ll.6-7*「10年前にブランプトンにやってきた」と *ll.8-9*「彼はこの町では何も盗んでいない」から，この10年間で初めて今晩行われたことは何か考える。

問4　直後の第3段落で述べられている。彼は以前の自分を知る男に脅迫されていたのだ。

問5　「私にはそれができない」の「それ」とは何か。直前の3文から判断する。ストロングの死体がある部屋のことを考えた。→（その死体のある部屋に）戻るという考えが彼をおびえさせた。→「私にはそれができない」と言った。

問6　直後 We never thought of you until he found you with the body——and with your pockets full of gold.（死体といっしょにいる——しかも金をポケットいっぱいに詰め込んだ——おまえを彼〈ストロングの息子〉が見つけるまで，おまえのことを考えてもいなかった）から判断する。刑事たちはブラウンが強盗殺人をするなんて思いもしなかったのである。

問7　単数形で，ストーリー全体に関わるものを考える。ストロングの家に戻って探そうとしていたものが，なんと自分の家の床に落ちていた！

全訳

　ジェイムズ・ブラウンは窓の外を見た。そして一瞬の後に，地面に向けて飛び降りた。まったく音を立てず。その家は町の中で静かな地域にあった。夜の2時ごろのことで，あたりは真っ暗だった。「この時間ならだれもおれを見るものはいないだろう」彼は思った。庭を横切って急いで走った。もうだいじょうぶだと感じた。

　彼は10年前にブランプトンというこの小さな町に来る前はどろぼうをしていた。いまは宝石商を営んでいた。その店はブランプトン内で有名だった。そしてその町のだれも彼の過去を知らなかった。彼はその町では何も盗みをしていなかった。今夜の盗みは彼のこの10年間で初めてのことだった。しかし，

　彼は心配していなかった。彼は庭の塀を簡単によじ登った。家に残してきた死んだ男のことを考えた。自分に言い聞かせた，「おれはリチャード・ストロングを殺したくはなかったんだ。しかたなかったんだ。あの人から盗みもしたくはなかった。でも金が必要だったんだ」

　彼はすべてを失う危機に直面していた。ある日知り合いのどろぼうの1人に会ったのだ。その人は言った。「よう，ブラウン，おれはお前がかつてどろぼうだったことを知っているぜ。少し金をめぐんでくれないか？　そうしないとおれはブランプトン中の人にそのことをばらすぜ」ブラウンは怖くなって，彼にお金を渡した。するとその男はもっとお金を要

求するようになった。ブラウンの商売はうまくいっていた。だが，その男があまりにも多くのお金を要求してくるのでブラウンはこれ以上払いきれなくなってきた。ブラウンは本当に困っていた。お金を手に入れなくてはならなくなり，それで再び盗みをしたのだ。

リチャード・ストロングは自宅に高価な骨董品をたくさん所有していた。ブラウンはそのことを知っていた。ブラウンはよく古い金を買って，それを売っていたのだ。ブラウンはストロングの家から金を盗み，それを金の延べ棒に変えて売ろうと決めた。ブラウンは宝石商だったので，それを売るのは簡単だった。

家に入り込むのはたやすいことだった。高価な品々はすべてひとつの部屋に集めてあった。ブラウンはこのことを知っていたので，その部屋の窓に向かってよじ登っていった。ブランプトンでは，どろぼうのことを心配する必要があると思うものはひとりもいなかった。その部屋でブラウンはポケットを金でいっぱいにした。すぐに必要以上にいっぱいになった。

ブラウンがちょうど部屋を出ようとしたとき，背後に何かの物音が聞こえた。すばやく振り返った。ドアが開いていて，ストロングが彼の前に立っていた。「ブラウン！」それがストロングが言った唯一の言葉だった。ブラウンは手にしていた古いナイフを見ると，何も考えずにそれを使ってストロングを刺してしまった。ほんの数秒でストロングは死んだ。ブラウンはその遺体を部屋に引きずり込み，ドアを閉めた。それから彼は明かりを消してカーテンを閉め，窓から降りてきたのだ。

「おれは何も悪いことはしていない。ほかに手がなかったのだ」自分に言い聞かせた。「ストロングはおれの顔を見た。殺すしかなかったのだ」彼は思った。「それに彼はもう年寄りだ。生きても，あとほんの数年だ」

彼はもう安心した。「おれがストロングの家にいたなんて，だれも知りやしない。おれはそこに何も（証拠になるものを）残していないんだから」彼は思った。「だれもおれを見てやしない」彼が自分の家に戻ったとき，通りは人影もなく，暗かった。

彼はその家でひとりで暮らしていた。ベッドは家

の奥のほうにあった。明かりをつけ，自分のポケットの中を探った。手袋が片方だけ出てきた。彼の顔に驚きの色が見えた。ポケットの中をもう一度探ってみた。彼の手はそこにある金製品の中で動いた。顔面蒼白になった。もう一方の手袋がない！

ストロングの家にいたときは，手袋が両方ともポケットの中にあったことを覚えていた。ポケットの中に金貨を詰めているとき，ブラウンは手袋を机の上に置いたのだ。そこを離れる前に手袋を両方とももったのは確かだった。しかし，いま，一方がないのだ。しかも，その手袋には内側に自分の名前と住所が書いてある！

彼は死人がいる部屋を思い起こした。部屋に戻ることを思うと怖くなった。小声で叫んだ。「できない」そしてつぶやいた。「できない」

彼は心の中で思った。「警察が私を捕まえに来る。私の人生にもう自由はなくなる」それから彼はもう一度通りに出て行った。ストロングの家への道はまるで悪夢だった。地面に落ちている紙切れに声をあげたりもした。

その家に着くと，例の窓に向かってゆっくりと登って行った。その部屋はまだ暗かった。が，ドアの近くの床の上に少し黒い影が見えたように思えた。手袋を見つけるために部屋の明かりをつける必要があった。

リチャード・ストロングが床の上に，彼の足元に倒れていた。ブラウンは手を出して，ナイフに触った。

「手をあげろ！ 手をあげろ，おまえだ！」

ブラウンは叫びながら見上げた。ドアが開いていて，ストロングの息子がそこに立っていた。彼はブラウンに銃口を向けていた。ゆっくりとブラウンは頭の上に腕をあげた。

1人の刑事と2人の警察官が彼を警察署に連れて行った。その途中，刑事がブラウンに向かって言った。「いやあ，これには驚いたよ。死体といっしょにいる——しかも金をポケットにいっぱいに詰め込んだ——おまえを彼がみつけるまで，犯人がおまえだとは思ってもいなかったからね。おまえさん，逃げる時間がまったくなかったのかい？」

ブラウンは何も言わなかった。

ブラウンの家は警察署に向かう途中にあった。彼

は寒かった。そこで刑事に言った。「家に入って，コートを取ってきてもいいですか」

「いいとも」刑事は言った。「ただし，私たちがいっしょに行く」刑事が最初に中に入った。ブラウンが続いて，そしてその後ろに２人の警察官が続い

た。ブラウンの足に，床に落ちている何かが触れた。彼がそれをつまみあげた瞬間，刑事が部屋のあかりをつけた。ブラウンは手に取ったものを見た。

すると，それは手袋だった。

語句

*l.*1 after a moment 一瞬ののち　　*l.*3 around two o'clock 2時ごろ　　*l.*6 once かつて　*l.*6 thief どろぼう　　*l.*7 jeweler 宝石商　　*l.*8 past 過去　　*l.*8 steal 盗む　　*l.*10 be worried 心配する　　*l.*10 climb over ～ ～を乗り越える　　*l.*11 left 残してきた　　*l.*11 say to *one*self 独り言を言う　　*l.*12 necessary 必要な　　*ll.*12-13 not ～ either ～もまたない　　*l.*14 be in danger of ～ ～の危険がある　　*l.*18 ask for ～ ～を要求する　　*l.*19 pay 払う　　*l.*19 in trouble トラブルに巻き込まれる　　*l.*21 expensive 高価な　　*ll.*22-23 make up *one's* mind 決心する　　*l.*23 turn A into B A を B に変える　　*l.*23 bar 棒，（ここでは）金の延べ棒　*l.*25 get into ～ ～に忍び込む　　*l.*27 worry about ～ ～を心配する　　*l.*28 fill A with B A を B でいっぱいにする　　*l.*29 more than ～ ～以上　　*l.*30 turn 振り返る　　*l.*33 held hold（手にもつ）の過去形　　*l.*34 pull 引く　　*l.*35 turn off ～（電気など）を消す　　*l.*35 curtain カーテン　*l.*38 look ～ in the face ～の顔を見る　　*l.*41 empty 空の　　*l.*43 by *one*self ひとりで　*l.*43 back 後ろ　　*l.*45 pull out ～ ～を取り出す　　*l.*45 a look of surprise 驚きの表情　*l.*52 inside 内側に　　*l.*54 return 戻る　　*l.*54 give a cry 叫び声をあげる　　*l.*57 for life 一生の間，死ぬまでずっと　　*l.*58 shout at ～ ～に向かって怒鳴る　　*l.*60 up to ～ ～まで　　*l.*67 point a gun to ～ ～に向かって銃を向ける　　*l.*67 raise あげる　　*ll.*69-70 on the way 道すがら　*l.*72 get away 逃げる

重要構文・表現

*l.*16 〈命令文…，and ～〉〈命令文…，or ～〉

Give me some money, *or* I'll tell people in Brampton about that.
（いくらか金をよこせ。さもないと，あのことをブランプトンの人たちにばらすぞ）
〈命令文…，and ～〉「…しなさい。そうすれば，～」　　「…すれば，～」
〈命令文…，or ～〉　「…しなさい。そうしないと，～」　「…しないと，～」

【自然な和訳のコツ】

*l.*30 He was just leaving when he heard a sound behind him.
（直訳）彼が後ろで物音を聞いたとき，ちょうどその場を去るところだった。
when は同時に起こったことを表すので，前後を入れ替えて訳すほうが自然なこともある。
⇒（上級訳）彼がちょうどその場を去ろうとしたとき後ろで物音がした。

*l.*33 He didn't think <u>at all</u> before he used it.（not ～ at all まったく～ない）
（直訳）それを使う前に彼はまったく何も考えていなかった。
「～前に…しなかった」という別の文で考えてみよう。たとえば，「寝る前に歯磨きしなかった」→「歯磨きせずに寝てしまった」
⇒（上級訳）何も考えずにそれを使ってしまった。

*ll.*53-54 The thought of returning made him afraid.
(直訳)（ストロングの家へ）戻るという考えは彼を恐れさせた。
　　無生物主語の場合，直訳してもだいたい意味は通じるが，自然な日本語とは言えない。主語が理由や原因になっていると考えて，目的語の⑥を主語にして訳すと自然な日本語になることが多い。
　　　⇒（上級訳）（ストロングの家へ）戻ることを考えると，彼は恐ろしくなった。

*ll.*37-38 **He looked me in the face.** (彼は私の顔を見た)
　〈動詞＋⑥＋前置詞 (*on/by/in*) the 身体部分〉「⑥ の 身体部分 を〜する」
　＊ 身体部分 に the がつくのがポイント！
　(例) Someone caught me *by* the hand. (だれかがぼくの手をつかんだ)
　　　The gentleman touched the boy *on* the head. (その紳士は少年の頭を触った)
　　　The coach patted me *on* the shoulder. (コーチはぼくの肩をポンとたたいた)
　　　His mother slapped him *on* the hand. (彼の母は彼の手をピシャッとはたいた)
　　　The girl suddenly kissed me *on* the cheek. (女の子は突然ぼくのほおにキスをした)
*ll.*46-47 He turned white. (彼は顔面蒼白になった)
　【色のイメージと慣用表現】
　　色に対するイメージはまさにいろいろ。日本語とイメージが違う色もありますね。
　　blue：(肯定のイメージ)希望，忠実，優秀 / (否定のイメージ)憂鬱，陰気
　　　　the Blue Bird (幸せの青い鳥), blue blood (高貴の血統), blue Monday (憂うつな月曜日)
　　red：愛，慈善，情熱，革命，危険，過激
　　　　Red roses are for love and passion. (赤いバラは愛と情熱を表す)
　　　　see the red light (危険を感じる)
　　gray：中間的な，どっちつかずな，老齢の，陰うつな
　　　　gray zone (白黒はっきりしない部分), gray beard (白髪交じりのあごひげ)
　　green：活気，未熟，嫉妬
　　　　The boy is still green at his job. (彼はまだ仕事に未熟だ)
　　purple：高貴，豪華
　　　　Alice married into the purple. (アリスは身分の高い人と結婚した)

14 ｜ くわをもつ農夫

問1　片腕がない農夫の作品だったため。(16字)
問2　**right arm**
問3　農業について父親から教わっていたから。(19字)
問4　彼自身の顔が彫刻の顔にとてもよく似ているように私には思われた。
問5　農業を継ぐよりも芸術を志したいという理由。(21字)
問6　イ，ウ

解説

問1　直前の *l.*4 of 以降の内容から考える。

問2　同じ文の前半で His arm was horribly broken (彼の腕はひどく骨折した)とあり, it はけがした腕を指す。なくした腕が右か左かは次の文 Peter tried to work with his left hand (ピーターは左手で仕事をしようとした)からわかる。

問3　「彼と妻は餓死するところまではゆかなかった」理由は直前の文 Peter remembered what his father had taught him about farming. からわかる。what は先行詞(もの・こと)の意味を含む関係代名詞で, what 以下の節は「父親が農業について彼に教えたこと」になる。彼はそれを思い出し, 農業に従事したので飢えることはなかった。

問4　It seemed to me [that his own face was very much like the face of the statue]
　　　(私には～と思われた)　　　　　　　　　　　　　　　　　　　　　　　　　(～に似ている)

問5　マイケル・マーリーは祖父と同じ理由で家を飛び出した。祖父が家を飛び出した理由は, *ll.*16-18 の記述からわかる。農家の二男ピーターは絵を描くことや彫刻が好きで, 農業には興味がなかった。そこで, 農家の生活から逃れるためにニューヨーク行きの船に乗り込んだのである。

問6　ア「マイケルは, 自分の土地を愛し, 作物をつくるのに全力を尽くした農夫だった」(全体に不一致)

　　　イ「ピーターの兄は軍隊に所属し, 外国で生活していた」(*ll.*14-15 参照)

　　　ウ「ピーターはニューヨーク・シティの公園で石像をつくる計画を立てていた」
　　　　(*ll.*20-21 参照)

　　　エ「ピーターは自分の不注意で片腕をなくした」(*ll.*23-27 に不一致)

　　　オ「彫刻のアシスタントはピーターに土地を売ろうと決心した」(*ll.*29-30 に不一致)

　　　カ「ピーターは自分の農場で金を見つけ, 裕福になった」(*ll.*37-38 に不一致)

　　　キ「マイケルは農業が好きではなかったが, 兄たちは興味をもっていた」(*ll.*54-56 に不一致)

全訳

　数年前のある夕方, 私はたまたまサンフランシスコの芸術大学の展示会を訪れた。年間最優秀賞を芸術学部の学生に授与しようとしているところで, マイケル・マーリーが, 年老いた農夫の彫刻で受賞した。その農夫は左手をくわの上に置き, 右そでが空っぽだった。そこには以前は右腕があったことが明らかだった。珍しい題材だと思ったので, 授賞式のあと, 作者に作品について質問した。その作者はほほえんで, 長い話になると言ったので, 私は近くのレストランに彼を誘った。

　話は100年ほど前のイギリスで始まった。数百年間農家を営む地方の裕福な家族の話だった。その当時, 家族の大黒柱は, 所有する農地を愛し, その農地をよりよくすることに人生をかけた紳士だった。幸福そうだったが, 子どもたちには失望していた。2人の娘はロンドンでの都会生活を好み, 長男は軍隊に所属し, 異国の地で人生を送っていた。もう1人の息子ピーターは家に留まった。だが, 彼は, 絵画や小さな木の彫刻の制作を心から愛し, 農地には関心を示さなかった。そのような生活から逃れるために, 家出することを決心した。ピーターはついにニューヨークに行く船に乗った。

　ニューヨーク・シティで, ピーターは絵画から彫刻に転向し, 5年後には少し仕事をもらえるようになった。ある日, 彼は市立公園に設置する大きな石像制作の重要な仕事についた。彼はほかの彫刻家にアシスタントを頼んだ。

　そして, 事故が起こった。アシスタントはロープで巨大な石塊を持ち上げていたが, 不注意でロープがその手から滑って外れてしまった。石塊は高い場所から落下して, ピーターは逃れる間がなかった。骨折はひどく, 医者はその腕を切断せざるをえなかった。ピーターは左手一本で仕事をしようとしたが, 結局むだだった。

ある日，そのアシスタントの彫刻家は，たぶんその事故を申し訳なく感じたのだろう，ピーターのもとを訪れた。カリフォルニアの広大な土地をピーターに提供すると申し出た。農地としてだけではなく，中を流れる川に金が出るという意味でも，ひじょうに価値があるとピーターに告げた。

ピーターはすぐにその土地を譲り受けようと決心した。ほかにどうしていいかわからなかった。彫刻家でいられなければ，金鉱夫になれるだろうし，それがうまくいかなかったとしても，いつでも農夫には戻れるだろう。ピーターは若い女性と結婚し，カリフォルニアでの新しい生活に向かった。

しかし，2人は新しい生活にがっかりした。そこには川もなければ金もなかった。その土地は固く，乾燥し，岩だらけだった。しかし，ピーターは父が農業について教えてくれたことを覚えていた。ピーターと妻は餓死するというまではいかなかった。2人は小さな家を建て，7人の子どもをもうけた。

マイケル・マーリーは（話を）やめた。それがこの話の終わりだった。

「それで，ピーターが君の片腕の年老いた農夫のモデルなんだね」と私は言った。「なんて悲しい人生なんだろうね！」

「その通り」マイケルは静かにうなずいた。レストランの淡い光のもとで見ると，マイケル自身の顔が彫刻の顔にとても似ているように思えた。

長い沈黙の後，私は「どうやってこの話を耳にしたんだね？」とたずねた。

「ずっと知ってました」とマイケルは答えた。「ピーター・マーリーはぼくの祖父です」

「それで，いまの君はおじいさんのような彫刻家なんだね」

「そうです」とマイケルは答え，話を続けた。

老いたピーター・マーリーが亡くなった後，息子たちはその土地にとどまり，農業を続け，家族はとても裕福になった。マイケルの父は農業を続けたが，子どもたちはだれひとり農地に興味を示さなかった。

「そして」とマイケルは言った。「祖父と同じ理由でぼくも家を出たんです」

それから立ち上がり，私に食事のお礼を言って，レストランを後にした。

語句

*l.*5 sleeve そで　*l.*8 nearby 近くの　*l.*11 head 代表者，主人　*l.*12 spend ... (in) -ing …を～するのに費やす　*l.*13 seem to 原形 ～ようだ，～らしい　*l.*16 wooden 木製の　*l.*16 figure 像；人形　*l.*17 get away from ～ ～から逃げ出す　*l.*19 turn from A to B A から B へ方向転換する　*l.*21 statue 石像，銅像　*l.*23 huge 巨大な　*l.*24 careless 不注意な　*l.*27 useless 役に立たない，むだな　*l.*29 offer 申し出る，差し出す　*l.*30 valuable 価値のある　*l.*35 work うまくゆく　*l.*36 leave for ～ ～へ向けて出発する　*l.*49 reply 返答する　*l.*54 continue 続ける

重要構文・表現

*l.*5 it was clear (that his right arm had been there).

it は that 節以下の内容を指す形式主語で，「それ」とは訳さない。had been は過去完了で過去のある時よりも前のことを表す用法（大過去）である。

*l.*13 *be* **disappointed with ~**（～に対して失望する）→ *p. 18* 重要構文・表現 参照

*ll.*30-31 **not only** A **but also** B（A だけでなく B も）

not only as farmland, **but also** because there was gold in the river
（農場としてだけでなく，〈そこを流れる〉川には金があるので）

ll.33-34　**what else to do**（ほかに何をするべきか）

　　else は主に疑問詞や –thing などの名詞の後について「ほかに・ほかの」という意味。

　　（例）Let's go somewhere **else**.（どこかほかのところへ行こう）

　　　　I have nothing **else** to tell you.（私はほかにあなたに話すことは何もない）

l.40　**not quite ~**（まったく~というわけではない）

　　did **not quite** starve（（完全に）飢えるというところまではいかなかった）

l.44　What a sad life he had!（彼はなんて悲しい人生を送ったのだろう！）〈感嘆文〉

　　〈**What**（**a/an**）形容詞＋名詞＋主語＋動詞！〉「（主語は）なんて____な ○○ なんだろう」

　　〈**How** 形容詞/副詞＋主語＋動詞！〉　　　「（主語は）なんて____なんだろう」

　　（例）**What** a cute hat this is!　（これはなんてかわいい帽子なんでしょう）

　　　　How cute this hat is!　　（この帽子はなんてかわいいんでしょう）

l.45　**as** I looked at him（彼を見ると）

　　この **as** は接続詞で時を表す（＝when）

　　接続詞の **as** はほかに ①譲歩「~だけれども」②理由「~なので」③同時「~しながら」

　　④「~するにつれて」⑤「~と同様に」など多くの意味をもつ。

15 ┃ 祖母の存在

問1　⑴ **important**　　⑵ **surprised**

問2　**chances of dying**

問3　ア, ウ

問4　母方の祖母といっしょに生活している男の子

解 説

問1　⑴ 祖母は家族の中でどういう存在かを考える。後述 *ll.15-17*（父親よりも祖母のほうが大切な存在だ）と述べられているので，important が入る。

　　⑵ 人類学者が自分たちの発見によってどうなったのかを考える。文頭に Again とあることから，ここより前で言及されていることがわかる。*ll.25-26* に人類学者が発見に驚いたとあり，ここにも発見があったとあるので，surprised が入ると推測できる。

問2　*l.23* However によって前後の内容が対照的に述べられている。父親の存在は子どもの死亡率（mortality rate）に影響しないが，*ll.23-25* に「祖母の存在は子どもが亡くなる可能性（chances of dying）を 50% 下げる」と述べられているので，chances of dying は mortality rate と同じ内容を指すと考えられる。rate があるからといって，*l.11* survival rate にしないこと。survival rate は「生存率」の意味で，mortality rate（死亡率）とは反対の意味。

問3　ア 「祖母がどれほど孫の生存率に影響するかという人類学者の研究が始まってからそれほど長くない」⇒ *l.7* These days から始まる第2段落の内容に一致。

　　イ 「人類学者によって祖母の研究が始まったが，祖母が重要ではないと考える人類学者はいまでも多くいる」⇒ *ll.13-14* に不一致。

ウ「メイス博士とシアー博士は，父親の存在がガンビアの子どもの生存率に影響しないことを発見した」⇒ *ll.*27-29 に一致。

エ「ジャミソン博士は 17 世紀に日本へ行った人類学者で，村の人々の研究をした」
⇒ *ll.*31-33 より，博士は 1671 年から 1871 年までの 200 年間の死亡率を研究したのであって，17 世紀（1601〜1700 年）に日本に行ったのではない。

オ「今日，祖母と暮らしている子どもは多くないので，より多くの子どもが祖母といっしょに住むべきである」⇒ 本文には該当する記述はない。

問4 *ll.*26-29 に注目する。祖母と同居している子どもの生存率は，母方の祖母の影響を受け，父方の祖母には影響を受けない。さらに，*ll.*38-40 より，母方の祖母が男の子の生存率にだけ影響を与える，とある。

全訳

自分の祖母のことを考えるとき，あなたは何を思いますか。多くの人に，自分の祖母との楽しい思い出があります。祖母は自分を愛して，親身になって話を聞き，おもちゃや甘いお菓子をくれました。ときには，両親ともめごとがあったときの助けにもなってくれました。多くの人にとって，祖母の存在は子ども時代のとても幸せな一部でした。

最近，人類学者は祖母の役割についての研究を始めました。人類学者とは人間や社会，文化について研究する科学者です。最近まで人類学者は父母ばかりに着目し，祖父母についてはあまり熱心に注目していませんでした。しかし，いまでは祖母が孫の生存率にどれほど影響するかを研究しています。

いまでは，多くの人類学者が，家族の中での祖母の役割が重要なものであると考えており，様々な社会や文化の中での祖母の役割を研究している学者もいます。家族の中に父親がいるよりも祖母がいるほうが子どもにとってときにより重要であるということを人類学者は発見したのです！

ロンドンのユニバーシティカレッジの人類学者，ルース・メイス博士とレベッカ・シアー博士は，アフリカ・ガンビアに住む人々について情報を集めて研究しました。彼らの研究時は，子どもの死亡率がとても高かったのです。メイス博士とシアー博士は 1 歳から 3 歳までの子どもを調査しました。父親（の有無）が子どもの死亡率に影響しないことを発見

しました。しかし，祖母の存在により子どもの死亡率は（祖母がいない子どもより）50％も低くなっていたのです。この人類学者たちはさらにもうひとつ発見し，ひじょうに驚きました。子どもは母方の祖母，すなわち母親の母親の存在にのみ救われていました。父親の母親，すなわち父方の祖母は子どもの死亡率に影響を与えていませんでした。

シェリル・ジャミソン博士は（アメリカ合衆国）ブルーミントンにあるインディアナ大学の人類学者です。博士はほかの研究者とともに1671年から1871年までの期間の日本のある村の住民の記録を研究しました。その村の子どもの死亡率がとても高いことに気づきました。実際，27.5％もの子どもたちが16歳までに亡くなっていました。そこで，博士らは，男の子と女の子を別々にして，祖母の存在を調査しました。ここでも，人類学者たちは自分たちの発見に驚かされました。祖母との同居は女の子の死亡率にまったく影響がありませんでした。しかし，男の子の生存率には大きな違いがありました。母方の祖母と暮らしている男の子は52％も子ども時代の死亡率が減っていました。

最近では，祖母と同居している子どもは多くありません。しかし，祖母の存在はいまでも孫の生活にとって重要な役割を果たしています。祖母はいまでも孫たちを愛し，世話をし，孫たちの人生を幸せなものにしています。

語句

*l.*2 memory 思い出，記憶　　*l.*4 sweets （甘い）お菓子　　*l.*5 problem 問題　　*l.*9 society 社会

*l.*9 culture 文化　　*l.*12 grandchild 孫　　*l.*22 discover 発見する　　*l.*27 maternal 母方の
*l.*28 paternal 父方の　　　　*l.*32 period 期間　　　　*ll.*32-33 from *A* through *B A* から *B* まで
*l.*34 by the age of 〜 〜歳までに　　*ll.*35-36 look for 〜 〜を探す　　*ll.*37-38 make a difference
違いを生じる　　*l.*43 take care of 〜 〜を世話する（＝look after 〜）

重要構文・表現

*ll.*10-12　But now they are studying（ **how** grandmothers also influence the survival rate of
　　　　　　　　　彼らは　研究している　　どれほど　　　S'が　　　　　　　V'するか
their grandchildren）.

*ll.*23-25　**make O C**（O を C にする）
However, the presence of a grandmother made the children's chances of dying 50% less.
　　　　　　祖母の存在が　　　　　　〜した　　O＝子どもの死亡率を　　　　　　C＝50%低く

*ll.*39-40　*be* **likely to** 原形（〜しそうである，〜する可能性がある）
《If a maternal grandmother lived with them》, boys **were** 52% less **likely to** die
in childhood
　　　　　　　愛し　　世話し　　孫たちを　　　　　52% 低く　　可能性がある　　死ぬ
　　　　　　　　　　　　　　　　　　　　　　OをCにする　人生を　　より幸せに
*ll.*43-44　They still love and take care of their grandchildren, and make their lives happier,
too.　　主語　　動詞①　　　動詞②　　　　①②の O　　　　　動詞③　　③の O　　③の C

---

16 ラッキーと少女

問 1　ウーアーエーイ
問 2　**the horse was blind**
問 3　**either by producing something we can sell or**
問 4　**ウ**
問 5　**She just felt happy because she could ride her own horse.**
問 6　**The baby 〜 of them**
問 7　**joke**
問 8　**don't we call him**
問 9　(1) **since**　　(2) **mother's**　　(3) **until [till]**

解説

問 1　*l.*9「この馬は盲目で，走るのを恐れている」という父親の言葉を信じたくないジェーンは，
*ll.*10-11 で「馬のわき腹をかかとで蹴り」，ウ「馬が前に走ることを願った」と続く。ア「しかし，
馬は走らなかった」didn't の後には，run forward が省略されていると考える。エ「ジェーンは
馬の背から降りて，顔のほうへ歩いて行き」，イ「(馬の)澄んだ茶色の目の前に手をかざした」

問 2　*l.*16 Sanders says that he didn't know the horse was blind. という父親の言葉に対して，母
親が「彼(馬を売ったサンダース)はそれを知っていたんだと思う」と述べている。

問3　either *A* or *B*「*A* か *B* のどちらか」の構文。直後 by helping の形から，by producing が対応しているとわかる。something we can sell は produce の目的語。「牧場にいるものはすべてお金をかせぎ出してくれないと困るんだ，<u>何か売れるものをつくるか</u>，牧場の仕事を手伝うかの<u>どちらかで</u>」

問4　直前の父親の言葉「生まれた子馬の目が見えなければ，2頭とも馬肉として売らなければならない」から，④に入るのは ウ「（いま1頭だけ売ることのほうが）<u>より楽かもしれない</u>」と判断する。

問5　直後の文「自分の馬に乗れることがうれしかったから」とある。*ll.*7-8 "Now I have my own horse," Jane thought. Jane loved this beautiful horse. もヒントになる。

問6　⑥の前後より，ジェーンは父親が言おうとしていることがわかり，「それを聞きたくない」と言っている。ジェーンが聞きたくない言葉は *l.*58「子馬は盲目で，2頭とも殺した」である。しかし，実際に父親が言った言葉はジェーンが想像したものではなかった。

問7　ジェーンは父親の言葉 *ll.*67-68「けさ町へ行ってラッキーに盲導犬を買ってきた」を悪い冗談（bad joke）だと思った。だが，*l.*76「それは母馬の盲導犬になる」を聞いて，真意を理解した。

問8　「その馬をローバーと呼ぶのはどう？」という意味にする。Why don't you ～? とはせず，自分も含むのだから Why don't we ～? という表現にする。

問9　日記全文の意味「3月27日　ラッキーは今日がんばりました。ラッキーはけさ早く赤ちゃんのローバーを生みました。私はとても幸せな気分です。ラッキーが私の馬になってからずっと，今日という日が来るのを待っていたのですから。ローバーは健康に生まれたので，自分の命だけでなく，母馬の命も救ったのです。私はラッキーとローバーの両方に感謝したい。ローバーは元気で完璧だけれど，ラッキーはかなり疲れているみたいです。ラッキーはたくさんの休養と介護が必要です。再び元気になるまでずっと，私はラッキーの世話をしっかりして，必要な愛情を注ぎたいと思います。今日は本当に『ラッキー』な日です！」

全訳

「目の見えない馬を買ってしまったのではないかと思う」

最初ジェーンは父親の悪い冗談だと思った。ジェーンが温かい馬の背中にまたがっていると，父親は帽子を手に取り，馬の目の前でゆっくり動かした。

その馬はとてもきれいな馬だった。ジェーンがふだん乗っていたブラッキーよりも若く，しかし父親の馬のウィンディゴほど力強くはなかった。「やっと自分の馬がもてたわ」とジェーンは思った。この美しい馬が気に入った。

「この馬は目が見えないから，走るのを怖がっている。歩く程度のスピードしか出せないんだ」

ジェーンは信じたくなかった。「ハイヤーッ！」ジェーンはかかとで馬のわき腹を蹴った。

馬が走ってほしいとジェーンは願った。でも，馬は走らなかった。ジェーンは馬の背中から降り，顔のほうへ歩いた。澄んだ茶色の目の前に手をかざし

た。父親が言ったことは正しかった。世界でもっとも完璧なこの馬は目が見えないのだ。

夕方，ジェーンと母親は外へ出て，その馬にえさをやった。父親は電話で話していた。（電話が終わると）父親はすぐにジェーンたちのところへやってきた。

「サンダースさんは馬の目が見えないことを知らなかったそうだ」

「あなたがこの馬を買った人？」母親がたずねた。「知っていたんだと私は思う」

「馬肉として売れるって言っていたよ」

「馬肉？　いや！」ジェーンはすぐに叫んだ。「子馬を生むまで飼いましょうよ」

父親はジェーンをじっと見つめた。「医者に電話したんだ。母馬の目が見えないなら，おそらくその子馬も目が見えないそうだ。うちは目の見えない子馬とその母馬まで抱える余裕はない。牧場もそれほ

ど広くはないんだ。牧場にいるものはすべてお金を
かせぎ出してくれないと困るんだ，何か売れるもの
をつくるか，牧場の仕事を手伝うかのどちらかをし
て…」

「でも，お父さん，本気なの…？」ジェーンは言
葉に詰まった。

父親は続けた。「あの馬が子馬を生んで，その子
馬も生まれつき目が見えなければ，両方とも馬肉と
してとても安い値段で売らなければならないだろう。
両方ともだぞ，ジェーン。いま1頭だけ売ること
のほうが楽かもしれない」

ジェーンは，見えてはいないが，疑いを知らない
その馬の目を見つめた。「彼女にチャンスをくれな
い，お父さん？」ジェーンは言った。

父親はすぐに母親のほうを向いて，それからジェ
ーンに目を向けた。

「いいだろう，チャンスをあげよう」

ジェーンは馬の温かい首に腕を回して言った。
「この馬の名前はラッキーにする！」

その夏，ジェーンとラッキーは親友になった。ジ
ェーンは起伏のある丘の長い道のりは乗れなかった
が，気にしなかった。ただ自分の馬に乗れることだ
けがうれしかった。ときどきジェーンは牧場の外を
ゆっくり回ってみた。ラッキーの背中で眠ってしま
ったこともあった。

寒い季節がくると，ラッキーはジェーンの家から
遠く離れた牧場へ運ばれた。ジェーンは週末だけラ
ッキーに会いに行った。ラッキーが恋しく，父親の
牧場に早く戻ってきてほしいと思った。

そして，春が来た。もうすぐラッキーに子どもが
生まれる。

「お母さん，ラッキーがどこにも見当たらない」
ある春の日の朝早くジェーンが叫んだ。

「納屋にいるわ。ラッキーはお父さんといっしょ
よ」と母親は言った。「ジェーン，早く，スクール
バスが角を曲がってきた」

ジェーンは通学かばんをもってバスへ走った。バ
スが牧場のそばを通るときにこう思った。「お父さ
んとラッキーが納屋にいるってことは，ラッキーは
きょう赤ちゃんを生むってことだわ」

ジェーンはその日学校での1日がとても長く感じ
た。家に帰ると，父親が門のところで立っているの

に気づいた。父親はまっすぐこちらを見ていた。突
然，ジェーンは，父親が何か伝えたいことがあるの
だと気づいた。

「お父さんと話したくない」と思った。「何が起
こったかわかってる。(生まれた)子馬も目が見えな
くて，だから両方とも殺したんだ。それでお父さん
はなぜ殺さなければならなかったかを説明するつも
りなんだ。そんなのいや。フェアじゃない」

「何も言わなくいい，お父さん！」ジェーンはそ
う叫んで，父親の顔も見ないで走り始めた。ジェー
ンは納屋の裏にまわった。屋根裏への秘密の道を登
り，干し草の上にしゃがみ込んで泣いた。

「ジェーン！ ジェーン！」

父親が納屋に入って，名前を呼んだ。どうやって
ジェーンの居場所がわかったのだろうか。

「話したいことがあるんだ。けさ町へ行って，ラ
ッキーのために盲導犬を買ってきたんだ」

「また冗談を言って」ジェーンは思った。「また
悪い冗談を…」

そのときジェーンは下のほうから小さな音が聞こ
えた。下を見ると，そこにラッキーと赤ちゃん馬が
立っていたのだ。ジェーンは屋根裏から干し草を落
としてみた。赤ちゃん馬の頭がすばやく動いた。目
がその(干し草)の動きをとらえていたのだ。目が見
えるのだ！

「降りてきて，ラッキーの息子にあいさつしなさ
い，ジェーン。ラッキーはとても健康な子馬を生ん
だんだ。とても健康だ。大きくなったらこの馬は母
馬(ラッキー)にとって盲導犬のような役割を担った
馬になるだろう」

ジェーンは父親の冗談の意味がやっとわかった。
「お父さんは私と同じくらいラッキーのことを心配
してくれていたのね」ジェーンは思った。「お父さ
んはどんな馬でも好きなんだ。へたな冗談と同じく
らい馬を愛しているのね」

ジェーンは笑って言った。「この子はいい盲導犬
(馬)になるのね。そしたら犬の名前をつけてあげな
くては。ローバー(〈注〉英米では典型的な犬の名
前)なんていうのはどう？」

「ローバー？ 馬(の名前)にかい？ うん，悪く
ないね」と父親が言った。「すごくいいね」

【語句】

*l.*2 at first 最初（は）　*l.*2 joke 冗談　*l.*3 back 背中　*l.*9 be afraid of 〜 〜するのを怖がる
*l.*13 perfect 完全な，完璧な　　*l.*18 guess 推測する　　*l.*44 miss 〜がいなくてさみしく思う
*l.*59 explain 説明する　*l.*62 climb のぼる　*l.*75 healthy 健康な

● 長文読解研究所 ③　文の流れに乗ろう！

　問4は文の流れ（＝文脈）を理解しているかが試される問題だ。ここで注意したいのは次の文。

*ll.*29-30 If she has a baby and it's born blind, I'll have to sell them both as horse meat for
very little money. (その馬が子馬を生んで，その馬が生まれつき目が見えなければ，両方の馬
をほんのわずかなお金で売り払わなければならない)

　前半(If 〜,)でつらい内容が述べられているので，その帰結として後半部分(I'll have to 〜.)
は，ジェーンに何か試練のような内容が続くと考えられる。本文では，「それならば，いっその
こと早いうちに手を打ったほうが最悪の事態を逃れられる」という内容が続く。

　下線部④ It may be easier just to sell one now. のあとに than to sell both of them later (あと
でその両方の馬を売るよりは)が省略されていると考えるとわかりやすい。下線部の前後ばかりに
注目するだけでは，全体の流れに乗れず，答えが見えず，省略されている部分もわからない。
極意：文章を読むときには，問われている部分だけでなく，全体を見るように心がけよう！

---

17 | 私たちの住む「海」

問1　**atmosphere**

問2　**out**

問3　その英国人の化学者は，自分が目撃したものについて考えながら，そのビンをじっと見つめました。

問4　**they keep air fresh so that fuels can burn**

問5　**which, it possible**

問6　植物が食べ物を作り出すために，大気中の二酸化炭素を取り込んで，かわりに大気中に酸素を排出しているから。

【解説】

問1　「地球を取り囲んでいる大海は（ ① ）と呼ばれている」atmosphere（大気）は，*l.*47 にある。
atmosphere の意味は，one-fifth of the atmosphere is oxygen.（atmosphere の5分の1は酸素である）から推測しよう。

問2　*ll.*12-14「炎のついたロウソクをビンに入れると，最初は明るく強く燃えているが，ふたをすると，弱くなり，went（ ② ）してしまう」*ll.*15-16「ネズミは（ ② ）を見つけようとちょこちょこ動きまわった」　go out（外出する；〈火などが〉消える），way out（出口）

問3 The English chemist stared at the jar 《thinking about (what he had seen)》
じっと見つめた
《分詞構文 ～しながら （彼が見たものを）》

問4 選択肢中 so と that に注目。so と that を使う構文は，2つ覚えておこう。① so ～ that ... （とても～なので…）と，② so that S can V ～ （S が V できるように），ここではどちらを使うか？「空気を新鮮に保つ」は，keep O C （第5文型）を使う。

問5 「，（カンマ）＋関係代名詞 ～」の継続用法を使う。ここでは先行詞が oxygen なので，関係代名詞は which にする。and it → which と考えるとよい。関係代名詞 that は継続用法では用いないので，that は不適当。
enables things to burn（ものが燃焼するのを可能にする）の言いかえとしては，make it possible for A to 原形（A が～するのを可能にする）を使って言いかえよう。

問6 no matter how many things burn in the atmosphere and how many people and animals breathe it, the amount of oxygen in the air stays almost the same（たとえどれだけ物を燃やしても，またどれだけ人や動物が酸素を吸い込んでも，空気中の酸素の量はほとんど同じ）⇒ 理由は，植物が光合成をするから。それが書かれている部分を最終段落から探してまとめよう。

全訳

大海——どんな水域よりも深い大海——の底での生活を想像してみてください。そこで，あなたは生活しているのです。そこで，私たちみんなが生活しているのです。私たちは，いわゆる空気という名の大海の底で生活しているのです。地球という惑星を取り巻いているこの大海は大気と呼ばれます。そして，それはきわめて独特なものです。それは目に見えません。それに触れることはできません。しかし，あなたはそれがそこにあることを知っています。

古くから，科学者たちは，空気は何でできているのかを解明しようとしてきました。約200年前の英国の化学者ジョセフ・プリーストリーはその謎の一部を解明しました。プリーストリーは空気についていくつかのことを知りました。人も動物も生きるためには呼吸するべき空気が必要だと彼は知りました。空気は火が燃えるのに必要だと知りました。しかし，なぜそうなのかまではわかりませんでした。

ある日，プリーストリーは炎のついているロウソクを大きなビンの中に置きました。彼は，そのロウソクの炎が明るく，そして強く燃えるのを見ました。そして，ビンにふたをしました。炎は揺らめき始めました。そしてじきに消えてしまいました。その科学者（プリーストリー）は2つ目のビンを用意しました。今度は，生きているネズミをその中に入れました。そのネズミは逃げ道を探そうとして，チョコチョコ走り回りました。そして，科学者はビンにふた

をしました。そのネズミは動きが遅くなりました。短時間で，ネズミは死んでしまいました。ちょうどロウソクの炎が消えてしまったのと同じように。すぐにプリーストリーは炎のついたロウソクを死んでしまったネズミのいるビンの中に置きました。炎はすぐに消えてしまいました！

その英国人の化学者は，自分が目撃したものについて考えながら，そのビンをじっと見つめました。理屈から考えて，ふたがされていないビンの中にはロウソクを燃え続けさせる何らかの気体が空気の中に含まれているにちがいないと彼は思いました。そして，ロウソクを燃え続けさせるものが何であれ，それは，ネズミが呼吸するのに使ったものと同じ気体であるにちがいなかったのです。どういうわけか，ロウソクとネズミが使った空気は「劣化」してしまったにちがいないのです。

しかし，そのときプリーストリーは思いました。なぜ世界中の空気は今までに劣化していないのだろうか。自然には空気を新鮮に保つ何らかの方法があるにちがいないと彼は確信したのです。すべてのあらゆる種類の生き物について彼は考えてみました。そして実験をしてみました。彼は，土を詰めた容器に成長しているミントを一株植えて，それを，燃えていたロウソクが消えて間もないビンの中に入れてみました。10日間そのビンをふさいだ状態にしておきました。それから，炎をつけたロウソクをそのビ

ンの中に入れました。ロウソクの炎は強く，明るく燃え続けました。プリーストリーは興奮しました。今度は生きているネズミとミントを一株もうひとつの密閉したビンに入れてみました。ネズミは生き続けたのです。しかし，プリーストリーがミントを取り出すと，じきにネズミは死んでしまいました。

プリーストリーは自然の秘密を発見したのでした。植物がその違いを生じさせているのです。ともかく，植物はビンの中で燃料が燃えるように空気を新鮮に保っているのです。そして，生き物がその空気を吸っているのです。しかし，その困惑した化学者は，植物がこれをどのようにやっているのか，まだ理解していませんでした。

今日，私たちはプリーストリーの難題に対する答えを知っています。空気は酸素と呼ばれる気体を含み，それが物質の燃焼を可能にさせるのです。酸素がなければ，プリーストリーのロウソクは燃焼することはなかったでしょう。

特別な計器の使用によって，科学者たちは，どのくらいの量の酸素が空気中に含まれているかを知ることができます。その計器によると，大気の約5分の1が酸素のようです。そして，どれほど多くのも

のが大気中で燃えたとしても，そして，どれほど多くの人や動物が酸素を吸ったとしても，空気中の酸素の量は変わらないままなのです！　呼吸や燃焼が起きたとき，酸素は空気から取り除かれ，そして，別の気体，二酸化炭素が大気中に放出されるのです。二酸化炭素はプリーストリーのロウソクが消えてしまったときにその空気をだめにしてしまった気体である，と私たちは知っています。それはネズミを死なせてしまったのと同じ気体でした。

今日では，ミントがどのようにしてビンの中のネズミを生き延びさせたかはわかっています。緑色の植物は自分自身と植物をエサにするあらゆる動物たちのために，終始食糧をつくり続けているのです。これを行うために，植物は空気中から二酸化炭素を摂取しつづけているのです。そして，それと引き換えに酸素を排出し，それを大気中に送り返しているのです。そのおかげで，すべての生き物が共有するべき酸素の安定した供給が可能になるのです。すべての生き物，植物も動物も，この空気を必要とします。そして，すべての生き物はお互いを必要としています。同じ大気の海の中で生きているものはすべて持ちつ持たれつの関係なのです。

語句

l.1 imagine 想像する　　*l*.1 bottom 底　　*l*.1 deeper より深い　　*l*.2 body 体；水域　*l*.2 lives〈発音注意〉[láivz] life の複数形　　*l*.3 surround とり囲む　　*l*.4 unusual 独特な，珍しい　*l*.6 through ～を通して　　*l*.6 ages 年，時代　　*l*.7 chemist 化学者　　*l*.8 solve 解決する　*l*.8 mystery 神秘　　*l*.9 breathe 呼吸する，息を吸う　　*l*.10 necessary 必要である　　*l*.12 burn 燃やす，燃える　　*l*.12 candle ろうそく　　*l*.12 jar ビン　　*l*.13 flame 炎　　*l*.13 cover 覆いをする　　*l*.14 flicker (炎などが)弱くなる　　*l*.16 scurry ちょこちょこ動き回る　　*ll*.19-20 at once すぐに　　*l*.21 stare at ～ ～をじっと見つめる　　*l*.22 reason 理由，根拠；理屈，道理　*l*.22 contain 含む　　*l*.23 uncovered 覆われていない　　*ll*.22-23 keep O -ing O を～させたままにしておく　　*l*.25 in some way どういうわけか　　*l*.30 experiment 実験する　　*l*.30 container 容器　　*l*.30 filled with ～ ～でいっぱいの　　*l*.30 soil 土　　*l*.31 mint ミント　　*l*.32 die out (炎が)消える，絶滅する　　*l*.35 airtight 密閉した　　*l*.36 remove 取り除く　　*l*.38 discover 発見する　　*l*.38 secret 秘密　　*l*.39 fuel 燃料　　*l*.40 puzzled 戸惑った，困惑した　　*l*.42 contain 含む　　*l*.43 gas 気体　　*l*.43 oxygen 酸素　　*l*.45 instrument 機材　　*l*.46 one-fifth 5分の1　*l*.47 atmosphere 大気　　*l*.48 amount 量　　*l*.50 occur 起こる　　*l*.50 carbon dioxide 二酸化炭素　　*l*.51 release 排出する，放出する　　*l*.54 alive 生きて　　*l*.55 manufacture 生産する　*l*.56 feed upon ～ ～を餌として食べる　　*l*.57 exchange 交換　　*l*.58 give off ～ ～を排出する　*l*.59 steady 安定した　　*l*.59 supply 供給　　*l*.59 share 分かち合う　　*l*.61 give and take ギブアンドテイク(持ちつ持たれつ)の関係

━━━━━━━━━━━━ 重要構文・表現 ━━━━━━━━━━━━

*ll.*23-24   whatever   had kept the candle burning must have been the same gas ～
      複合関係詞   keep O C（O を～させたままにしておく） ～だったにちがいない

複合関係詞（-ever）⇒ ふたつの意味・用法がある。

①「～でも」〈名詞節〉

（例）He told the story to **whoever** would listen.
   （聞いてくれる人にならばだれにでも彼はその話をした）

②「たとえ～としても」〈副詞節〉

（例）**Whoever** says so, I don't believe it.（たとえだれがそう言うとしても、私は信じない）

なお、〈譲歩〉では、no matter 疑問詞を用いて言いかえることができる。

⇒ No matter who says so, I don't believe it.

*ll.*25-26   the air〔which **both** the candle **and** the mouse used〕must have "spoiled"
                         both *A* **and** *B*（*A* と *B* 両方とも） 「劣化」してしまったにちがいない

18 ｜「死の商人」逝く

問1   ① **finding**   ② **lost**   ③ **beginning**   ④ **to do**

問2   ノーベルは、自分の死に関する報道が誤りだったからではなく、自分の仕事を人々が誤解していたので残念に思った。

問3   X ウ   Y エ   Z ア

問4   **to remember him as a man looking for**

問5   もしすべての国が同じように強力な武器をもてば、戦争がどれほど不可能なものかということを人々が悟り、戦争はなくなるだろう（という考え）

問6   ㈦ **money**   ㈠ **country**   ㈥ **death**   ㈢ **peace**

問7   エ

問8   この誤りの結果、彼が思いついたこの計画は、世界中の人々に彼が望んでいた印象を与えた。

問9   イ

解説

問1 (1) 直後に「多くの人々を素早く殺す方法を（ ① ）ことで巨額の富を得た」とあるので、「発見する、見つける」を意味する find がふさわしい。空所の直前に前置詞 by があるので、動名詞（-ing 形）にして入れる。

    (2)「ほかの爆発物が使うには危険だったために（ ② ）命を救う」という前後の文脈から lose を選ぶ。過去分詞（lost）にして、「失われた命」とする。

(3)「多くの国が鉄道やトンネルの建設を（　③　）」という文脈で，「始めていた」が適合する。begin を過去進行形で用いるので，現在分詞(-ing 形)にする。n を重ねることに注意！

(4)「彼はそれについて何を（　④　）かわらなかった」という文脈で，「すべき」が適合する。what to do(何をすべきか)にするために，to do を入れる。

問2　not A but B (A ではなく B)の構文。A に 1 つ目の，B に 2 つ目の because 節が入る。「A だからではなく B だから，彼は悲しかったのだ」 get ~ wrong は「~を間違って受け止める(誤解する)」と訳すとよい。

問3　ア「ノーベルはこのような平和的な利用のためにダイナマイトを発明した」
イ「ノーベルは(いままでよりも)強力なダイナマイトの作り方を彼には教えなかった」
ウ「ノーベルは彼の事業のおかげでとても裕福になった」
エ「ノーベルは世界の平和のために働くことに生涯を捧げた」
X の前に「多くの人を殺す方法を見つけて大金を得た」とあり，ウ とつながる。Y の直後に「彼は暴力や戦争を嫌っていた」とある。彼の性格を考えると，エ が入る。Z の前で述べられている鉄道の敷設やトンネルの建設，ビルやダム，道路の建設などを，ア の文中の these が受けている。

問4　want Ⓐ to 原形 (Ⓐに~してもらいたい) を基本に考える。people のあと to remember と続き，文末の peace を手掛かりに「平和を追い求める」という意味で looking for peace とつながれば文を組み立てやすい。remember の後に him as a man で完成。looking 以下は直前の a man を後置修飾している。

問5　前の文の that 以下 (if all ~ would end.) をとらえるとよい。

問6　ア「彼は自分の（　ア　）をどうするべきかやっとわかった」彼がそれまで悩んでいたものを考える。*ll.*29-30「自分の死後の 900 万ドルの最善の使い方を考えていた」とある。
イ anyone could be the winner(だれでも受賞者になることができる)の直後に「男性でも女性でもどんな（　イ　）から来た人でも」とある。from が「~出身」の意味だと気づけば country が思いつく。肯定文で用いられる any は「どんな~でも」の意味を表す。
ウ「アルフレッド・ノーベルの（　ウ　）の 5 年後，1901 年の 12 月 10 日に最初のノーベル賞が授与された」とある。1896 年にノーベルに何が起こったか。ひとつ前の段落に注目。（　ウ　）に入るのは名詞だから，died(動詞)や dead(形容詞)は不可。
エ 少し前のコロン(：)はここでは「つまり」の意味で，前後の意味を等しくつなぐ。the image he wanted (彼が望んでいたイメージ)とはどんなものだったかを考えよう。"The salesman of death" というイメージを彼は嫌っていたね。

問7　選択肢の各文中での field の意味は，ア 田，イ 産地，ウ 競技場，エ 分野。

問8　第 4 文型(S＋V＋O₁＋O₂)の文。「S は O₁ に O₂ を与えた」の意味でとらえる。
the plan [that he made as a result of this mistake] gave the world
s この間違いの結果として彼が思いついた計画は　　v 与えた　o₁世界に
the image [he wanted].
o₂ 彼が望んでいたイメージを

問9　ア「その新聞はスウェーデン出身の 55 歳の男をとても驚かせたので，彼はノーベルにそれをすぐに読むように言った」
スウェーデン出身の 55 歳の男はノーベル本人のことなので，本文の内容と一致しない。
イ「当時世界が経験していた変化のために，ノーベルは事業において成功することができた」
*ll.*20-21「多くの国が鉄道やトンネルの建設を始めようとしていて，山を掘り抜いて鉄道を敷くために安全で強力な爆発物を求めていた」と一致する。

　　ウ 「ノーベルは北極への探検に参加した後，アンドレーから助言をもらって，すばらしいア
　　　イデアを思いついた」
　　ノーベルは北極へは行っていないので，本文の内容と<u>一致しない</u>。
　　エ 「ノーベルの家族がその莫大な遺産を受け取りたいと思っていないことを知って，世界中
　　　の人々はとても興奮した」
　　*ll.*42-43「彼は結婚せず，子どもがいなかった」とあり，ほかの家族についての言及は本文
　　にない。したがって，本文に<u>一致しない</u>。

全訳

　1888年の4月13日，新聞のトップでアルフレッド・ノーベル死去のニュースが報道された。記者は「死の商人逝く」と見出しを書いた。彼は強力な爆発物ダイナマイトを発明したためにそう呼ばれていたのだ。新聞記事は次のように続いた。「かつてないほどに多くの人をしかも一瞬にして殺す術を見つけることにより大金を手にした男がついに世を去った」実際に，ノーベルはその事業のおかげで富を得た。新聞は，アルフレッド・ノーベルの年齢や出生国，そして彼の商売に関する他の情報も書いた。しかし，「死の商人」という言葉が55歳のスウェーデン出身の男が目にしたすべてだった。

　アルフレッド・ノーベルは悲しそうに新聞を置いた。彼はもうそれ以上読みたくはなかった。そう，彼は死んではいなかった。兄のルードヴィが その前日に死んだのだ。フランスの新聞社の誤報だった。ノーベルは，自分の死に関する報道が誤りだったからではなく，自分の仕事を人々が誤解していたので残念に思った。「世の中はこのようにして私を記憶していくのだろうか」とノーベルは思った。彼はそのことに納得がいかなかった。ノーベルは世界の平和のために彼の人生を捧げたのだ。暴力や戦争が嫌いだった。人々の命を救うためにダイナマイトを発明したのだ，（当時の）ほかの爆発物は使用の際にとても危険で，それによってなくなる命を救うために。平和を探し求めていた男として人々に記憶してもらいたかったのだ。

　アルフレッド・ノーベルがダイナマイトを発明したのが，ちょうどいいタイミングだったのは確かだ。多くの国々が鉄道やトンネルを建設し始めていて，山々のあいだに鉄道を通すには，安全で威力のある爆発物が必要だった。それにより多くの時間が節約された。人々は建物を建てたり，ダムや道を作るた

めに，重い石を吹き飛ばすのにもダイナマイトが必要だった。ノーベルはこのような平和的な利用のためにダイナマイトを発明したのだ。もっと言えば，もしすべての国々が同じように強力な武器を持てば，戦争がいかに不可能なものかということを人々が悟り，戦争はなくなるだろう，とノーベルは信じていた。実際，これは彼の時代の一般的な考え方であった。

　ノーベルは世界が自分に対してもつイメージにうろたえた。しかし，どうしたらいいかわからなかった。だから何年も答えを見つけ出せないままこの問題について考えていた。彼が稼いだ900万ドルを人々が最も有効に使う方法を彼は考え出そうとしていた。そんなとき，1895年にサロモン・アウグスト・アンドレーという名の冒険家が北極に到達するという冒険計画を打ち出した。世界中の人々が彼の冒険に興奮した，なぜならそのスケールがとても大きく今までだれも想像できなかったからだ。ある日，ノーベルもアンドレーの計画を読んだが，すると突然すばらしいアイデアを思いついた。自分のお金をどうすべきかついにわかったのだ。彼は遺言書を書いた。その中で彼はこう記した，物理・化学・医学・文学・平和の5つの分野で人類に貢献するようなすばらしい功績を収めた人に特別な賞を与える，と。これがご存じのとおりノーベル賞である。彼はまたこのように遺言書に記した，世の中のあらゆる人，世界中のどの国の人でも，男でも女でもその賞を受け取れる可能性があると。

　アルフレッド・ノーベルは1896年12月10日に63歳でこの世を去った。結婚はせず，子どももいなかった。世界中の人々は，だれがノーベルの遺産を受け取るのかと思った。ノーベルの計画が知れ渡ると，みんなたいへん驚いた。

最初のノーベル賞は，1901年の12月10日，アルフレッド・ノーベルの死後5年後に贈られた。ノーベル賞の賞金は当時4万ドル以上で，受賞者には現金の賞金だけでなく金メダルも贈られた。今日では1件の受賞に対しての賞金は100万ドル以上になっている。すぐにノーベル賞はこのような分野で個人が受け取れる最も偉大な賞となっていった。アルフレッド・ノーベルの死の報道は間違いだったが，その間違いの結果，彼が思いついたこの計画は世界中の人々に彼が望んでいた印象を与えた。アルフレッド・ノーベル，平和の人として。

語句

*l.*1 headline 見出し　　*l.*1 announce 報道する　　*l.*2 reporter 記者　　*l.*3 invent 発明する
*l.*3 explosive 爆発物　　*l.*4 dynamite ダイナマイト　　*l.*4 go on 続ける　　*ll.*10-11 not ~ any
more もうこれ以上~ない　　*ll.*11-12 the day before その前日　　*l.*12 make a mistake 間違える
*l.*13 announcement 報道　　*l.*15 hate 嫌う　　*l.*16 violence 暴力　　*l.*19 perfect 完璧な
*l.*19 moment 瞬間，時　　*l.*20 tunnel トンネル　　*l.*22 blow up 吹き飛ばす　　*l.*23 in order to
原形 ~するために　　*l.*23 dam ダム　　*l.*24 moreover さらに　　*l.*25 impossible あり得ない，
不可能な　　*l.*26 Ⓐ's day ~の時代　　*l.*27 be upset うろたえる　　*l.*31 adventurer 冒険家
*l.*33 journey 旅　　*l.*33 scale 規模　　*l.*37 prize 賞　　*l.*37 excellent すばらしい　　*l.*38 medicine
医学　　*l.*42 unmarried 未婚の　　*l.*42 wonder ~ ~かと思う　　*l.*43 amazed びっくりした，
驚いた　　*l.*44 learn of ~ ~を理解する　　*l.*47 cash 現金　　*l.*48 medal メダル　　*l.*51 result
結果

重要構文・表現

【説明，言い換えのコロン（:）】⇒ コロン以下が前の補足説明を表す。

*ll.*2-3　The reporter wrote : "*The salesman of death* is dead."
（記者は 以下のように 書いた。「『死の商人』逝く」）

*ll.*3-4　the powerful explosive : dynamite.
（強力な爆発物 つまり ダイナマイト）

【構文研究】

*ll.*4-5　"The man ［who made much money 《by finding ways to kill / more people / faster
　　　　　　 S　　　　　　大金を得た　　　　　　殺す方法を見つけることで／より多くの人を／今までより速く
than ever before》］is dead." … 主語がすごく長い文ですね。
　　　　　　　　　　　　 V　 C
Moreover, he believed (that 《if all countries had the same powerful weapons》, they
　　　　　　 S　 V　　　　　 O　 もしすべての国が同じように強力な武器をもてば
would see (how impossible war was), and war would end]. … 複雑な節の構造
　　　　　 戦争がどれだけ不可能かわかって　　　　　 戦争は終わるだろう
*ll.*36-39　《In his will,》he said (he would give special prize 《to people ［who help
　　　　　　　　　　　　　 S　 V　 彼は特別な賞を与える　　　　　 人々に　　 人類に貢献した
humans in some excellent ways in five fields: physics, chemistry, medicine, literature,
　　　 何かすばらしい手段で　 5つの分野（＝物理，化学，医学，文学，平和）において
and peace ］》).

19 地球の破滅：そのとき…

問1 (1) 植物が光を生命に変えることができる唯一の星

(2) 私たちがこの星を殺そうとしているのはとても残念なことだ。

(3) 「殺すかもしれない」というのではない，「殺しつつある」のだ。

(4) 写真を撮ってもらっても意味はない。

問2 アは地球の内に，イは地球の外にいる。アは木や土などに住んでいて，地球が滅びればいっしょに滅んでしまう。イは地球の外に住んでいて，外から地球を支配しているが，地球が滅びれば支配するものがなくなるため，もう神とは呼べなくなってしまう。(115字)

解説

問1 (1) the only planet [where plants can transform light into life]

唯一の　惑星　〈関係副詞〉　　植物

transform A into B (A を B に変える)

where は関係副詞で，where 以下は関係副詞節である。後ろから planet を修飾する。

(2) It really is too bad that we're killing it .

文頭 It は形式主語で，日本語に訳さない。that 以下が真の主語。are killing は現在進行形で，「いままさに殺そうとしているところだ」の意味。最後の it は「地球」を指す。

(3) not "might kill"；"killing"

ダブルクォーテーションマーク（" "）は，その語を強調する働きをしている。

セミコロン（;）は，ここでは接続詞 but の意味を表していると考えてよい。not A but B（A ではなく B である）と同じ構造である。

(4) No use having your picture taken

文頭に It is が省略されている。**It is no use -ing**（～しても無駄である）。〈**have O 過去分詞**〉は ①「O を～してもらう」〈使役〉 ②「O を～される」〈被害〉。ここでは①の意味を表している。

問2 ア の神は本文 ll.23-25 を引用，イ の神は本文 ll.26-30 を引用してまとめればよい。それぞれのすみかと，地球が滅んだときにどうなるかを述べることが必要。

ア 《If the gods are like Shinto gods》, they need the living Earth ——trees and soil——

～のような　　　　　　　　　　　　　　　　　　　生きている地球　　　　　　　木や土

for their home. 《When it dies》, they will surely die with it .

自分たちのすみかとして　　　　　　　　　　　確実に

イ 《if the gods are like the Christian God——[who lives, 〈they say〉, outside the world]

——》 they or he (or she) may survive. But can you still call this a god, [who

生き残るかもしれない。

presides over a universe of death]?

支配する　　　　死の宇宙

		地球の土や木の中に住む	地球が滅びたら死んでしまう
ア	Shinto	地球の土や木の中に住む	地球が滅びたら死んでしまう
イ	Christian	地球外に住む	生き残ったとしても神とは呼べない

全訳

① 全宇宙の中で，この星が現在，過去，未来もおそらく唯一の生きている惑星だろう。

② チョウが舞うのにちょうどいい空気の重さがあるのは，おそらくはこの星だけだろう。

③ また，魚が呼吸するのにちょうど適した水があるのは，おそらくはこの星だけだろう。

④ さらに，植物が光を生命に変えることができるのは，おそらくはこの星だけだろう。

⑤ この星が死ぬということは，つまり宇宙のすべてが死んでしまうことを意味するのだ。

⑥ 私たちがこの星を殺そうとしていることはとても残念なことだ。

⑦ 「殺すかもしれない」というのではない，「殺しつつある」のだ。この星の大部分はもうすでに死んでいる。

⑧ 現在のペースでゆけば，今後2，3世代のうちにこの星は死んでしまうだろう。核戦争が起これば，2，3日のうちにそうなるだろう。

⑨ 遺言書を書いても意味はない。自分が一生懸命働いて貯めたお金を相続する人がいなくなるからだ。(すべての仕事が無駄になる！)

⑩ 豪華な墓石を買っても意味はない。墓石に花を供えてくれる人がひとりもいなくなるのだ。それに，どうせ供える花もすべてなくなる。

⑪ 写真を撮ってもらっても意味はない。それを見て，「若いころのおばあちゃんだ」と言ってくれる人もいなくなる。

⑫ 言い訳をいくら考えてみても意味はない。それを聞いて，「うん，みんな精いっぱいやったよ」と言ってくれる人などだれもいなくなる。

⑬ そして，祈ってもむだである。その神が神道の神ならば，その神々は生きている地球が必要なのだ。木や土がその家なのだ。この星が死んでしまったら，この星とともに神々も確実に死んでしまう。

⑭ その神がキリスト教の神のようなもの，つまりこの世界の外にいると言われている存在ならば，その神は生き残るかもしれない。しかし，この存在を神と呼べるだろうか。死の宇宙を支配しているこの存在を？ 偉大な計画(生命の計画)を立て，結局失敗してしまったこの存在を神と呼べるだろうか？

語句

*l.*1 the space of the universe 宇宙　　*l.*1 living planet 生きている惑星　　*l.*3 weight 重さ　　*l.*6 breathe [briːð ブリーズ] 呼吸する　([名] breath [breθ ブレス] 呼吸，息)　　*l.*13 at the present rate 現在のペースでは　　*l.*13 be gone 死ぬ，亡くなる　　*ll.*13-14 a couple of ～ 2，3の～　　*l.*14 generation 世代　　*l.*14 nuclear 核兵器の　　*l.*16 labor 働く　　*l.*17 fancy 豪華な　　*l.*17 gravestone 墓石　　*l.*18 anyway とにかく　　*l.*25 surely 確実に，きっと

重要構文・表現

*ll.*9-10　When <u>it's dead</u>, probably <u>that</u> <u>means</u> (<u>that</u> everything in the universe is dead).
それ(地球)が死ぬ　　　それは　　　　～ということ

*ll.*15, 17, 19, 21, 23,　**(It is) no use -ing**（～しても無駄である）

　It is は省略されることがある。use は発音に注意！ 動詞 use[juːz ユーズ]と違い，ここでは[juːs ユース]と発音する。この構文を使った有名なことわざがある。

　It is no use crying over spilt milk.

　（こぼれてしまったミルクを嘆いても無駄である〈＝覆水盆にかえらず〉）

*l.*19　**having** your picture **taken**　（あなたの写真を撮ってもらう）

　have [get] O 過去分詞

　O はふつう 物 で，状況に応じて次の3つの意味を表す。

① **O** を～してもらう〈使役〉
　(例) I **had** some trees **planted**. (木を何本か植えてもらった)
② **O** を～される〈被害〉
　(例) I **had** my bicycle **stolen**. (自転車を盗まれた)
③ **O** を～してしまう〈完了〉
　(例) I must **have** my report **finished**. (報告書を書いてしまわなければなりません)
①使役の文は行為者を目的語にして〈**have＋行為者＋原形**〉の形に言いかえられる。この場合 have の後には Ⓐ がくる。②の文を同様に言いかえると，不自然な意味になる。
　○ ①⇒ I **had** the gardener plant some trees. (植木屋さんに木を何本か植えてもらった)
　× ②⇒ I **had** someone steal my bike. (だれかに自転車を盗んでもらった??? / 盗ませた???)
③は過去分詞の行為者が文の主語と同じなので，言いかえる必要はない。

20　第2回 実力テスト

問1　(a) **means**　(b) **cost**　(c) **got**　(d) **put**
問2　エ
問3　私たちは車に荷物を積み込んで，おばあちゃんとすてきな休みを過ごすために出発した。
問4　エ
問5　**all Tina wanted was the hot shower**
問6　イ
問7　車がドライブウェイからバックして出て，ひとりでに歩道のわきにとまったのだろう。
問8　ア
問9　私たちの大切なものや新車がなくなっているというのに，あなたはどうしてそんな冗談が言えるの？
問10　修理が終わった車に乗って家に帰る途中に，高速道路の出口で事故を起こし，再び車を壊してしまったから。
問11　「壊れた車があって不幸せな気持ちになること」と，「壊れた車があって幸せな気持ちでいること」のいずれにせよということ。
問12　イ，キ

(大阪星光学院高 改)

解説

問1 (a) 文脈から「～は意味がない」が適当。(b)「(費用が)～かかる」は It を主語にして，It costs(ここでは動詞を過去形 cost にする)。(c) get out(外に出る)，時制は過去にする。(d) 後ろの her arm around me から推測する。「私の腰に腕をまわした」の意味で，put が適当。

問2 最初に電話したときの返答が「2 時間以内に見つかる確率は 98％」で，2 時間後に電話したときの返答が「4 時間以内に見つかる確率は 94％」で，これ以後 確率が増すことは考えづらいので，次は「8 時間以内に見つかる確率は 90％」と推測することができる。

問3 packed (積み込んだ)，took off (出かけた，出発した)

問4 2 人いることが前提で，「1 人と，もう 1 人」の関係は，one ～，the other ... で表現する。イ は one / the others なので不可。

問5 「ティナが求めていたのは熱いシャワーだけだった」の意味にする。

問6 本文 right は「ちょうど」の意味。ア「右」，ウ「(all right の形で)だいじょうぶ」，エ「正しく」

問7 parked itself (自分自身を駐車した → ひとりでにとまった)，sidewalk (歩道)

問8 文脈から，*l.*38 テレビのコマーシャル(あなたのドライブウェイにもこの 1 台をぜひ)に対して，「ええ，ほしいです。きのうまでは(1 台)ありました」の意味になるものを選ぶ。Sure I would(はい，ほしいです)から，ア か イ に選択肢をしぼる。one は同じ種類の別のもの，it は その対象物そのもの(同一物)を指す。ここではテレビのコマーシャルの車と盗まれた車は，同一物ではないので，ア を選ぶ。

問9 How can you ～? (どうすれば～できるの)と相手を非難する表現。these things は「これらのもの(なくした品々)」，missing「(これらのものが)なくなっている」

問10 these feelings(この感情 *l.*58 〈glad と relaxed〉)が長くは続かなかった理由は，*ll.*59-60「家へ帰る途中で高速道路の出口で別の車に衝突した」からである。

問11 either way(いずれにせよ)とは，前述 *ll.*67-69 の内容を指す。

問12 ア「ハリス夫妻は，妻の家族とクリスマス休暇を過ごすために，ヒューストンまで飛行機で行き，カリフォルニアまでは新車に乗って帰った」⇒ カリフォルニアからヒューストン(テキサス州の都市)まで飛行機のチケットをもってはいたのだが，新車を慣らすためテキサス州まで車で行った。

イ「ハリス夫妻は家に遅く帰ってきて疲れていたので，次の朝まで荷物を車の中に残すことにした」

ウ「翌朝，夫ハリスは自分たちの新車がドライブウェイから警察にもっていかれるのを見て，とても驚いた」⇒ 警察についての記述はない。

エ「ハイテクの追跡システムのおかげで，警察はハリス夫妻の新車を数時間以内に見つけることができた」⇒ *l.*52 に「5 日後に車が戻ってきた」とある。

オ「夫ハリスは自分たちの盗まれたものを買い戻すのに 3,000 ドル以上かかることを知り，がっかりした」⇒ 車中にあった所有物の額については，記述はない。

カ「ディーラー(自動車販売店)から帰る途中，夫ハリスは高速道路でほかの車にぶつけられたが，なんとか家まで運転して帰った」⇒ *ll.*59-60 I crashed into another car. (ほかの車に衝突した)参照。ぶつけられたのではない。

キ「夫ハリスは妻に落ち込まないでと言われたので，話の最後では幸せだった」

全訳

妻のティナと私は12月に新しい車を買った。ティ　ナの家族とクリスマスを過ごすため，私たちは，カ

リフォルニアからヒューストンへ行く飛行機のチケットをもってはいたのだが，新しい車を慣らすためにテキサス州へ車で行くことに決めていた。私たちは車に荷物を積み込んで，おばあちゃんとすてきな休みを過ごすために出発した。

私たちは時間の許す限りおばあちゃんとともに楽しい時を過ごした。帰りの旅は急ぐ必要があったので，1人が運転しているあいだはもう1人が眠ることにして，止まらずに運転し続けた。激しい雨の中，数時間運転して，夜遅くに家に着いた。私たちは疲れていて，すぐにでも熱いシャワーを浴びて柔らかいベッドで寝たかった。私は疲れていたけれども，その晩のうちに車の荷物を片づけるべきだという気がした。しかし，ティナはシャワーを浴びてすぐに眠りたがったので，朝になったら車から荷物を運び出すことにした。

朝の7時に私たちは気分よく目覚め，荷物を取り出す準備ができた。玄関のドアを開けてみると，ドライブウェイに車がない！ ティナと私は顔を見合わせ，ドライブウェイを見て，もう一度互いの顔を見て，もう一度ドライブウェイを見て，さらにもう一度互いの顔を見合わせた。そして，ティナはすばらしい質問をした。「車をどこにとめたの？」

私は笑いながら答えた。「ちゃんとドライブウェイにとめたよ」そこで，私たちは車をどこにとめたかはわかったが，それでも思った。「車がドライブウェイからバックして出て，ひとりでに歩道の横にとまったのだろう」と。そこで，車を探しに外へ出た。けれども，付近には車は1台もなかった。

私たちはショックを受けて，警察を呼び，私たちのハイテクの追跡システムをおそらく稼働させる書類を提出した。念のために追跡システムの会社にも電話をかけた。会社の話では，2時間以内に見つかる確率は98％だということだった。2時間後，もう一度電話をかけてたずねた。「車はどこですか」

「まだ見つかってないんです，ハリスさん。しかし，4時間以内に見つかる確率は94％です」

さらに2時間が過ぎた。もう一度電話をかけてたずねた。「車はどこですか」

再び相手はこう答えた。「まだ見つかっていないんです。しかし，8時間以内に見つかる確率は90％です」

その時点で私は言った。「私は少数派のほうに入っているのだから，あなたたちの言う確率はまったく意味がないですね。車が見つかったら，連絡してください」

その日の夕方，テレビで自動車会社のコマーシャルが流れた。「この車をあなたのドライブウェイにいかがですか」

「ええ，ほしいですね。きのうは1台あったのですが」と私は答えた。

時間がたつにつれ，ティナは車内に置いてあったもの——結婚式のアルバム，たくさんの家族代々の写真，私たちの服やカメラ，私の銀行のカード，自分の財布など——を思い出すたびに，その（なくなった）ものへの心配は増すばかりだった。これらは，単に生き残るためにはほとんど重要ではないが，その時点では，いずれもとても大切なものに思えた。

ティナはとても心配していたので，ちょっと怒った顔をして言った。「私たちの大切なものや新車がなくなっているというのに，あなたはなんでそんな冗談を言えるの？」

私は妻を見て言った。「ぼくたちは車を盗まれて，とても不幸せな気持ちになることもできるが，でも同じように車を盗まれて幸せなきもちになることもできる。どちらにしろ，車は盗まれているに変わりはない。人の考え方や感じ方はその人の選択だと思うよ。だから，こんな今だからこそ，楽しい気持ちでいるほうをぼくは選ぶよ」

5日後，私たちの車は戻ってきた。大切なものは何も残っていなかったし，車をなおすのに3,000ドルよりもっとかかるほどの損傷があった。私は車を修理のためにディーラーにもっていき，それが1週間以内に戻ってくると聞いて安心した。

その週の終わりに，私はレンタカーを返して，（修理が終わったばかりの）自分の車を受け取った。うれしく，自分の車が戻ってきてほっとした気分だった。不運なことに，この気持ちは長くは続かなかった。家に帰る途中，高速道路の出口で，ほかの車に衝突してしまったのだ。相手の車は傷まなかったが，私の車は傷んだ。またも3,000ドルの損害だった。私はなんとか車を運転して，家のドライブウェイにたどりついたが，車から出て，損傷の具合を見ると，左前のタイヤはぺしゃんこだった。

事故を起こしたことで自分を責めながら，ドライブウェイで車を見ていると，ティナが帰ってきた。近づいて，車を見て，そして私を見た。私が自分のことを責めているとわかると，ティナは私の腰に手をまわして言った。「ねえ，私たちの車は壊れていて，不幸せな気分になることもできるわ。でも，車は壊れているけれど，幸せな気持ちにもなれるわよね。どちらにしても，車は壊れているのだから，幸せな気持ちになるほうを選びましょうよ」

「その通りだね！」私は心から笑って，私たちは楽しい晩をいっしょに過ごすために家に戻った。

語句

*ll.*6-7 in a hurry 急いで　　*l.*19 with a laugh 笑って　　*l.*22 however しかしながら　　*ll.*24-25 just to be sure 念のために　　*l.*26 recovery rate 戻ってくる確率　　*l.*37 air on television テレビで放送される　　*l.*40 as the day went by その日の時が過ぎるつれて　　*l.*43 and so on ～など　　*l.*44 little（準否定語）ほとんど～ない　　*l.*44 yet（接続詞）しかし，それでもなお　　*l.*46 with a little angry look 少し怒った顔で　　*l.*50 either way いずれにせよ　　*l.*54 worth of ～ ～の価値がある　　*ll.*54-55 take ～ for repairs ～を修理に出す　　*l.*55 have ～ back to ... ～を…に戻す　　*l.*57 drop off 戻す　　*l.*59 unfortunately 不運にも　　*l.*59 on the way home 家へ帰る途中　　*l.*61 hurt 傷つける　　*l.*62 manage to ～ どうにか～する　　*l.*67 fault 責任

重要構文・表現

*l.*7　**after driving**（運転したあとで）⇒ 前置詞の後に動詞を続ける場合は動名詞にする。

〈前置詞＋動名詞（**-ing**）〉

after –ing（～したあとで）/ before –ing（～するまえに）
Thank you for –ing（～してくれてありがとう）
How about –ing?（～するのはどうですか）
on –ing（～するとすぐに）/ in –ing（～する際には）
look forward to –ing（～するのを楽しみにする）
be used to –ing（～するのに慣れている）
＊to の後だからといって不定詞とカン違いしないように！

入試で狙われる‼

He is looking forward to [see /(seeing)/ sees] you again.
（彼は君にまた会うのを楽しみにしているよ）

*ll.*23-24　we **called** the police and **filed** a report [that probably made
〈動詞①〉　　　　　　　〈動詞②〉　　　書類を提出した 〈関係代名詞〉 O を C させる
our high-tech tracking system start working]
私たちのハイテクの追跡システムを　稼動し始め

*ll.*40-41　**比較級 and 比較級**（だんだん～，ますます～）

（例）It is getting **colder and colder**.（だんだん寒くなってきています）
The IT business will be changing **more and more** *quickly*.
（IT 業界はますます急速に変化していくだろう）

*l.*40　**more and more worried**（ますます心配になっていった）

*l.*41　**more and more** of our things（私たちのもののますます多くのもの）

*ll.*51-52　**the way we think** / **the way we feel**（私たちの考え方 / 私たちの感じ方）
〈the way S＋V〉で「S が V する方法・しかた」の意味を表す。

21 サンタクロースの代役

問1　**lost**

問2　サンタクロース役を務めること。(15字)

問3　③ オ　　④ ウ　　⑤ ア

問4　**have a big Christmas smile**

問5　**I was <u>not</u> able to think of anything better.**　（下線部が不足の語）

問6　**to be good**

問7　⑨ オ　　⑩ イ　　⑪ カ

問8　エ

問9　イ

問10　イ

解説

問1　*ll.*9-10 の記述で，毎年サンタクロース役を務めているジョンソンさんが病気で寝込んでいることがわかるので，その内容から判断する。本文では現在完了の形で用いられているので，過去分詞 lost を答える。

問2　I know you'll do it. (あなたならそれをやるってわかってるわ) の it は，直前の the job (その役目＝サンタクロース役を務めること) を指す。

問3　③ 直後の文「そうしたら私は二度と子どもたちといっしょにいられない」を参考に考える。オ「子どもたちが私のことを笑う」が適当である。
　　④ *l.*32 で校長先生が「心配しないで，別の先生に代わってもらうように頼むから」と言っていることから判断する。ウ「でも，私のクラスはどうするんですか」が適当である。
　　⑤ 直後 *l.*34 で校長先生が「かっこう悪いサンタクロースでもいないよりはまし」と言っているので，ア「でも，私ではかっこう悪いサンタクロースになってしまう」が適当である。

問4　直前の校長先生の言葉 Let's have a big Christmas smile! (さあ，元気よくクリスマスの笑顔をして) を受けて，筆者は「少し難しい」と思った。難しいと感じたのは「元気よくクリスマスの笑顔をすること」である。

問5　選択肢の語句の組み合わせとして，was able to と think of が考えられる。また，-thing がつく代名詞を修飾する形容詞 (ここでは better) は後ろに置かれることにも注意！

問6　*l.*47「みんなちゃんといい子にしていたかい？」と聞くサンタクロースに対して，女の子が *l.*49「ジョンは違うわ」と言う。その後の先生の言葉 he's trying の後には to be good を補って考えるとよい。

問7　⑨ how ～ the symbol of Santa is (サンタクロースの象徴がどれほど～であるか) という文脈から，オ strong (強い) が適当。
　　⑩ make the classroom ～ (クラスを～させる) という文脈から，イ excited (興奮して) が適当。
　　⑪ 同じ文の前半「15 クラスをまわった後で校長室に戻った」という文脈から，カ tired (疲

れた) が適当。

ほかの選択肢は，ア brave (勇敢な)，ウ funny (おもしろい)，エ sorry (気の毒な；申し訳ない)。

問8 筆者が代役を務めたことによってクリスマスが無事成功した，という話の流れから判断する。
ア changed (変えた)，イ held (開催した)，ウ helped (手伝った)，エ saved (救った)。

問9 ⑬の子どもの言葉から，筆者は *l.*73「子どもたちはサンタクロースが私だと知っていた」と知る。子どもの言葉として，イ You were great. (先生，じょうずだったよ) が適当。ア「彼を見た？」，ウ「サンタクロースはいらなかった」，エ「ジョンソンさんが好きだった」は，話の流れに合わない。

問10 ア「ジョンはとても悪い子だったので，キャンディをもらえなかった」は，*l.*52「みんなの分，キャンディがあるぞ」と合わない。イ「校長先生は私がサンタクロースの役をうまくやったと思った」は，*ll.*63-65 から判断して適当である。ウ「私は，サンタクロースの服がサンタクロースをつくるのではないと信じている」つまり「サンタクロースの服を着ればだれでもサンタクロースになれるというわけではない」ということだが，筆者はサンタクロースの服を着ることによって自分もサンタクロースになれるという経験をしたので，不適当。エ「年長の子どもたちは私が教室を訪れても驚かなかった」という記述は本文にはない。

全訳

人ごみの通りでクリスマスソングを耳にし始めるころになると，何年も前のあるクリスマスのことを私はいつも思い出す。当時は若い教師だった。学校はその特別な日の準備でにぎやかに活気づいていた。(準備) することもたくさんあった。教室を飾りつけし，クリスマスソングの練習をして，地域のお年寄りの養護施設へ行って歌を歌ったり，もちろん子どもたちのお父さん，お母さんたちにクリスマスプレゼントを作ったりする計画を立てなければならなかった。

クリスマス休暇が始まる直前のある日，校長室に呼ばれた。校長先生は何か悩んでいるようだった。「サンタクロースがいなくなってしまったの」と校長先生は言った。「いつもならジョンソンさんがサンタクロースをやってくれるんだけど，寝込んでるの。ひどいかぜをひいたみたい」

学校の警備員のジョンソンさんが病気で寝込んでいるとは私には想像できなかった。ジョンソンさんは赤いほおをしたとても大柄で人なつこい人だった。いちばんのサンタクロースだとみんなが思っていた。

校長先生は私に代わりをやってくれと頼んだ。なぜなら，ジョンソンさんを除いて，私が唯一の男性だったからだ。

「私がやってもいいんだけれど，女のサンタクロースではだれも喜ばないから」と校長先生は私に言った。「あなたならやってくれるわ。子どもたちの喜ぶ顔を見たいでしょう」

その計画は私にはむちゃくちゃに思えた。まず，当時の私はすごくやせていて，子どものサイズの洋服を買わなければならないほどだった。次に，私は大きな声を出さなければならないときは出せたが，昔からの (サンタクロースの)「ホッ，ホッ，ホッ！」という声を出せるとは思わなかった。その声は本物のサンタクロースにとってとても重要なのだ。

「でも，子どもたちは私のことを笑うでしょう。そうしたら，もう私は子どもたちといっしょにいられません」と私は言った。

「心配しないで」と校長先生は言った。「あなたはすてきなサンタクロースになるわ。何でもないことよ。おもちゃの入った袋をもって教室を1つずつただまわるだけでいいの。子どもたちを見たら，にっこり笑ってキャンディを配って，教室を出て次の教室へ行くの。私がベルをもつから」

「でも，…」私は校長先生を止めようとしたが，できなかった。私はすでに校長室にいて，その机の上にはサンタクロースの服が置かれていた。

「さあ，早くこれに着替えて」と校長先生は言った。

「でも，私のクラスはどうするんですか」私は最

後の抵抗をした。

「心配しないで。別の先生に代わってもらうよう頼むから」

「でも，私ではかっこう悪いサンタクロースになってしまう」

「ええ，たとえかっこう悪くてもサンタがいないよりはずっとましよ」校長先生はそう答えて，部屋を出ていった。私は着替えなければならなかった。

数分して校長先生が戻ってきた。私のサンタクロースの服の中に枕を入れて，お腹を大きくした。私の頭に帽子をかぶせ，顔にあごひげをつけた。私のほおを赤く塗り，こう言った。「完璧ね！　本当のサンタクロースみたい！」

「さあ，行きましょう」校長先生は言った。「さあ，元気よくクリスマススマイルをして！」私は少し難しいなと思った。少し照れて笑うだけだった。

私は校長先生の後について，廊下に出た。校長先生はベルを鳴らしていた。「最初は1年生の教室に行きましょう」と言うと，1番教室へ向かって歩いていった。

子どもたちは喜んで騒ぎ声をあげた。私のほうに向かってきて，まわりを取り囲んだ。

「ホッ，ホッ，ホッ！」としか言えなかった。ほかに気のきいたことは何も思いつかなかった。「みんないい子にしてたかな」

「はーい！」子どもたちは大声で叫んだ。

「ジョンはいい子じゃなかったわ」女の子のひとりがまるでジョンの母親のように言った。「いい子にしてなかったわよね」

「ええっと」先生はちょっと言いよどんで，それから続けた。「でもかんばってるわ」

「みんなにキャンディがあるぞ」と私は言った。子どもたちはみんな飛び上がって，喜んで叫んだ。私に抱きついてきた子どもたちもいた。「こんなに喜んでいる（子どもたちの）顔を見たことがない」と

私は思った。そのとき私のあごひげは取れて，大きなお腹（中の枕）も足のほうに落ちてきた。しかし，子どもたちはまったく気にしなかった。私はサンタクロースで，それがどの学年の子どもたちにとっても唯一の大事なことだったのだ。

私は最初緊張していたが，すぐにやさしいおじいさんのようにふるまい始めた。

私はそのときはじめてサンタクロースの象徴がいかに強烈なものなのかがわかった。「ホッ，ホッ，ホッ！」という声ひとつでサンタクロースは教室中を興奮させ，学校をおとぎの国に変えてしまうのだ。

15クラスをまわり終えて，校長室に戻ったとき，私はひどく疲れていた。サンタクロースの衣装を脱いだ。校長先生とほかの先生方が私のところにやってきて，「おめでとう！　よくやってくれました！あなたのおかげで（ことしの）クリスマスが救われました」と言ってくれた。

私は，その日の夕方，学校の駐車場へ向かった。車はほんの数台しかなかった。車のドアを開けようとしていたとき，駐車場に1人の子どもを見つけた。キャンディをなめながら私のほうに歩いてきた。

「サンタクロースはどうだった？」私はその子にたずねた。

「ああ」とその子は答えた。「先生，じょうずだったよ」

私は言葉にならなかった。

子どもたちはサンタクロースが私だったことを知っていたのだ。しかし，そんなことは気にしなかった。子どもたちは本当のサンタクロースを必要としていたわけではないのだ。子どもたちにとっては，それがどんな象徴でもよかったのだ。たとえとても変わったサンタクロースであっても。

クリスマスの季節になって，にぎやかな通りや，きれいに飾りつけられた店を見ると，私はときどきあの特別な日のすてきな体験を思い出すのだ。

語句

l.1 crowded 混雑した　l.2 at that time その当時　l.3 alive 生き生きとして　l.3 with activity 活気に満ちて　l.5 local 地域の　l.11 imagine 想像する　l.11 guard 警備員　l.19 sound ～ように思われる　l.22 traditional 伝統的な　l.23 not ～ any more もう（これ以上）～ない　l.28 try to 原形 ～しようとする　l.30 get into ～ ～を着る　l.31 make an effort 努力する　l.32 cover ～を埋め合わせる　l.37 stomach 腹　l.42 follow ～についていく

*l.*44 for joy 喜んで　　*l.*54 come off 外れる　　　*l.*55 care about ～ ～を気にする，～を心配する
*l.*62 return to ～ ～に戻る　　*l.*70 How do you like ～? ～はどうですか　　*l.*74 rather かなり
*l.*77 experience 経験

<hr>

重要構文・表現

*ll.*11-12　Mr. Johnson, the school guard , was sick in bed.
（ジョンソン氏）（学校の警備員）＝同格

カンマ(,)ではさまれた部分は挿入語句。① 前の語句との同格関係や，② 文全体の補足説明に使われる。ここでは①の用法。

【挿入句・挿入節の例】
John Manjiro, **at the age of 14,** was brought to the US by American sailors.
（ジョン万次郎は，14歳のときに，アメリカ人の船乗りによって合衆国に連れて行かれた）
That lady, **as a matter of fact,** had nothing to do with the accident.
（その女性は，実際のところ，その事故に何の関係もなかった）
That young man, **I think,** is honest. （その若者は，私が思うに，正直だ）
They will use military force, **if necessary,** against the government.
（政府に対して，必要であれば，彼らは武力を行使するだろう）

*l.*47　**you all** （あなたたちみんな）= all of you
代名詞(複数)に all をつける形は上記のように2通りある。
we all = all of us（私たちすべて），they all = all of them（彼らすべて）

22 ふしぎな石

問1　ア **named**　イ **hidden**　ウ **leave**　エ **continue**　オ **flows**　カ **drop**
問2　[A] **scientists call the rock magnetite after Magnes**
　　[B] **are strong enough to attract other magnetic objects**
　　[C] **gets recycled and made into new**
問3　あ **other**　い **same**　う **weaker**　え **another**　お **no**
問4　① その答えは磁石の内部を形づくっているごく小さい部分にある。
　　② 鉄くぎが磁石の近くにあると，くぎの中の磁区は磁石の極に合うように向きを変える。
問5　(1) **T**　(2) **F**　(3) **F**　(4) **F**　(5) **T**　(6) **F**

解説

問1　ア a shepherd **named** Magnes （マグネスという名前の羊飼い）受身なので過去分詞にする。
　　イ 直前の文「磁石の中には見ることができないものさえある」→「多くは隠されているの

　　だ」　受身なので，hide の過去分詞を用いる。
　ウ「くぎを磁石のそばに十分長く置いておくと」
　エ「そのくぎは磁石であり続ける」continue to 原形（〜し続ける）
　オ「電気が金属線に流れると」　3人称・単数・現在の s を忘れないように！
　カ「電磁石の電気を切ると，自動車は地面に落ちる」

問2　[A] call があるので，call O C（O を C と呼ぶ）の形で考える。after は「〜にちなんで」の意
　　　味。「（今日）科学者はその石を Magnes にちなんで magnetite と呼んでいる」
　　[B]〈形容詞 enough to 原形〉の形で考える。→ strong enough to attract
　　　　「鉄くぎの磁区は磁性のある物質をひきつけるのに十分なほど強くなる」
　　[C]〈get 補語（=形容詞・過去分詞）〉（〜なる）の形から考えよう。
　　　　「それはリサイクルされて新しいものに変えられる」

問3　あ　直前の文の One pole（一方の極）に対応して The other pole（もう一方の極）
　　い「（　い　）である極は互いをしりぞけ合う」という記述から，「同じ」極となる。
　　　　same は the を伴う。
　　う「その物体を磁石から離すと，その物体に対する磁力は弱まるのである」
　　　　直前の gets stronger もヒントになる。
　　え　直前 one way に対応して，another（way）（別の方向）
　　お　no longer 〜（もはや〜ではない）

問4　① The answer is in the small parts（that make up the inside of the magnet）.
　　　　　　　　　　　　　　　　　　〜の中にある　　　〜を形成する　　　　〈関係代名詞〉
　　② the domains（in the nail）get turned around〈to match the magnet's poles〉.
　　　　　主語　　　　　　　　　動詞　補語　　　不定詞「〜するために」

問5　(1)「私たちは磁力も磁場も見ることができない」⇒ *l.*9「磁力は見えない力である」，*l.*35「磁
　　　場は見えない」とあるから一致。neither *A* nor *B*（*A* も *B* もどちらも〜ではない）
　　(2)「鉄やコバルトは自然磁石だが，アルミニウムや銅は人口の磁石である」⇒ *ll.*22-23「鉄や
　　　コバルトなどがアルミニウムや銅と混ぜられて磁石を形づくる」より，アルミニウムや銅
　　　そのものが人口の磁石ではないことがわかる。
　　(3)「棒磁石を2つに割ると，それぞれが1つだけの極をもつ」⇒ *ll.*46-47 に「棒磁石を2つ
　　　に割ると，それぞれ N 極と S 極をもつ」と述べられているので一致しない。
　　(4)「ふつうの鉄くぎはつねに強い N 極と S 極をもっている。磁区でつくられているからであ
　　　る」⇒ *ll.*58-59「鉄くぎは強い N 極や S 極をもたない」ので，一致しない。
　　(5)「永久磁石でも磁力を失うことがある」⇒ *ll.*73-74「磁石をハンマーで数回たたくと，磁
　　　力を失いはじめる」ので，一致する。
　　(6)「永久磁石は重い車を持ち上げたり動かすのに使われる」⇒ 最終段落の内容と一致しない。

全訳

　2千年以上前，トルコで，マグネスという名の羊
飼いが家の近くの山を歩いていた。突然，マグネス
のサンダルについている金属がその山の岩にくっつ
いた。魔法だろうか。いや，それは磁力だった！
マグネスはその岩をもって町に走って帰った。その
岩のことを研究するためにいろいろな場所から人々
がやってきた。今日では，科学者はその岩をマグネ

スの名にちなんでマグネタイト（磁鉄鉱）と呼んでい
る。磁鉄鉱はたくさんの鉄を含んでいるということ
が科学者たちに知られている。鉄はとても磁性が強
い種類の金属なのである。そんなわけで，その岩は
磁石のように働き，マグネスのサンダルを引きつけ
たのである。

　磁力は目に見えない力である。このような磁気力

をもつ金属にはいくつかのタイプがある。磁気力をもつ物質は磁石と呼ばれる。今日，磁石はどこにでもある。おそらく見ることができないものさえあるだろう。多くの磁石は隠されているのである。しかし，磁石は目に見えなくても人々のために働いているのだ。ふつうに毎日使われている磁石として，冷蔵庫の磁石と方位磁石があげられる。

磁石は何ができるのだろうか。磁石は，ある特定の種類の金属でできた物体を吸引，つまり引きつけることができる。また，磁石はほかの磁石と反発，つまり遠ざけたりすることもできる。特定の種類の物質のみが磁石に引きつけられるのである。それらは鉄やコバルト，ニッケルである。磁石に引きつけられる物質は，「磁性がある」と言われる。

磁石には自然につくられるものがある。鉄やコバルト，磁鉄鉱のような磁性を帯びた石は自然の磁石である。人がつくる磁石もある。鉄やコバルトなどの磁性材料がアルミニウムや銅などのほかの金属と混ぜ合わされるとき，磁石ができる。それから，磁石の形につくられるのである。

どの磁石にも2つの極がある。極とは，磁力が最も強い場所である。磁石の一方の極をN極と呼び，もう一方をS極と呼ぶ。同じ極は互いを遠ざけ，反発し合う。ある磁石のN極は別の磁石のN極と反発し合うということである。反対の極の場合は互いを引っ張り，引きつけ合う。ある磁石のN極は別の磁石のS極を引きつけるのである。

どの磁石も磁界をもっている。磁界とは，磁力が働く磁石の回りの領域である。磁界はそれぞれの極から始まり，磁石のまわりを取り囲んでいる。磁界は目に見えない力である。磁界は目に見えないが，その力がどのように働いているかは見ることができる。ある物体を磁石に近づければ，その物体への磁力は強くなっていく。物体を磁石から離すと，その物体に対する磁力は弱まるのである。

磁性をもっている物質と磁性をもっていない物質があるのはなぜなのだろうか。その答えは，磁石の内部を形づくっているごく小さい部分にある。棒磁石はごく小さい棒磁石がたくさん集まってつくられている。これらの小さな部分は磁区と呼ばれる。磁区は鉄やコバルト，ニッケルなどのごく少数の特別な種類の金属にのみ存在する。アルミニウムや銅な

どのほかの金属には磁区がない。

ちょうど磁石それ自体のように，ごく小さな磁区にはそれぞれN極とS極がある。棒磁石を半分に割ると，その半分になったものがそれぞれN極とS極をもつことがわかる。それを再び半分に割ると，それぞれの部分がまたN極とS極をもつのである。すべての磁区がまさに2つの極をもっているからなのである。

棒磁石の中では，磁区は整然と並んでいて，すべてのN極がある方向，すべてのS極が反対の方向に向いている。すべてのN極が同じ方向になっていると，個々の力が合わさって，その金属は強い磁力をもつのである。

鉄などの金属が磁区をもっているのなら，ふつうの鉄くぎは磁石なのだろうか。そうである可能性もある。鉄くぎもまた磁区でできているのだ。しかし，鉄くぎの磁区はきちんと並んでいない。あるN極は一方を向き，あるN極は別の方向を向いていたりするのである。磁区の極が並んでいないので，その力が集合しないのである。鉄くぎは強いN極もS極ももっていない。

ふつうの鉄くぎでも簡単に磁石にすることができる。磁区を並べなおすだけでよいのである。以下がその方法である。鉄くぎが磁石の近くにあると，くぎの中の磁区は磁石の極に合うように向きを変える。そのくぎを磁石から離すと，磁区は元の方向に戻ってしまう。鉄くぎを磁石のそばに十分長い時間置いておけば，磁区は磁石の極の方向と同じ方向に留まる。鉄くぎの極は磁性のある物質を引きつけるのに十分なほど強くなるのだ。鉄くぎがいまや磁石になったということである。

どのようにそれは働くのだろうか。磁石の一方の極で何度も何度も鉄くぎをなでることによって，くぎの中の磁区を同方向に向けることができるのである。ゆっくりと，すべての磁区のN極が同一方向に向き，すべての磁区が整然と並ぶのだ。くぎの中のすべての磁区が並んでいるので，そのくぎは磁石であり続けるわけである。科学者はこれを永久磁石と呼ぶ。しかし，この磁石をハンマーで数回たたくと，磁力を失い始める。これは，ハンマーによる物理的な力がきわめて小さい磁区をばらばらにし，それらをさまざまな方向に動かすからである。磁区が

もはや整然と並んでいなければ，金属は磁石でなくなるのである。

　非永久磁石の例が電磁石である。電磁石は短い時間だけ磁気を帯びる。電気が金属線を流れると，その金属線のまわりに磁場が発生する。電気が強くなればなるほど，磁場も強力になるのである。金属線が巻きつけられると，何度も電気がまわりをまわることになる。大量の電気が存在するので，強力な磁場が発生する。コイルが磁石になっているのである。電気が止められると，磁場も消失してしまい，コイルはもはや磁石ではなくなってしまう。

　磁力の切り替えが可能な磁石が便利な装置になる使いみちを何か思いつくだろうか。自動車が古くなったり壊れたりすると，最後には廃棄物処理場行きになる。自動車の鉄は取り外され，リサイクルされて，新しいものに変えられる。しかし，大きくて重い自動車がどのようにして持ち上げられて移動させられるのだろうか。自動車の鉄は磁石に引き寄せられるのである。強力な電磁石を使って自動車を持ち上げるのだ。電磁石の電気を切ると，自動車は地面に落ちることになる。

語句

*l.*1 more than 〜 〜より多い　　*l.*5 all around いたるところに　　*l.*6 iron 鉄　　*l.*7 metal 金属　　*l.*7 act 行動する，作用する　　*l.*9 force 力　　*l.*10 material 原料，材料　　*l.*13 common 普通の，一般の　　*l.*17 certain ある〜　　*l.*20 naturally 自然に　　*l.*34 wrap 包む　　*l.*41 be made up of 〜 〜から成り立っている　　*l.*46 in half 半分に　　*l.*49 exactly 正確に，まさに　　*l.*75 break up 〜 〜を壊してばらばらにする　　*ll.*76-77 not 〜 any longer もはや〜ない　　*l.*87 turn off 〜 〜の電源を切る　　*l.*88 end up 結局〜で終わる　　*l.*89 remove 取り外す

重要構文・表現

*ll.*7-8　**That is why 〜.**（そういうわけで〜）⇒ 前述の内容が原因・理由となる。

Iron is a very magnetic kind of metal. **That is why** the rock acted as a magnet
鉄はとても磁性が強い種類の金属である〈原因〉　　　　　そういうわけで　　　　　　　　岩が磁石として働き
and attracted Magnes's sandal.
マグネスのサンダルをひきつけた

〈比較〉*ll.*47-49　**That is because 〜.**（それは〜だからである）

⇒ because 以下で原因・理由が述べられる。

If you break it in half again, each new piece will still have a north pole and
それ（磁石）を再び半分に折ったら，新しいかけらがそれぞれN極とS極をもつのである。
a south pole. **That's because** every magnetic domain has exactly two poles.
それは〜だからである　　すべての磁区が正確に2つの極をもつ

*ll.*20-22, *l.*39　**some 〜, others ...**（〜もあれば，…もある）

Some magnets are made naturally. 〜 中略 〜 **Other** magnets are human-made.
Why are **some** materials magnetic and **others** nonmagnetic?

*ll.*20-21　**such as 〜**（〈たとえば〉〜などのような）⇒ 例示するときに用いる。

magnetic rock〔**such as** magnetite〕（磁鉄鉱などの磁性をもつ岩）

*l.*24　**form A into B**（A〈材料〉を B〈物〉にする）⇒ ここでは受動態で用いられている。

Then the magnet is formed into a shape.
　　　A　　　　　　 AはBに形作られる　　B
*ll.*32-33　The magnetic field is the area〔 around the magnet 〕〔 **where** there is
磁界とは〜の範囲である　　　　　　　磁石のまわりの　　〈関係副詞〉
a magnetic force〕.
磁力がある

*ll.*60-61　**All you have to do is 〜.**（〜しさえすればよい）

直訳は「あなたのしなければならないすべてのことは〜することである」つまり「やるべきことは〜だけ」⇒「〜さえすればよい」の意味。＝You have only to 〜 / You only have to 〜

*ll.*91-92　〈命令文〜，**and....**〉（〜すれば，…）

Turn off the electromagnet, and....（電磁石を切れば，…）

〈比較〉〈命令文〜，**or....**〉（〜しないと，…）

（例）**Hurry up, or** you will miss the train.（急がないと，電車に遅れるよ）

23 黒い帽子を追え

> 問1　イ
> 問2　エ
> 問3　ウ
> 問4　彼がそのお金を小額の紙幣に両替すれば，それが盗まれたものだとだれにも証明できない。
> 問5　ア
> 問6　**the holes from the pin**
> 問7　イ，オ，ク

解説

問1　ア「彼はポケットの中にお金が入っていることを確認し，そのお金をより安全にした」
　　イ「彼はグリーン氏と話す必要がなくなった」
　　ウ「彼は外を眺めることを楽しむことができた」
　　エ「彼は他のことを何も考えずに眠ることができた」
　　「喜んだ」のは，洗面所から自分の客室に帰ってきてグリーン氏が眠っているのを見た瞬間のこと。そこでエミルは「これでグリーン氏と話をしなくてもいい」と思ったのである。

問2　ア「彼は痛みを感じそれをがまんできなかった」
　　イ「彼は指についている血を見た」
　　ウ「彼は都会に行くのにもっとお金がほしかった」
　　エ「彼は自分の母親が一生懸命働いているのを思い出した」
　　*ll.*23-24 His mother worked so hard, and 〜 or for his visit to the city. から，盗まれたお金はエミルの母親が一生懸命働いて稼いだお金だとわかる。

問3　ア「私はいまどろぼうを追いかけるべきだ。なぜなら，警察には何も話すことができないからだ」
　　イ「私はグリーン氏にすぐに止まるように頼むべきだ。なぜなら，彼の後についていくことはけっしてできないからだ」
　　ウ「いますぐ彼の後を追いかけなければ，私はそのどろぼうをけっして捕まえることができないだろう」
　　エ「いまグリーン氏のあとについてゆかないのであれば，私はけっしてその門を通ることが

できない」

③は「いま捕まえないと，もう捕まえられない」の意味。直後の2文から，エミルが必死になってどろぼうを捕まえようとしているようすがうかがえる。

問4 ④は「この 70 ポンドを両替してくれませんか」の意味。どろぼうのねらい（両替の理由）は少年たちに悟られていた。*ll.*61-62 ジョージの言葉 If he changes the money into smaller notes, nobody can show it was stolen. がズバリ解答になる。

問5 ア「その少年たちの話は真実ではない。だからこの話を続けるのは時間の無駄だ」
イ「私の話は本当のことだ。だから，その少年はすぐに警察署に連れて行かれるべきだ」
ウ「その少年は間違っていない。だから，あなたは質問をするのをやめるべきだ」
エ「私の話は本当だ。だから，その少年はその紙幣に何も印を付ける必要がないのだ」
⑤は「それじゃ，この件はこれでおしまいだな」の意味。銀行支配人に「紙幣に名前を書いていたり，紙幣の番号を控えていたり，何か印を付けたかどうか」と聞かれ，どれもしていないことをエミルが認めたときのグリーン氏の言葉。「これ以上話してもむだ」という意味で，ア が正解。

問6 「紙幣には印がある！」⇒ その印とは，列車の中でお金を盗まれないように，胸ポケットの布地といっしょにピンで突きとおしたときにできた穴だ。*ll.*89-90 So I put a pin through ～ with the money in it. が参考になる。

問7 ア「トイレの中で，エミルは小さい袋から紙幣を取り出し，ピンでその紙幣をつき通した」
*ll.*7-8「彼はそのピンを取り出して，袋と（その中の）紙幣と上着の内ポケットの布地をつき通した」という記述と一致しない。
イ「エミルは自分が客車の床で目覚めたすぐ後に，自分のお金がポケットの中にないのに気づいた」
*ll.*17-19 He got up from the floor.（彼は床から起き上がった）～ The money wasn't there.（お金はそこ〈胸ポケットの中〉になかった）に一致する。
ウ「駅で，エミルは鉄道警備員にすべて話した。しかし，それを警察に話すことはできなかった」
*ll.*27-28 But then I'll have problems with the police（でも，それでは警察沙汰になってしまう）の前後から，結局鉄道警備員を呼ぶことはなかったので，一致しない。
エ「グリーン氏は，エミルが寝ている間に，そのお金を盗んで列車を乗り換えた」
change trains（列車を乗り換える）
*ll.*37-38 He was passing through the gate in a great hurry. から，グリーン氏が大急ぎで改札口を通り抜けようとしていたのをエミルは目撃しているので，一致しない。
オ「エミルは銀行の外で待っていた。なぜなら，ジョージが彼にそうするように言ったからである」
*ll.*46-47 George stopped the boys at the door and said, "Paul and I will go inside. Emil can stay here. ～" の内容に一致する。
カ「盗まれたお金について聞くとすぐに，銀行員は支配人の部屋に走って行った」
本文中にこのような記述はない。
キ「グリーン氏が自分をばかな子どもと呼んだときに，ポールは警笛を吹いた」
*l.*63 "You silly boy!" shouted Mr. Green.（「何をばかなことを言ってるんだ！」とグリーン氏は叫んだ）とあるが，それは直前のジョージの発言に対して発せられたもの。したがって，一致しない。

ク「グリーン氏とエミルの両者の言い分を聞いてから，この問題を判定すべきと銀行の支配人は考えた」

ll.71-72 I must keep this money for now.（今のところは私がこのお金を預かっておいたほうがよさそうですね）から，両者の言い分を聞いて判断しようという気持ちがうかがえる。

ケ「エミルが机の上にピンを置いた後でさえ，どろぼうは銀行から逃げ去ろうとしなかった」

l.97 The thief turned and pushed through the boys.（どろぼうは振り返って少年たちを押しのけて逃げようとした）と一致しない。

全訳

そこにはエミルと黒い帽子の男の二人だけだった。エミルはばか話をする奇妙な男といっしょにいたくなかった。エミルは再びそのお金の感触を確かめたいと思った。しかし，その男の前ではしたくなかった。エミルは客車の最後部にあるトイレに向かった。彼はポケットから小さい袋を取り出し，お金を数えた。それはたしかにそこにあった。しかしどうすればもっと安全にできるだろう。そのとき，彼は思い出した。彼の上着の中にはピンがあった。彼はそのピンを取り出して，袋と（その中の）紙幣と上着の内ポケットの布地をつき通した。こうしていればもうお金は安全だ。

エミルは席に戻った。グリーン氏は眠っていた。エミルはうれしく思った。彼は窓の外を見た。木々や野原の家々を見て楽しんだ。

数分後，彼は席から落ちかかった。「危うく眠ってしまうところだった。眠ってはいけない」心の中でそう思った。しかし彼はほんとうに疲れていた。

エミルが目覚めたとき，彼は客車の床に横になっていた。列車は走っていた。ゆっくりとエミルは思い出し始めた。もちろん彼は都会に向かっているところだった。眠っていたのか，黒い帽子の男のように。しかし，男はそこにはいなかった。客車にはエミルがいるだけだった。彼は床から起き上がった。そのとき彼は自分の内ポケットの中を探った。

そこにお金はなかった。

エミルは痛みを感じてポケットから手を引いた。指にピンのせいで血が付いていたが，小さい袋はそこにはなかった。エミルは泣き始めた。もちろん，彼は出血のせいで泣いていたわけではない。お金のことで泣いていたのだ。彼の母親が一生懸命働いて稼いだのに，彼の祖母のための，また彼が都会に行くためのそのお金はいまやそこにはなかった。

「自分の不注意だ。どろぼうがぼくのお金を盗んだんだ。次の駅で鉄道警備員を呼んで，全部話さないといけない。鉄道会社は警察に伝えてくれるだろう。しかし，それでは警察沙汰になってしまう」彼は思った。彼は駅の広場の真ん中にある像のことを思い出した。ある日エミルはその像によじ登って，その鼻を赤く塗ったのだ。突然，警察官が広場に入ってきた。エミルは逃げ出したが，その警察官に顔を見られたと思っていた。

いや，彼は警察に話すことはできなかった。

列車は停まった。ドアが開いた。人々は客車から降りた。突然，彼はその人混みの中に黒い帽子を見つけた。それがどろぼうなのか。ひょっとすると彼はお金を盗んだあと，別の車両に移っていたのかもしれない。

エミルはすぐに列車を降りた。黒い帽子はどこだ？ 彼はできるだけ速く走った。いた！ グリーン氏だ，どろぼうだ。彼は大急ぎで門を通り抜けようとしていた。

「捕まえてやる」エミルは怒ってそう思った。

彼は切符を鉄道員に渡すと黒い帽子を追いかけて走った。

「いま捕まえないとダメだ」彼は思った。

エミルはどろぼうの後を追った。彼はなんとかしてそのどろぼうをつかまえようとした。しかし，捕まえることはできなかった。そのとき，彼はジョージとポールとほかの少年たちに出会った。彼らは親切にもエミルを助けることを申し出てくれた。彼らはいっしょにどろぼうの後を追いかけた。ついに，彼らはどろぼうが銀行に入って行くところを見つけた。

ジョージは少年たちをドアのところに止めて言った。「ポールとぼくが中に入る。エミルはここにい

ていい。ポールが警笛を吹いたら，エミルとみんな
は銀行の中に入ってきてくれ」

ジョージとポールは銀行の中に入っていった。グ
リーン氏は受付の前に立っていた。その受付の向こ
う側では銀行員が電話で話をしていた。

ジョージはどろぼうに近づき，ポールは彼の後に
立った。ポールは警笛をポケットに入れていて，い
つでも吹けるようにしていた。

銀行員は電話を終えると受付に戻ってきた。

「どういったご用件でしょうか」彼はグリーン氏
にたずねた。

「この70ポンドを両替してくれるかね。10ポンド
紙幣を5ポンド紙幣に。5ポンド紙幣を1ポンド紙
幣にしてほしいんだ」彼はポケットからお金を取り
出した。

「やめろ！」ジョージが叫んだ。「その金は盗ま
れたものだ」

「何ですって！」銀行員は驚いて言った。

「この男はそのお金をぼくの友だちから盗んだの
です」ジョージは言った。「この男がそのお金を小
額の紙幣に換えてしまったら，だれもそれが盗まれ
たものだということを証明できなくなってしまいま
す」

「何をばかなことを言ってるんだ！」グリーン氏
は叫んだ。

ポールは警笛を吹いた。

エミルと少年たちが銀行の中に走りこんできた。
彼らはグリーン氏を取り囲んだ。

銀行の支配人が部屋から出てきた。

「この騒ぎはどうしたっていうんですか」彼はた
ずねた。

エミルはどろぼうを指さした。「この男がぼくの
金を盗んだのです。彼はニュートンからの列車でぼ
くが眠っているときにお金を盗んだのです」

銀行の支配人はきまじめそうであった。「私はい
まのところこのお金をお預かりしておきましょう」
彼は言った。

彼は紙を1枚取り出し，彼らの名前と住所を書き
つけた。

「その男の人の名前はグリーンです」エミルは言
った。

そのどろぼうは大声で笑った。「私の名前はミ
ラーだ。グリーンではない」

「彼を信じてはいけません」エミルは叫んだ。
「それは私のお金だし，それを返してもらわないと
いけない。母がそのお金を祖母のところへ届けるよ
う私に頼んだのです」

「たぶん，それは本当のことでしょう」支配人は
言った。「しかし，あなたに質問があります。あな
たはそのお金が自分のものだと証明できるのですか。
紙幣の後ろにあなたの名前が記されているのですか。
あなたは紙幣の番号を控えたんですか」

「もちろん，そんなことはしていません」エミル
は言った。

「紙幣には何か印があるのですか」

「ないと思います」

「それじゃ，この件はこれでおしまいだな」どろ
ぼうは支配人に言った。「そのお金は私のものだ。
子どもからお金なんか盗んだりしない」

「ちょっと待って！」エミルは叫んだ。「今，思
い出した。紙幣には印があります。ぼくは，お金が
ポケットから出ないようにしようと考えていたので
す。それで，ポケットの生地と，中にお札が入って
いる袋をピンで貫き通していたのです。もしあなた
がその紙幣をじっくり見れば，ピンでできた穴が見
えるはずです」

支配人は紙幣を取り上げ，光にかざしてみた。だ
れもが黙ってじっと見ていた。どろぼうは後ずさり
していた。

「少年の言うとおりだ」支配人は言った。

「これがそのピンです」エミルは言った。彼は
そのピンをポケットから取り出し受付カウンターの上
に置いた。

どろぼうは振り返って少年たちを押しのけて逃げ
ようとした。

「彼をつかまえろ！」支配人は叫んだ。

語句

*l.*2 silly ばかな　*l.*3 feel 触る　*l.*4 washroom 手洗い　*l.*5 count 数える　*l.*6 safer より安全な　*l.*6 pin ピン，針　*l.*6 jacket 上着　*l.*7 push *A* through *B* *A* を *B* に突き通す　*l.*8 cloth 布　*l.*11 field 野原　*l.*12 nearly 危うく〜しそうになる　*l.*12 fall off 〜からずれ落ちる　*l.*14 lying lie（横たわる）の -ing 形　*l.*20 pain 痛み　*l.*20 pull 引く　*l.*21 blood 血　*l.*26 railway guard 鉄道警備員　*l.*27 company 会社　*l.*28 statue 像　*l.*28 center 中央　*l.*29 square 広場　*l.*29 climb up よじ登る　*ll.*37-38 pass through 〜 〜を通り抜ける　*l.*38 in a hurry 急いで　*l.*39 angrily 怒って　*l.*42 try every way to 原形 なんとかして〜しようとする　*l.*43 kindly 親切にも　*l.*44 offer to 原形 〜することを申し出る　*l.*45 enter 入る　*l.*45 bank 銀行　*l.*47 inside 中へ　*l.*47 blow 吹く　*l.*50 desk 受付　*l.*50 behind 〜の向こうに　*l.*50 assistant 助手　*l.*51 conversation 会話　*l.*52 get close to 〜 〜に近づく　*l.*53 be ready to 原形 〜する準備ができている　*l.*56 pound ポンド（イギリスの通貨）　*l.*59 be stolen 盗まれる　*l.*60 in surprise 驚いて　*l.*61 stole steal の過去形　*l.*62 change *A* into *B* *A* を *B* に換える　*l.*63 shout 叫ぶ　*l.*64 blew blow の過去形　*l.*69 point 指し示す　*l.*71 serious まじめな，深刻な　*ll.*71-72 for now 今のところ　*l.*74 address 住所　*l.*76 laugh 笑う　*l.*83 mark 印　*l.*88 be sure 〜を確信する；確実に〜する　*l.*90 closely 綿密に　*l.*90 hole 穴　*l.*92 against 〜に向かって，対抗して　*l.*93 in silence 黙って　*l.*97 push through 〜 〜を押しのけて通り抜ける

重要構文・表現
---

*ll.*7-8

He took out the pin and pushed it (＝the pin) through the bag, the paper money and the cloth [of his inside pocket].
（彼はそのピンを取り出して，それで袋と〈その中の〉紙幣と上着の内ポケットの布地をつき通した）

*ll.*44-45　知覚動詞 **O** –ing → *p. 12* 重要構文・表現 参照
Finally they **saw** the thief *entering* the bank.
（ついに，彼らはそのどろぼうが銀行に入っていくところを見た）

*l.*55　**What can I do for you?**（いらっしゃいませ）
店員が来店した客に言う決まり文句。直訳は「私はあなたに何をしましょうか」⇒「いらっしゃいませ」のこと。

*ll.*77-78　I must have it back.（私はそれを戻してもらわないといけない）
have back（〜を返してもらう）
語順に注意しよう。目的語が名詞の場合と代名詞の場合で語順が変わる。
have＋代名詞＋back ／ have back＋名詞
同じ用法の連語：pick up（〜を拾う；〜を車に乗せる）, throw away（〜を捨てる）, throw back（〜を投げ返す）, clear up（〜を解決する；片づける）, bring out（〜を世間に出す；生産する；出版する）, figure out（〜を理解する）など。

*l.*88　*be sure that* 〜（〜ということを確信する；〜であるよう気をつける）
I wanted to *be sure that* the money stayed in my pocket.
（お金がちゃんとポケットにあるようにしておきたかった）

24 少女たちが見たもの

問1　**It was said that some of these fairy folk lived**

問2　**the story**

問3　**real**

問4　妖精たちの髪型が最新流行のものに似ていたから。(23字)

問5　エルシーがある写真家のところで働いていたことがあるとわかると，さらに多くの疑問の声があがった。

問6　少女たちが成長し，子どもの前にしか現れないという妖精の写真を撮れなくなったから。(40字)

問7　ドイルが子どもじみたわなにひっかかってしまったと読者は思ったから。(33字)

問8　(d)

解説

問1　主語＋*be* said to ～ ⇔ It is said that＋主語 ～

問2　直前 the strangest story is that of ～（最も奇妙な話は，～のそれ〈＝話〉である）から判断する。

問3　直後の文以降 *ll.*30-33「妖精の姿が平面的で，厚紙から切り抜かれたように見え，さらに妖精の女性の外見がとても最近のものだった」という内容から，fake は「にせの」の意味であることがわかる。

問4　直後の文以降 *l.*33 から読み取るとよい。写真の中の妖精の髪型が妙に最新のものであったことが理由。

問5　*ll.*35-36 More questions were raised 《when it was learned (**that** Elsie
さらに多くの疑問が持ち上がった　　　　　　　　　　＝

had once worked with a photographer)》.
かつて働いていた　　　　写真家といっしょに

raise（～を話題に上げる）が受身になっている。it は that 以下を指す。

問6　*ll.*50-52 ドイルが理由を述べている部分の that 以下の内容と，その次の文の内容をまとめる。
　　　主語　　　　　　　　　　　　　　　　　動詞　補語
the **reason** [they could no longer get pictures] **was** (**that** they were growing up).
　　　　　　　　　　　もはや～ない

Fairies appear only to children.
現れる　　　　～に

問7　「それを読んだ多くの人たちが悲しそうに頭を振った」⇒ 理由は直後 *ll.*55-57 に述べられている。
　　　　　　　　　　　　主語　　　　　　　　　　　　　　　動詞
They thought (**that** the writer [of the great Holmes stories] had been taken in by a
childish trick).
子どもじみたトリック　　　　　　　　　　　　　　　　　だまされてしまった

問8　(d) は関係代名詞・目的格の that，(a)～(c)は「～ということ」の意味で，名詞節を導く that。

全訳

　ずっと昔から世界中の人々は地球を「小人（妖精）たち」と共有していると信じていた。

　これらの妖精たちの中には，洞穴や地下に住んでいると言われたものもいる。また，森や川に住んでいると言われたものもいる。実際，妖精たちは，「大きい」人たち（人間）が住まないあらゆる場所に住んでいた。

　小人（妖精）たちはほとんどあらゆる形をとって現れた。まったく小さくないものもいるし，人間の姿にほとんど似ていないものもいた。しかし，妖精すべてに共通点が2つあった。1つは恥ずかしがり屋であるということ，もう1つはふしぎな力をもっていたことだ。

　妖精を見たことがあると言う人がたくさんいる。しかし，おそらく最も奇妙な話は妖精の写真についての話だろう。

　エルシー・ライトとフランシス・グリフィスは，イングランドの小さな町に住んでいるいとこ同士だった。エルシーが16歳で，フランシスが10歳だった。その2人の少女は何年間も自分たちの家の近くの森で妖精を見ることについて語っていた。ふたりの親たちはその話を子どものほんの戯（たわむ）れだと考えて，子どもたちの言うことを信じていなかった。

　1917年の初めころ，エルシーは小さなカメラをもらった。ある日，いとこといっしょに妖精の写真を撮ろうと森に行った。写真が出来上がると，そこには奇妙なものが写っていた。小さな翼のある生き物が一方の少女のそばで踊っているように見えたのだ。

　少女たちの親はもちろん驚き，友人たちに写真を見せた。ついには，その話はアーサー・コナン・ドイル卿（きょう）の耳に入った。ドイルは（作家で）偉大なシャーロック・ホームズの探偵小説で有名だった。ドイルは霊やお化けについても熱心だった。「妖精の写真」の話を耳にすると，ぜひそれを見たいと思った。

　エドワード・ガードナーという男がその写真をもっていることをドイルは知った。ガードナーは，この世はさまざまな自然の霊で満ちあふれているということを信じているグループの一員だった。

　ドイルとガードナーは写真を専門家のところにもっていった。専門家の多くは写真がにせものだと考えた。妖精の姿がとても平面的であることを専門家たちは指摘した。厚紙から切り抜かれ（て作られ）た可能性があった。また，なぜ妖精がとても現代的なかっこうをしているのかと思った。妖精たちの髪型が最新流行の髪型に似ていたのだ。

　写真の妖精は最近の石けんの広告の切り抜きだと言う人たちもいた。エルシーがある写真家のところで働いていたことがあるとわかると，さらに多くの疑問の声があがった。

　こういう状況にもかかわらず，ドイルとガードナーは写真が本物であると固く信じ続けた。ガードナーは2人の少女とその家族に会った。彼らが正直な人たちであると確信し，トリックを使っていないと確信した。

　優れた写真家ならばにせの写真を作ることができたかもしれないとドイルは考えた。しかし，2人の少女もまたその家族のだれもそうすることはできなかった，とドイルは言った。写真についてよく知らなかったのである。

　ガードナーは少女たちにもっとよいカメラを与えた。その後2年間に，少女たちはさらに何枚かの妖精の写真を撮った。1920年には，少女たちは，映画撮影用のカメラを与えられた。しかし，その新しいカメラでは妖精たちをフィルムに収めることができなかった。

　少女たちが最初の写真でやったようなごまかしを動画フィルムで行うのは不可能だったからだと言う人たちもいた。彼女たちがもう写真を撮ることができないのは，彼女たちが成長したからだ，とドイルは言った。妖精は子どもたちにしか姿を見せないのである。

　アーサー卿（ドイル）は妖精の写真について小冊子を書いた。『妖精の出現』というタイトルだった。その本は1921年に出版された。これを読んだ多くの人々は悲しげに首を振った。偉大なホームズの作者が子どもじみたトリックにだまされてしまった，と彼らは考えたのである。しかし，読者の中には，写真が本物であると信じる人たちもいた。自分も若いころに妖精を見たことがある，と彼らは手紙でドイルに伝えた。しかし，もうほかに妖精の写真はなかった。また，エルシーとフランシスの写真が本物で

あると証明できる人もひとりもいなかった。偉大な　　　ないなぞが残ったのである。
シャーロック・ホームズでさえ解決することのでき

語句

*l.*1 hundreds and hundreds of ～ 多数の～　　*l.*2 share 共有する　　*l.*8 in common 共通した
*l.*19 winged creature 翼のある生き物　　*l.*23 ghost 幽霊　　*l.*26 learn 知る　　*l.*28 all sorts of ～
あらゆる種類の～　　*l.*29 expert 専門家　　*l.*30 point out that ～ ～ということを指摘する
*l.*31 figure 姿　　*l.*35 recent 最近の　　*l.*35 advertisement 広告　　*l.*37 despite ～にもかかわら
ず　　*l.*37 remain ～のままである　　*l.*37 firm 固い　　*l.*42 neither *A* nor *B* *A* も *B* もどちらも
～ない　　*l.*47 motion picture 映画　　*l.*54 come out 出版される

重要構文・表現

*ll.*3-4，*ll.*6-7　**Some ～. Others....** （～もいれば，…もいる）

*l.*7　**barely** （かろうじて～する，ほとんど～しない）〈準否定語〉

　「可能性がひじょうに小さい」という意味から「ほとんど～ない」という否定的な意味にな
る。

　(例) He could **barely** walk by himself.
　　　（彼はかろうじて自力で歩けた ⇒ 彼は自力ではほとんど歩けなかった）

　ほかに **hardly / scarcely** （ほとんど～しない），**seldom / rarely** （めったに～しない）など
がある。これらの副詞は，基本的に be 動詞・助動詞の後，一般動詞の前に置かれる。

*l.*32　They also wondered (**why** the fairy women were so modern-looking).
　　　（なぜその妖精が現代的な髪型をしているのかと彼らはまた思った）

　why 以下の節は wondered の目的語で，〈主語＋動詞〉が続く。

*ll.*41-42　a good photographer **might have been** able to fake the pictures
　　　（優れた写真家ならば，写真をねつ造できたかもしれない）

25 ロンドン大火

問1	2番目　ア　　6番目　イ
問2	**fire**
問3	イ
問4	(チャールズ王とその部下たちは)燃えるものをなくすために，市内のある地域から何軒かの家々を取り除くことを決定した。
問5	**had killed**
問6	(A) オ　(B) ケ　(C) エ　(D) ウ　(E) カ　(F) ア　(G) ク
問7	ウ
問8	ア，エ，ク

解説

問1　help the city get rid of disease (その都市が病気を一掃するのに役立つ) 〈help＋O＋原形〉で「O が～するのに役立つ」の意味。get rid of ～ (～を取り除く，～を追い払う)

問2　直前の文「しかし，実際はその病気はもっと強力なものによって最終的に滅ぼされたのである」という場合の「もっと強力なもの」とは何か。*ll*.50-51 It(＝The Great Fire of London) finally stopped the disease. とある。fire には「火」のほかに「火事」という意味もある。

問3　下線部③は強調構文の that。
　　ア It is said that ～ (～と言われている)
　　イ It is ～ that ... (…のは～である)の強調構文。「花びんを割ったのはトムです」
　　　強調構文は，It is[was]と that を省略しても文として成立する。
　　ウ 関係代名詞・目的格。「これは，私が探している本です」
　　エ It seems that ～ (～のようだ)「彼は不幸せであるようだ」

問4　clear *A* of *B* (*A* から *B* を取り除く)，so that ～ (～のように，～ために)〈目的〉

問5　A「1665 年に病気がひじょうに多くの人々の命を奪った」のは，B「1666 年のロンドン大火」よりも以前のことで，2 つの過去の出来事について，A が B より以前のことを表す場合，過去完了〈had＋過去分詞〉を用いる(大過去)。

問6　(A)「職人たちが王の朝食のためにパンを焼き始める時間だった」
　　　for his men は to start の意味上の主語。It is time for Ⓐ to ～ (Ⓐが～する時間である)
　　(B)「金属が川のように通りを流れていた」と考え，**like** a river。
　　(C)「火災は簡単に鎮火できる」の意味。put out で「(あかり・火などを)消す」の意味を表す。could be put out と受動態になっている。
　　(D)「その場所で」という意味で，関係副詞 **where** が入る。
　　(E)「ついに火災はおさまった」で，*be* **under** control (支配下にある)を用いる。
　　(F)「それらの家屋は安全でもなければ衛生的でもなかった」
　　　neither *A* nor *B* (*A* でも *B* でもない)で *A*・*B* 両方とも否定する。

(G) カンマ以下は,「そして,そのセントポール大聖堂は今日もなおロンドンにそびえたっている」で,関係代名詞 **which** が入る。先行詞 the new St. Paul's Cathedral を付加的に説明している。

問7 ウ のみ [s] の発音で,あとはすべて [z]。ウ は動詞(「閉める」)ならば [z] だが,形容詞(「近い」)・副詞(「近く」)の場合は [s]。ア は注意。house(単数形)ならば [s]。

問8 ア「チャールズ王は火事が広がるのを防ぐために,何軒かの家々を壊すことを決心した」
*ll.*46-47 の記述と一致。**make up** *one's* **mind**(決心する),**so as to** ~(~するために),**prevent O from –ing**(O が~するのを防ぐ・妨げる),spread(広がる,広げる)
イ「"fire break" は火事が発生する場所である」
*ll.*47-49 より,"fire break" は火事をくいとめる場所のことで,発生する場所ではないことがわかる。**break out**(〈火事・戦争などが〉起こる)
ウ「パン屋にいたある女性は目を覚まさなかったので,焼け死んだ」
*ll.*23-25 の内容に一致しない。to death(〈~して〉死ぬ;死ぬほど~)
エ「外国の船がロンドンにもち込んできた珍しい品々が火事で燃えてしまった」
*ll.*33-35 の内容に一致する。
オ「火事が起こったのは,ファリナーの職人の 1 人が台所にあるまきに誤って火をつけてしまったからである」
*ll.*18-19 より,職人が台所に入ったときには,すでにまきに火がついていたことがわかるので,不一致。
カ「ファリナーは台所のまきに火がついたときには目を覚ましていたが,別の部屋にいたので気づかなかった」
*l.*20 より,職人がファリナーを起こしたことがわかるので,不一致。
キ「ロンドン大火の後でさえ,そのとき人々に病気と汚れをもたらしたネズミが通りで見られた」
大火後のネズミについての記述はない。bring ~ to …(~を…にもってくる)
ク「もしほとんどの家が石やレンガづくりだったならば,ロンドン大火は起きなかったかもしれない」
*ll.*53-55 「大火の後,家々は石やレンガでつくられ,ロンドンは(以前より)安全で衛生的な都市になった」という内容に一致する。ク の文では,仮定法過去完了が使われている。
ケ「多くの国々からやってきた船は火事が起きるとすぐにロンドンを離れたので,損害を受けなかった」
積み荷や倉庫は焼けたが,船自体が焼けたかどうかは本文中に記述はない。
as soon as ~(~するとすぐに),damage(損害,ダメージ)

全訳

17世紀,ロンドンはネズミのあふれた町だった。通りや家や店にもネズミがいっぱいだった。ネズミが汚れと病気を人々にもたらした。1665年,ロンドンの何千人もの人々がネズミによって運ばれた恐ろしい病気(ペスト)で亡くなった。病気と死から安全であると感じる人はだれもいなかった。

翌1666年,長く暑い夏がやってきた。人々は日光を歓迎し,日光が町から病気を一掃してくれるかもしれないと感じていた。しかし,実際には,病気はもっと強力なものによってついに消滅させられた。火災である。

1666年 9 月 2 日,月曜日,午前 2 時だった。王のパン職人ジョン・ファリナーはテムズ川とロンドンブリッジ近くにある自分のパン工房の上に住んでい

た。ファリナー氏は眠っていたが，店の職人たちが王の朝食のためにパンを焼き始める時間だった。王は朝の焼きたてパンが好きだった。

ファリナー氏の職人の1人が目を覚まし，厨房の火をおこしに行った。ファリナー氏は毎日パンを焼くために厨房にたくさんのまきを備えていた。

その朝，職人が厨房に入ると，火がまきに引火し，厨房が燃え始めているのを発見した。急いでファリナー氏を起こし，「火事だ！ 火事だ！」と叫んだ。すぐに家中のものが目を覚まし，人々は逃げ出そうといたるところを走り回った。ファリナー氏は自分の家の屋根に上り，隣家の屋根に飛び移って難を逃れた。ある女性はあまり幸運ではなかった。彼女は家に留まり，たぶんお金か貴重品を少し持ち出したかったのだろう。焼け死んでしまった。

火災が始まったあとで強風が吹き，炎を西に向かわせた。ますます多くの人々がパニックに陥り，みんな自分の貴重品を守ろうとした。炎は古い町をあっという間に通り抜けた。家屋は木造で，狭い通りに密集して建てられていた。炎が移動するにつれて，通り道にあるすべてのものが破壊し尽くされた。火はテムズ川を越えることはできなかったが，川のそばの建物までたどり着いた。外国からの船がよくここで停泊し，珍しい刺激的な積み荷を倉庫に置いていった。まもなくロンドンはトウガラシの焼けるにおいと引火したブランデーのにおいが充満していた。そして，熱い金属が川のように通りを流れていた。

ロンドン市長トーマス・ブラッドワース卿は，火災は簡単に鎮火できると考えていた。その後，消火

活動を組織的に行おうと試みたが，あきらめた。王とその弟が消火活動を指揮し始めたのはまさにそのときだった。

チャールズ王は，火災をまったくコントロールできないということをすぐに悟った。王は特別相談役の会議を招集した。全会一致で町にいくつかの「ファイア・ポスト」をつくることを決定した。消防士たちが火災に立ち向かうために必要なものすべてを与えられる場所である。チャールズ王は消火活動の指揮を執り，30時間寝ずに働き続けたので，その勇敢さで国民からひじょうに愛された。

チャールズ王とその部下は，燃え移るものをなくすために，市内のある地域から何軒かの家々を取り除くことを決定した。この「ファイア・ブレイク」が火災をさえぎり，9月5日水曜日には，火災はついには鎮火されたのだった。

ロンドン大火はいくつかの重要な結果をもたらした。火災は，1665年に多くの死者を出した病気をついに根絶したのだ。それは，87の教会と13,000あまりの木造家屋を破壊し尽くした。それらの家屋は安全でもなければ衛生的でもなかった。大火災後，より多くの家が石やレンガで建てられるようになり，ロンドンはより安全で衛生的な町になっていった。

大火災は老朽化したセントポール大聖堂をも破壊した。そこで，チャールズ王はクリストファー・レン卿に新しい大聖堂を設計するよう依頼した。1675年にクリストファー卿はついに新しいセントポール大聖堂の建築に取り掛かり，それは今日もなおロンドンにそびえたっている。

語句

*l.*1 in the seventeenth century 17世紀に　　*l.*3 disease 病気　　*l.*4 die from ～ ～が原因で死ぬ　　*l.*4 terrible ひどい，恐ろしい　　*l.*5 death 死（形dead 死んでいる，動die 死ぬ）　　*l.*9 destroy 破壊する　　*l.*12 asleep 眠って（⇔awake）　　*l.*15 woke wake（目覚める）の過去形　　*l.*16 in order to ～ ～するために　　*l.*22 escape 逃げる　　*l.*26 blew blow（吹く）の過去形　　*l.*26 flame 炎　　*l.*27 panic 恐怖に陥る（panic—panicked—panicked）　　*l.*29 narrow 幅が狭い（⇔wide, broad）　　*l.*31 reach 達する　　*l.*33 cargo 貨物，積み荷　　*l.*33 warehouse 倉庫　　*l.*34 metal 金属　　*l.*34 flow 流れる　　*l.*37 organize 組織する　　*l.*39 lead 率いる，指揮する　　*l.*39 against ～に対する　　*l.*40 realize 気づく，悟る　　*l.*40 completely 完全に　　*l.*45 bravery 勇気（形brave 勇敢な）

重要構文・表現

問8　ク　**If** most of the houses **had been** made of stone or brick, the Great Fire of London **might** not **have taken** place.

（もしほとんどの家屋が石かレンガでできていたならば，ロンドン大火は起こらなかったかもしれない）

仮定法とは，事実でないことを仮定して言う表現。現在の内容についての仮定ならば過去形，過去の内容についての仮定ならば過去完了形で表す。

① **仮定法過去**（現在の事実に反する仮定を過去形を用いて表現する）

〈**If** 主語＋過去形 ～，主語 **would/could/might** など＋動詞 原形 …〉

（例）**If** I **had** ten million yen, I **would buy** a new car.

（もし1千万円もっていたら新車を買うのに）〈仮定〉

Because I don't have ten million yen, I won't buy a new car.

（1千万円もっていないので新車を買わない）〈事実〉

② **仮定法過去完了**（過去の事実に反する仮定を過去完了形を用いて表現する）

〈**If** 主語＋ **had** 過去分詞 ～，主語 **would/could/might** など＋ **have** 過去分詞 …〉

（例）**If** I **had studied** harder, I **could have passed** the exam.

（もっとしっかり勉強していたら，試験に合格できたのに）〈仮定〉

Because I didn't study hard, I couldn't pass the exam.

（しっかり勉強しなかったので，試験に合格できなかった）〈事実〉

26 ふたりの門番

問1　①　ウ　　②　イ

問2　**with, allowed**

問3　この門に背を向けるならば，二度と入るチャンスはないということ。

問4　（あなたは神が）人生の最愛の友を，ひとりぼっちでのどが渇いたまま道路脇に平気で置き去りにする人を，天国に入らせてくれる（ようなお方だと思うかい。）

問5　エ

解説

問1　① *l.2* not a dream（夢ではない）という記述から，老人は夢を見ているのではないことがわかる。*ll.6-7* で老人は若いころに飼っていた犬と再会する。そこで，老人は自分が死んだことを悟る。

② *l.12* kissed him（その犬にキスした）などから判断すると，このときの老人の心は joy（喜び）でいっぱいだったと考えられる。*be filled with* ～（～でいっぱいである）

問2　people [*with* their names in the book] were *allowed* to ～.
　　人々　　　　名前がその本に載っている　　　　～することを許されていた

問3　直前の文の内容を指す。**turn** ～ **on** ...（…に～を向ける），back（背中）

問4　do you think (God would ever **let** <u>anyone</u> enter heaven [⟨who⟩ was willing to leave
（原形）（anyone上）　（進んで〜する　V）

his best friend ⟨in life⟩ alone and thirsty 《by the side of the road》])?
　　O　　　　　　　　　　　C

問5　ア「老人は自分が若かったころに飼っていた犬と遊ぶのが[×]<u>うれしくなかったようである</u>」
　　イ「老人と犬は棒きれで遊んでいたので，[×]<u>天国への門を見落とした</u>」
　　ウ「最初の門にいた男は[×]<u>老人とその飼い犬の両方</u>が門に入ることを認めた」
　　エ「老人は天国への最初の門を立ち去ることを残念には思わなかった」（*ll.*40-41 に一致）

全訳

　その老人はとても疲れていた。目をつぶり，眠りに落ちた。老人は夢を見始めた。「いや，これは夢ではない。でも，そうでなければ，いったい何なんだ？」と老人は思った。自分の両腕に目をやった。若者の腕だった。年寄りではなくなっていた。彼は田舎の道端に立っていた。とても天気のよい日だった。丘は緑の草でおおわれ，とても美しかった。すると，飼い犬のシェップがそばにいた。シェップは彼が若かりしころに飼っていた犬だ。そこで，彼は，自分が死んでいるのであって，眠っているのではないことに気がついた。今までの人生で感じたことのないようなすばらしい気持ちになった。ここは世の中で最も美しい場所だ，そして今日は最もすてきな日だ。シェップは棒きれを彼の足もとに落とすと，その棒を見，彼を見上げ，明らかにその棒きれを投げてもらって遊びたがっていた。彼は膝をついて，シェップの頭を両手で包み，その額にキスした。心がうれしさでいっぱいで，今までの人生で感じたことのないようないい気分になった。

　シェップのために棒きれを投げては，シェップが興奮して走って棒きれを追いかけ，何度も何度ももって帰ってくるのを見ていた。シェップがのどが渇いていることに彼は気づいた。あたりを見回すと，シェップが水を飲めるような川や小川やそれに代わるものはなかった。そこで，彼は道に沿って歩き始めることにした。それほど長く歩かないうちに，黄金の門と小さな丘へ続く黄金の道を見つけた。丘のほうから温かい光が射しているのが見え，また感じられた。門の隣には大きな説教壇があり，そこには白いローブを着て，灰色の長いあごひげを生やした男が立っていた。

　「ここはどこなのですか」と彼はたずねた。

　「おや，知らないのか。おまえは天国の門へ着い

たのだ」と男は答えた。

　「入ってもいいのですか」

　「ふーん，私の本で調べてみよう。おお，そうだ。おまえの名前はここに書かれている。おまえはここへ入ることを歓迎されているのだ」

　「私の犬もいっしょに入っていいですか。とてものどが渇いているのです」

　「残念ながらだめだ。ぜったいにだめだ。残念だが，犬は天国に入ることはできないのだ」

　彼はこのことについて少しのあいだ考えた。

　「私の犬がこちらに歓迎されないのなら，私も本当はここの一員ではないのかもしれません」

　「よろしい，だが覚えておけ，この門に背を向けたら，おまえは二度とここに入るチャンスはないのだぞ」

　彼は天国に背を向け，再びシェップをわきに従えて歩き始めた。生きているあいだ中ずっと天国へ行きたいと思っていたから，これは奇妙なことだった。彼は天国へ行く唯一のチャンスに背を向けてしまったのだが，それについてはふしぎなくらいよい気分だった。心の中では正しいことをしたという気持ちがあった。

　道を歩いていると，また別の門のところに来た。古い柵に，麦わら帽子をかぶり，口に草のくきをくわえた農夫のような男が座っていた。そして，門の向こう側には井戸があった。

　「こんにちは」と彼は農夫に言った。

　「こちらに入って，あなたの井戸から少し水をいただいてもいいですか。この犬はとてものどが渇いているのです」

　「もちろんけっこうだ。あなたもその犬もどちらもここでは歓迎する」とその男は満面の笑みで言った。

彼はその門を通って井戸のところへ行った。

「ところで，私がいるのはどこですか」と彼は農夫に聞いた。

「あなたは天国の門に着いたところだ」

「本当に？ 確かですか？ さっき向こうにいた男がそこが天国への門だと言っていましたよ」

「ああ，だれのことを言っているのかわかるさ。やつはどんな人にもそう言っているのだ。でも，ほら，『悪魔はうそつき』だからね。それに神様が，人生の最愛の友をひとりぼっちで，のどが渇いたまま道端に平気で置き去りにするような人を天国に入らせると思うかい？」

語句

*l.*7 youth 青年時代　　*l.*10 obviously 明らかに　　*l.*11 knelt　kneel （ひざまずく）の過去形　*l.*15 over and over 何度も　*l.*16 stream 小川，流れ　*l.*22 beard あごひげ　*l.*24 heaven 天国　*l.*30 absolutely 絶対に　*l.*31 second 秒　*l.*36 turn *one's* back 背を向ける　*l.*39 strangely 妙に　*l.*43 straw hat 麦わら帽子　*l.*46 well 井戸　*l.*49 broad smile 満面の笑み　*l.*52 son （呼びかけ）おまえ，君，あなた　*l.*56 devil 悪魔　*l.*56 liar うそつき

重要構文・表現

*l.*12　**kissed** <u>him</u> on *the* ┃top of his head┃「彼の ┃頭のてっぺん┃ にキスをした」

　〈(接触を表す)動詞＋Ⓐ＋前置詞(**on** など) *the* ┃身体部位┃〉の形で「Ⓐ の ┃　　┃ に～する」の意味を表す。→ *p. 39* 重要構文・表現 参照

*l.*16　Looking around （見渡すと）

分詞構文は，接続詞と(主節の主語と同じならば)主語を省略し，動詞を -ing 形にする表現である。ここでは接続詞 When を補って "When he looked around" と考えるとよい。分詞構文では，省略されている接続詞が何かを見極めるのがポイントである。次の例では，Because を補って考えるとよい。

　(例) **Knowing** he was asleep, I walked quietly. (= **Because I knew** he was asleep, ～)
　　(彼が眠っているのがわかっていたので，私は静かに歩いた)

*ll.*16-17　**for** Shep **to** get a drink

　不定詞〈形容詞的用法〉に不定詞の意味上の主語がついた形である。

　(例) Can you recommend some good books **for** kids **to** read.
　　　何かよい本を推薦してくれませんか　　　　　　　　　子どもが読むための

*ll.*18-19　They hadn't gone very far when they came to a gold gate and a gold road
　直訳は「彼らが黄金の門や道に来たとき，あまり遠くまで進んだわけではなかった」，つまり「彼らはそれほど行かないうちに(すぐに)黄金の門や道に着いた」ということである。
　→ *p. 38* 重要構文・表現 参照

*l.*20　Next to the gate was a large pulpit. （その門の隣に大きな説教壇があった）
　　　　 場所を表す副詞句　　　　動詞　　　主語

*ll.*43-44　Just on the other side of the gate was a well.（その門の向こう側に井戸があった）
　　　　　　　　場所を表す副詞句　　　　　　動詞　　主語

27 ｜ ネコと暮らす

問1　私たちと暮らすことがネコ自身の利益になる（ということ）

問2　**when we misunderstand why cats do what they do**

問3　エ

問4　**would**

問5　B カ　　C オ　　D ア　　E イ　　F エ

解説

問1　it は前文の cats live with us を，their は cats を指す。in *one's* own interest（～自身の〈利益の〉ために）

問2　3つの SV と when，what，why をどう組み合わせるかがポイント。
誤解する（misunderstand）のが私たち（we）とする。what が関係代名詞（「～こと・もの」の意味）だと考えれば，why cats do what they do（なぜネコたちがそのような行動〈彼らがすること〉をするのか）という形が見えてくる。

問3　下線部の文構造

Living [with a very elderly cat] can be just like living with a person [with
　S とても年老いたネコと暮らすことは　　　　V　　　C ～人と暮らすのとよく似ている
Alzheimer's disease],
アルツハイマー病を患っている
but 《even in these sometimes-trying cases》, our own need [to feel wanted]
　　たとえこのような，時につらい場面においても　　S 彼らに必要とされていると感じたい欲求は
is satisfied 《 by the rewards (we get from our cats 〈 choosing to live alongside us in
満たされる　　　恩恵によって　　　　私たちがネコから受ける　　私たちといっしょに暮らすことを選んでくれる
our homes〉)》.

文意は「年老いたネコと暮らすことはたいへんなことではあるが，そのような苦しい状況でもネコがいっしょに暮らすことで，私たちが得られる恩恵によって，私たちの必要とされたいという欲求が満たされる」

選択肢 ア は，are very happy（幸せである）の主語が Cats であるから不適当。イ は，cats don't want to live with them（ネコが彼ら〈飼い主〉といっしょに暮らしたくない）が文中で述べられていないため不適当。ウ は，前半部分はよいが，後半部分 it is tough taking care of them for old people（年寄りにとっては彼ら〈ネコ〉を世話するのはたいへんだ）が不適当。文中に「飼い主が年寄りである」という記述はない。エ は，「年寄りのネコと暮らすのはたいへんだが，彼らといっしょに暮らすと孤独を感じる必要がないので幸せ」文意に即しているので正解。
なお，選択肢 ア・イ の関係代名詞節（〈カンマ＋関係代名詞節〉の継続用法）は挿入節であり，追加説明なので省略して読むとわかりやすい。

問4　仮定法過去の文。現在の事実と反対の仮定を，過去形を用いて表す。〈If 主語＋過去形～，主語＋would（could など）＋動詞原形...〉（もし～ならば，…だろうに）
（例）If I had wings, I would fly to you.（もし翼があれば，あなたのところに飛んで行くのに）

問5　前後の文から適語を類推する。
　　B：どれほど自然が（ B ）であるか
　　C：もっとも（ C ）な決定のひとつである
　　D：ネコを訓練するのは驚くほど（ D ）である
　　E：（ E ）であるだけでなく，できるだけ楽しく
　　F：前文 urine and scratching posts（おしっこや柱を引っかくこと）を受けて，そのような
　　　行動は多くの飼い主にとって本当に（ F ）である

全訳

　もしネコが話すことができたら，果たしてあなたはネコが言うことに満足するだろうか？「これをしなさい」「あれをしなさい」「私に注目して，この家では私がボスです」ネコは，私たちといっしょに私たちの家に住んでいるかもしれないし，法的には私たちの所有物かもしれないが，私たちは本当の意味でネコを「所有」しているわけではないこともまた理解している。それが自分の利益になることをネコ自身が自己中心的に知っているので，ネコは私たちといっしょに暮らしているのだ。幸運なことにお互いの利益が一致している。私たちがネコに安全や安心，快適さ，食事を供給しているのとちょうど同じように，ネコは私たちに愛好心と娯楽を提供し，そしてどんなに自然が美しいものかを思い起こさせてくれる。

　ネコといっしょに住んでいると，最も難しい決断のひとつは，ネコの外出を許すかどうかということである。外に出たネコは当然のように自由にふるまい，獲物をとったり，周りを巡回したりなどする。しかし，危険度の高い状況に直面することにもなるので，あまり長生きすることは期待できない。あなたは，ネコにとってイヌの場合と同じようにはリーダー的な存在になれないかもしれないが，あなたの家族のために決断をするひとりではある（ネコを外出させるかどうかの決断を下すのは最終的にはあなた自身である）。外出するネコができるだけ安全であるようにすること，あるいは家の中にいるネコがあまり乱暴に行動しないようにすることは，あなたの責任である。あなたが呼んだときにネコが寄って来るようにしたり，ネコ自身のというよりはあなたのやり方で遊ぶように訓練することは驚くほど簡単

だ。室内なら平皿型の，外であれば砂箱のトイレに行かせたり，ネコにとって外の世界と内の世界をつなぐキャットフラップ（cat-flap）をくぐり抜けるようにネコをしつけることもまた可能である。

　ほかの家族との最初の出会い（ほかのネコやイヌも含む）は，その紹介（出会い）がただ安全であるだけでなく，その場のみんなのためにできるだけ楽しいものであるように，慎重に計画されるべきである。私たちの世界で，ネコができるだけ問題なく暮らすようにするのは，私たちの責任である。ネコがなぜそのような行動をするのかを私たちが誤解してしまうような場合には，これは難しくなってしまうかもしれない。縄張りの印をつけるのにネコが尿を使ったり柱を引っかいたりするのはとても効果的ではあるが，そのような行動は多くのネコの飼い主を悩ませることにもなりうる。幸運なことに，私たちの少しの努力で，問題を避けるためにこれらの習慣を変えることができる。

　私は獣医であるが，私の意見ではネコに関する最も大きな問題はネコが自分の病気を隠すことである。ネコの振る舞いに気づいてやるのは，ネコを守る立場であるあなた（飼い主）の責任である。ネコがどこか具合が悪くなったら，あなたはすぐに気づかないといけないし，必要なときにはネコを医者に連れて行かねばならない。とても年をとったネコと暮らすことはアルツハイマー病にかかった人といっしょに暮らすことにとても似ているが，たとえそのようなつらい場面においても，ネコに必要とされたいという欲求は，私たちの家で私たちとともに寄り添って生きることを選んでくれたネコから私たちが受けとる恩恵によって，満たされていくのである。

語句

l.2 pay attention to ～ ～に注意を払う　*l.2* boss 主人　*l.3* by law 法的に　*l.3* belong to ～ ～に所属する　*l.4* own 所有する　*l.5* selfishly 自己中心的に，わがままに　*l.5* in *one's own* interest 自分の利益のために　*l.6* by good fortune 幸運にも，運よく　*l.6* benefit 利益　*l.6* mutual 相互の　*l.6* just as ～ ちょうど～と同じように　*l.7* security 安全　*l.7* comfort 快適さ　*l.7* provide A with B A に B を供給する　*l.7* entertainment 娯楽　*l.8* reminder 思い出させるもの　*l.9* decision 決定　*l.10* outdoor 戸外の　*l.10* naturally 自然に　*l.11* hunt 狩りをする　*l.11* patrol 巡回する　*l.11* high-risk 危険性の高い　*l.11* situation

状況　*l.14 be* responsible for ～　～に対して責任がある　　*l.14* make sure ～　～を確認する，確実に～する　　*l.16* surprisingly 驚くほど　　*l.18* bathroom 浴室；トイレ　　*l.18* tray トレイ，平皿　　*l.18* sandbox 砂箱　　*l.20* include 含む　　*l.21* make certain = make sure　*l.22* introduction 紹介　　*l.22* pleasant 楽しい　　*l.26* urine 尿，おしっこ（をすること）　*l.26* scratch 引っかく　　*l.26* post 柱　　*l.26* mark 印を付ける　　*l.26* territory 縄張り　*l.26* effective 効果的な　　*l.27* activity 活動　　*l.27* seriously 深刻に　　*l.27* annoying 人を悩ます　*l.27* owner 所有者，飼い主　　*l.28* fortunately 幸いにも　　*l.28* habit 習慣　　*l.29* avoid 避ける　*l.30* opinion 意見　　*l.31* hide 隠す　　*l.31* sickness 病気　　*l.32 be* aware of ～　～に気づく　*l.32* behavior 行動　　*l.32* notice 気づく　　*l.33* something is wrong 何か悪いところがある　*l.34* elderly 年を重ねた　　*l.35* disease 病気　　*l.35* trying 苦しい，つらい　　*l.36* satisfy 満足させる　　*l.36* reward 恩恵　　*l.37* alongside ～のそばに寄り添って

重要構文・表現

ll.9-10 《When living with a cat》, <u>one of the most difficult decisions</u> <u>is</u> (<u>whether or not to</u>
　　　　　ネコと暮らしているとき　　　主語　　　　　　　　　　　　　　動詞　補語
let it go outdoors).
ネコを外に出させてやるかどうか
意味のかたまり（節）ごとにかっこでくくろう。〈let O 原形〉の形で，「O に～させる，O に～するのを許可する」の意味。

It's up to Ⓐ to [原形] （～するのはⒶ次第である，～するのはⒶの責任である）

ll.23-24 **It's up to** you *to make* sure that ～
　　　　　　（～を確かなものにするのはあなた次第です）

ll.31-32 **It's up to** you, as the cat's protector, *to be* aware of ～.　 ＊as ～は挿入句
　　　　　　（～に気づくのは，ネコの保護者として，あなたの責任である）

as ～ as possible （できるだけ～）

ll.14-15 that the outdoor cat is **as** safe **as possible** （外のネコができるだけ安全であること）

ll.22-23 **as** pleasant **as possible** for everyone （みんなにとってできるだけ楽しい）

l.24 with **as** few problems **as possible** （できるだけ問題を少なくして）

28 ┃ 永遠の愛

問1	イ
問2	② とても若くて前途のある女性のために私は泣き，そして家にいる彼女の夫のために泣いた。
	⑥ あなたが一生かけて愛した女性，いっしょに育った女性，5歳のときに結婚を約束した女性が亡くなってしまった。
問3	サマンサの両親
問4	**walk in**

問5　サマンサが死んだこと。(11字)

問6　(A) **fell**　　(B) **laid**

問7　デイビッドが私をじっと見たこと。(16字)

問8　**David**

問9　**die**

解説

問1　本文全体の流れから，語り手(私)は死んだサマンサであることを理解したい。選択肢から消去法で考えると，アとウは容易に候補から消える。死んだはずのサマンサが歩き出してデイビッドのところに向かうところで疑問を感じるかもしれない。それでも，読み進むうちにサマンサが幽霊であることに気づくはず。*l.*35「彼はまっすぐに私を見た。彼は私が見えないはずなのに」と，*l.*38 デイビッドの言葉「(サマンサが交通事故にあったことは)もう知っています，お義母(かあ)さん。でも，彼女はまだ逝っては(天国へ行っては)いません。彼女はいつもここにいます」から，語り手が交通事故で死んでしまったサマンサ本人(の幽霊)であることがわかる。

問2　② had her life ahead of her は，「自分の前に人生がある(まだこれからの人生がある)」ということから，「前途がある」などと訳すとよい。

　　　⑥ 主語が長い。is の前までが主語。2つの the one はともに文頭 The woman のこと。

問3　直前の1文から，サマンサの死に動転する母親と，母親を抱き抱える父親，つまり話し手の両親と考える。「具体的」という指示があるので，サマンサの両親と答える。

問4　前の文 walk in を答える。サマンサは，自分が幽霊であるから，たとえドアに鍵がかかっていたとしても簡単にすり抜けられるとわかっていた。

問5　本文全体の流れから考える。*ll.*5-6「それ(自分が死んだ知らせ)は私が伝えなければならない」と思い，幽霊になったサマンサは夫のいる家へ向かった。

問6　(A) 娘が亡くなって泣き崩れる母親の動作として考えられるのは fall (崩れ落ちる；倒れる)。過去形 fell にすること。

　　　(B)「彼のほおに手を置く」と表現する。他動詞 lay (〜を置く)を過去形にする。

問7　下線部⑦「まったく予想できないこと」とは，*l.*35「彼はまっすぐ私を見た。彼は私が見えないはずであるのに」からわかる。

問8　I was there (私はそこにいた)の there は *l.*38 デイビッドの言葉 She'll always be here. (彼女はずっとここ〈ぼくのそば〉にいる)の here と同じ。問題には with (　　)「〜をいっしょに」とあるので，「(夫の)デイビッドとともに」ということになる。

問9　go には「逝く(亡くなる，天国に行く)」という意味もある。

全訳

私は，人でいっぱいの病院の中で座っていた。私のまわりに悲しそうな顔が見えた。私はうつむいて泣いた。とても若くて前途のある女性のために泣き，家にいる彼女の夫のために泣いた。彼はまだ知るよしもなかった。私は顔をおおっていた手から顔をあげた。彼に知らせなくては。彼は私の親友だった。

そのことは私から伝えなければ。

私が起き上がって(彼の元へ)向かおうとしたとき，私は母の悲痛な叫び声を聞いた。「サマンサ！」

私は彼女のほうを振り向いた。

「私は行かなければ…」

母親は(立っていられず)倒れそうになったが，父

親が彼女を受け止めた。私は彼らといっしょにここにいるべきなのだろうが，デイビッドの元へどうしても行かなければならないとわかっていた…。彼に知らせなければならない。私は病院を出て歩き出し，顔に外気を感じた。彼は病院から通りを少し行ったところに住んでいるので，私は自分の車の前を通り過ぎていった。

彼の家に着くと，私はすぐに中に入っていった。そうできるとわかっていた。彼は台所にいた。彼は私が入っていっても，顔をあげなかった。私は彼が読んでいるのを見て，ほほえんだ。彼は読書をするときいつも自分の世界に入ってしまった。私は彼の隣に行って座った。彼は私がそこにいるのがわかったようで，ゆっくりと本を伏せ，顔をあげた。

「あなたに話したいことがあるの…」

彼は目を閉じた。彼にはそれがよくない知らせとわかっているようだった。

「あなたが一生かけて愛した女性，いっしょに育った女性，5歳のときに結婚を約束した女性が死んだの」

彼は顔を伏せた。私は彼ののどぼとけが上下する（のどが震えている）のがわかった。

「彼女は何も感じなかったの。トラックが彼女をはねて，…それで亡くなったの」

彼のほおを涙が伝って流れた。彼は自分の呼吸と胸の痛みを抑えるのが精いっぱいだった。

「デイビッド，彼女はいつもあなたのそばにいるわ。いつもあなたを愛している」

そのとき急に電話が鳴り響いた。デイビッドはゆっくり立ち上がった。一歩一歩進むごとに痛みを感じているようだった。

「もしもし？」

電話の向こう側から母親の声が（もれて）聞こえてきた。

「デイビッド，…。かわいそうにサマンサは逝ってしまったの。サマンサが…。トラックに…」

そのとき彼はまったく予想もしなかった行動をした。彼は私をじっと見たのだ。彼はまっすぐに私を見た，私のことが見えないはずなのに。私の親友であり，恋人であり，夫である彼を見て，私は立ち尽くした。それから彼はほほえんだ。

「もう知っています，お義母さん。でも彼女は逝ってはいません。彼女はこれからもずっとここにいます」

それから，私は（彼のそばに）いた。彼が大学に通っているときも，彼が医者になったときも，彼が再婚して子どもができたときも，私は彼のそばにいた。そして，彼が年老いて，病気になってからも。生と死のはざまの，もうろうとした状態の中で，彼は私を見て言った。「サム（＝サマンサの別称），サマンサ？ ぼくは君がそこにいることをずっと前からわかっていたよ…」

私は彼のベッドのほうへ向かい，彼のほおに手を置いた。私は神に頼んだ，彼が安らかに逝けるように。彼は最後の息をした。再び息をすることはなかった。私も逝かなければならないときが来たことがわかった。振り向くと，とても美しい光が見えた。

語句

*l.*3 ahead of ～ ～の前に　　*l.*13 past 通り過ぎて　　*l.*17 seem to 原形 ～ようだ，～らしい　*l.*21 whole 全体の　*l.*22 promise 約束する　*l.*26 tear 涙　*l.*26 breath 息，呼吸　*l.*27 pain 痛み　　*l.*29 moment 瞬間　　*l.*34 totally まったく，完全に　　*l.*34 unexpected 予期せぬ，意外な　*l.*40 re-marry 再婚する　　*l.*45 peacefully 安らかに　　*l.*46 breathe 呼吸する

重要構文・表現

*l.*25 **be gone**（逝く，亡くなる）⇒「死ぬ」の婉曲表現
本文中の *be* gone は直訳すると「（どこかへ）行ってしまった」だが，この表現は「（死んでしまって，あの世へ）行ってしまった」ことを意味する。このように生死などデリケートな事がらについては，直接的に表現することを避ける傾向がある。

ほかにも次のようにさまざまな婉曲的な (遠まわしの) 表現がある。

○「死ぬ」に関する表現

be gone / go to the better place (よりよい場所に行く) / go to *one's* rest (in peace) (〈安らかな〉眠りに向かう) / rest in peace (安らかに眠る) / **pass away** (遠くへ行く, 亡くなる) / breathe *one's* last (breath) (最後の息をする) / draw *one's* last breath (息を引き取る)

○「生まれる」に関する表現

come into the world (この世にやってくる) / draw *one's* first breath (最初の息をする) / meet *one's* mother (母親に出会う) / see the light (光を見る; 〈物が〉日の目を見る)

○「あの世(来世)」に関する表現

another world (もうひとつの世界) / better place (よりよい場所) / the other world (もうひとつの場所) / the other side (向こう側) / beyond the grave (墓の向こう側に)

○「この世(現世)」に関する表現

land of the living (生きているものの土地) / lower world (下の世界) / present world (現在の世界) / this life (この生活) / this world (この世界) / visible world (目に見える世界)

29 | しあわせな男

問1　(a) **with**　(b) **of**　(c) **in**　(d) **for**　(e) **for**

問2　(イ) F　(ロ) A　(ハ) E　(ニ) C　(ホ) B　(ヘ) D

問3　**told me not to work so hard**

問4　記憶喪失(症)

問5　**name**

問6　④ 彼は新聞を読んでいたが, 数分おきに新聞から顔をあげて, 私に話しかけてきた。

　　⑧ その女性は部屋を出た。そして, 黒っぽい色の服を着た男性も部屋を出た。

問7　⑤ **gets tired of**

　　⑥ **have a good time**

問8　**you were working too hard**

問9　自分の名前がエドワード・ピンクハマーではないということ。

問10　私は記憶喪失のふりをして自由な生活を楽しんできたが, 妻には突然記憶喪失から回復したことにしてほしいと思った。(54字)

解説

問1　(a) *be* crowded with 〜 (〜で混雑している)

　　(b) full of 〜 (〜でいっぱい)

　　(c) 「30分後に」と考える。「(今から) 〜分後」と表現する場合, in を用いる。

(d) wait for 〜（〜を待つ）

(e) 時間の長さを表す（「1 分間；少しのあいだ」）。

問2 まず，わかりやすいものから解決してゆこう。

（イ）*ll.*5-7（働きすぎると amnesia になる）から判断。it is possible that 〜（〜は起こりうる）

（ロ）直後に another woman（別の女性），something different（何か別のこと）とあるから，「もっと（気持ちを）わくわくさせるもの」と考えられる。

（ハ）直前に learned（学んだ）とあるから，something very important（何かとても大切なこと）と考えられる。

（ニ）（ホ）残された選択肢から判断すると，「幸せになりたいと思うのならば，あなたは<u>自由</u>でなければならない」が適当。

（ヘ）〜, but her face was（ ヘ ）and <u>tired</u> から判断して，（ ヘ ）には tired と同じように否定的な言葉が入るはず。

問3 tell Ⓐ to 原形 は「人に〜するように言う」の基本表現。「〜しないように」は不定詞の否定形で，not to Ⓐ to 原形

問4 直前の「自分がだれだか忘れてしまう」「何も思い出すことはできない」から判断する。

問5 直後の Nothing with my name on.（名前が書いてあるものは何もない）から判断する。

問6 (4) every few minutes（数分ごとに）

この every は「〜ごとに」の意味。

（例）The Olympic Games take place <u>every four years</u>〔every fourth year〕.

（オリンピックは<u>4 年ごと</u>に開かれる）

(8) did がポイント。この did は代動詞で，前に出てくる一般動詞・過去形の代わりに用いられる。この文では，left の代用。

問7 (5)「〜に飽きる，〜にうんざりする」は get tired <u>of</u> 〜（<u>前置詞に注意！</u>）。動詞は「そのような状態になる」と考えて，get を使う。

(6)「楽しい時をすごす」 **have a good time** = enjoy *oneself*

問8 I told you that 〜 とあるので，過去のボルネイ医師の言葉（第 2 段落）に戻って考える。ボルネイ医師は記憶喪失になったベルフォード氏を前にして，「（ぼくが言った通り）君は働きすぎだったのだ」と伝えている。

問9 直前の内容を指す。

問10 最後まで読んで，主人公が本当に記憶喪失なのかと怪しく思ったキミはすごい。

実は，主人公の怪しい行動・言動があったのだ。

① 自分の正体がばれたときにホテルを変えたこと。

②「私がこれから言うことをだれにも話してはいけない」と医師に口止めをしたこと。

③ 病気がいつ回復するかを自分で決められるはずがないのに，「私は，突然よくなってしまうのがいちばんいいと思う」と言っていること。

以上から，ベルフォード氏は記憶喪失症のふりをしていたのかもしれないということがわかる。では，なぜ突然回復したことにしたかったのか。妻がとても魅力的だったため，何事もなかったかのように今すぐ元の生活にもどりたかったからだろうか。周囲の人だけでなく，読者である私たちもだまされていたのかもしれない。

全訳

　その日の朝，妻と私は，いつも通りのあいさつを交わした。彼女は 2 杯目のお茶を置くと，私を玄関のドアまで見送った。彼女は毎日こうしていた。

　私は，弁護士でとても一生懸命働いている。私の友だちのボルネイ医師は，私にそんなに一生懸命働かないように言った。「きみは病気になるぞ。多くの人々が働きすぎでとても疲れてしまい，そして急に自分がだれなのか忘れてしまうんだ。彼らは何も思い出せなくなってしまう。記憶喪失症と呼ぶんだ。きみには気分転換と休養が必要なんだ」と彼は言った。

　その日の朝，私が仕事に向かって歩いていたとき，私はボルネイ医師の言葉を思い出した。私はとても気分がよくなり，人生が楽しそうに感じてきた。

　私は電車の中で目が覚め，長い眠りのあとでとても落ち着かない感じのする自分がそこにいるのに気づいた。私は座席に深く腰掛け，じっくり考えようとした。長い時間のあと，「名前を考えなきゃいけない！」と心の中で思った。ポケットの中を見た。手紙もない，紙もない。私の名前が書かれているものは何もない。しかし，3,000 ドルがあった。「だれかにならなければならない」と考えた。

　電車は混雑していて，みんなとても人懐っこそうだった。彼らのうちの 1 人がやってきて，私の隣に座った。「やぁ，私の名は R. P. ボールダー，ミズーリ州出身です。あなたはもちろんニューヨークへ例の会議に行くのでしょ？ あなたの名前は？」

　私は彼に答えなければいけなかったので，即座に「エドワード・ピンクハマーです，カンザス州コーノポリス出身です」と言った。

　彼（ボールダー）は新聞を読んでいたが，数分ごとに新聞から目を離し私に話しかけた。私は彼の会話から彼が薬剤師であるということを理解し，彼も私が薬剤師であると思ったようだ。

　「ここにいる男性はみな薬剤師ですか？」と私はたずねた。

　「はい，そうです。私たちのように，彼らはニューヨークでの年 1 回の会議に出席するところなのです」

　しばらくして，彼は私に新聞を差し出し，「これを見て」と言った。「ここにも，逃げて自分がだれなのかわからなくなったと言っている男性の話が載っているよ。そういう男性は仕事と家庭にうんざりして，楽しい時を過ごしたいらしい。彼はどこかへ行ってしまい，周りの人が彼を見つけたときには，彼は自分がだれなのかわからないと言い，何も思い出せないと言うんだってさ」

　私は新聞を手に取って読んだ。

6 月12日　デンバーにて

町で重要な弁護士である，エルウィン・C・ベルフォードが 3 日前に家を出て帰宅していない。彼がいなくなる前，彼はたくさんのお金を銀行から引き出していた。その日から彼を見たものはだれもいない。彼は仕事を楽しみ，幸せな結婚をした穏やかな男性である。しかし，ベルフォード氏はとても一生懸命働き，そして記憶喪失症になってしまった可能性がある。

　「でもよ，ボールダーさん，人はときには自分がだれであるかを忘れるもんだよな」と私は言った。

　「おい，よしてくれ。そんなの嘘だってわかってるだろ。そういった男性は自分の人生の中で，より興奮するようなものを求めているだけだよ。たぶん（奥さんとは）別の女性とかね。（いつもと）ちょっと違う何かをさ」とボールダーは答えた。

　私たちは，夜の10時ごろニューヨークに到着した。私はタクシーでホテルまで行き，ホテルの宿帳には「エドワード・ピンクハマー」とサインした。急に私は開放的で楽しい気分になった。──私は自由だ。名前をもたない男は何でもできる。

　マンハッタンでのその後の数日はすばらしかった。──映画，庭園，音楽，レストラン，夜の生活に，きれいな女性たち。そして，この期間私はとても大切なことを学んだ。──幸せになりたいなら，自由でなければならない。

　ときには，私は静かで落ち着いた音楽が流れる高級レストランに行った。またときには，はしゃいでいる若者とそのガールフレンドを乗せたボートで，にぎわっている川に出かけたりもした。そしてそのあたりには劇場や明るい光でいっぱいのブロードウェイがあった。

　ある午後，ホテルに戻りかけたとき，背の高い男性が近づいてきて私の前に立った。

「こんにちは，ベルフォードさん！」と彼は大きな声で叫んだ。「ニューヨークで何をしているんですか。奥さんはいっしょですか」

「失礼ですが，間違っておいでです。私の名前はエドワード・ピンクハマーです。失礼」と私は冷たく言った。

その男はびっくりして立ち去り，私はフロント（デスク）のほうに歩いて行った。私の後ろでその男は電話で何か話していた。

「勘定書をくれ。そして，スーツケースを30分後に下ろしてきてくれ」私はフロント（デスク）の向こう側にいる男性に言った。

その日の午後，私は5番街にある静かで小さなホテルに移った。その夜，私が劇場へ出かけ，ホテルに戻ったとき，黒っぽい服を着た男性が私を待っていた。

「ピンクハマーさん，少し話せますか？ 部屋をとってあります」と彼は言った。

私は彼について小さい部屋に入っていった。1人の男性と1人の女性がそこにいた。その女性は美しかったが，その顔は幸せそうではなく疲れていた。私は彼女のすべてに魅かれてしまった。男性のほうは40歳くらいで，私に会いに来たのだ。

「ベルフォードさん，私はあなたにまた会えて幸せです。私はあなたに働きすぎだと言いましたね。もうあなたは私たちといっしょに帰ってもいいでしょう。あなたはじきによくなりますよ」と彼は言った。

「私の名はエドワード・ピンクハマーです。私の人生の中であなたがたを一度も見たことがありません」と私は言った。

女性が叫んだ「エルウィン！ エルウィン！ 私はあなたの妻ですよ！」彼女は私に抱きついたが，私は彼女の手を払いのけた。

「ボルネイ先生，いったいあの人に何が起こったのでしょう？」その女性は泣きながら言った。

「自分の部屋に戻りなさい。彼はすぐに良くなります」医者は彼女に言った。

その女性が部屋を出ると，黒っぽい色の服を着た男性も部屋を出た。医師であるその男性は，私のところに戻ってきて，静かに言った「聞いてください。あなたの名前はエドワード・ピンクハマーではない」

「それはわかっている。しかし，人は名前を持たなければいけない」私は答えた。

「あなたの名前は，エルウィン・ベルフォードです。あなたは，デンバーの最もすばらしい弁護士の1人です。そして，先ほどの女性はあなたの奥さんです」医者は言った。

「彼女はとてもすてきな女性です。私は彼女の髪の色が大好きです」少しして私は言った。

「彼女はとてもすばらしい奥さんです」医者は答えた。「あなたが2週間前に家を出たとき，彼女は本当に不幸せそうだった。それから，私たちは当地のホテルであなたを見たというある男性から電話をもらったのです」

私はたずねた。「彼なら覚えています。彼は私をベルフォードと呼んだんです。すみませんが，あなたはだれですか」

「私はボビー・ボルネイ。あなたの20年来の友人であり，あなたの15年来の主治医です。エルウィン，思い出してみてください」と言った。

「あなたは自分のことを医者だと言いましたね。私はどのようによくなるのでしょうか。記憶喪失症は，ゆっくり治るのでしょうか，それとも急に治るのでしょうか」 私はたずねた。

「ときにはゆっくりと，ときには急に治ります」

「私のことを助けてくれますか。ボルネイ先生？」私はたずねた。

「あぁ，友よ，私はできることなら何でもしますよ」彼は言った。

「よし。ではあなたが私の主治医なら，私が言おうとしていることをだれにも言わないでくれ」

「もちろん言いませんよ」ボルネイ医師は答えた。

「私は急によくなるのがいちばんいいと思うんだよ，ボビー。今すぐ妻のところへ行って彼女を連れてきてくれ。でも先生，私の古き良き友よ，とても楽しかったよ！」私は満面の笑顔で言った。

語句

*l.*2 front door 玄関のドア　　*l.*8 rest 休息　　*l.*10 be pleased with 〜 〜に喜んでいる，〜が気に入っている　　*l.*11 uncomfortable 心地よくない，落ち着かない，不安な　　*l.*12 sit back in 〜 〜に深々と座る　　*l.*18 next to 〜 〜の隣に　　*l.*27 yearly 年1回の　　*l.*29 after a time しばらくして，やがて　　*l.*29 hold out 〜 〜を差し出す　　*ll.*48-49 hotel book 宿帳　　*l.*56 noisy 騒がしい　　*l.*63 make a mistake 間違える　　*l.*65 in surprise 驚いて　　*l.*65 walk over to 〜 〜まで歩いていく　　*ll.*70-71 a man in dark clothes 黒っぽい色の服を着た男　　*l.*84 push 〜 away 〜を払いのける

重要構文・表現

*ll.*30-31

Here is 〜（ここに〜がいます）　　　　　関係代名詞・主格

Here's another of those men〔 who run away and then say (that they have forgotten who
先行詞　　　V₁　　　V₂
they are)〕.（逃げて，自分がだれなのかわからなくなったと言っている男性の話がここに載っているよ）

● 長文読解研究所 ④　２つの視点を養おう！

　長文を読み進めるにあたって，難しい文章ほど２つの視点が必要になってきます。それは，文章全体を見渡すマクロの視点と，細部にこだわって文を読み解くミクロの視点です。

　マクロの視点は，それを意識して使わないと使えるようになりません。この文章は何が言いたいのか。テーマは何か。それを頭の隅に意識しつつ読みましょう。ところで，この読み方はキミがすでに身につけている読み方ですね。そう，国語の文章を読むときはそうでしょう。英語も国語も読み方は同じというわけですね。

　ミクロの視点は，文法・単語・連語・語法などの力が武器になります。その文に書かれていることが正確につかめていますか。たとえば，「これは仮定法だな。この that は関係代名詞で，この that は名詞節の that だな」とわかって読んでいますか。また，接続詞 and を見たら，何と何が and でつながっているか意識して読んでいますか。前置詞を無視して，痛い目にあった経験はきみにはありませんか。

　今回の文章などは，特にその両方の視点が必要ではないでしょうか。全体を俯瞰するマクロの視点で，主人公の性格や気持ちの流れをイメージしながら，いろいろな登場人物とめぐり合うシーン（場面）を想像し，「たぶんこんな表情でこの言葉を言っているんだろうな」とストーリーの流れを意識して読み進めていく。また，一方で言葉のひと言ひと言の中にある動詞や前置詞の使い方に着目し，その奥に隠れる登場人物の気持ちを読み取っていく。ベルフォード氏が最後にボルネイ医師に言った言葉に着目。"But 〜 it was wonderful!"（でもね，〜，とっても楽しかったよ）と過去形で言ったのはなぜか。この時点で急に記憶喪失症から直って，正気をとり戻したのだろうか。（ふつう正気に戻ったときには，自分が記憶喪失だったことすら覚えていないはずでは？？？）　それとも，今までの記憶喪失はひょっとして…？　ね，怪しいところが少しずつ見えてくるでしょう。

　読み手であるみんなには，この２つの視点をさらに磨いて，速く，正確に，そして楽しく英文を読んでいってもらいたい。さあ，高校に入ってからの英語の勉強も，ますます楽しみになってきたかな？

　意識して読もう，そうすれば磨かれるぞ，２つの視点が！！

30 | 第3回 実力テスト

問1　ぼくのもっているあの古いやつが自転車と呼べるならね。

問2　② ア　　③ ア　　④ イ　　⑥ ウ

問3　⑤ what　　⑧ surprised, anything

問4　イ

問5　A return　　　　B money

問6　A no　　　　　B happy　　　　　C felt

問7　A one　　　　　B destroy

問8　エ

問9　ウ，エ，ク

(早稲田実業高改)

解説

問1　If you can call *that* old thing [*that* I own] a bike

call は第5文型，call O C (O を C と呼ぶ)（例）We call this flower a lily in English.
that の見極めがポイント。1つ目の that は指示代名詞，2つ目は関係代名詞。目的語の部分（ぼくがもっているあの古いやつ）は，前文からの文脈を理解する必要がある。（「自転車はもっているからいいじゃないか」と親は言うが，ぼくは新しいブルーローライダーがほしいと思っている）

問2　それぞれの下線部訳は全訳参照
　　② ア「自分が本当にほしいと思っている新しい自転車を買ってもらえないとわかったので，ナイトテーブルに決めざるを得なかった」
　　　 イ「新しい自転車を手に入れるという夢が実現しなかったので，その店にある古い自転車を買ってくれるよう両親に頼んだ」
　　　　an old one の one が bike を表すことになるので，不適当。
　　　 ウ「新しい自転車だけでなく，それよりずっと安いナイトテーブルも買おうと決心した」
　　　　⇒ 両方を買うわけではないので，不適当。
　　　 エ「新しい自転車がない生活など想像できないほどだったので，ナイトテーブルを新しい自転車に交換してもらった」
　　　　⇒「ナイトテーブルを新しい自転車に交換してもらった」が不適当。
　　③ ア「宝物を見つけて，ぼくはどれだけうれしいことか」
　　　 イ「ぼくは宝物を見つけることを楽しみにしている」
　　　 ウ「どこで宝物を見つければいいのだろうか」
　　　 エ「宝物を見つけるのはどうですか」
　　　　How about -ing? (～するのはどうですか)
　　④ ア「ジョン，絵の出来具合はどう？」

⇒ 絵をかいていたわけではない。

イ「ジョン，ペンキ塗りはうまくいってる？」

ウ「ジョン，いっしょにペンキ塗りしようか」

⇒ 下線部はペンキ塗りが順調か聞いているだけ。手伝いが必要かまでは聞いていないので不適当。

エ「ジョン，絵をかき始めてはどう？」

⑥ ア「いくつか間違えたあと，ぼくはすでに正しい答えを見つけていた」

イ「間違っているように見えるけど，その答えは正しいとぼくは思った」

ウ「十分に善悪の判断がつくほどの年齢にすでになっていた」

エ「正しい答えをわかっていたけれども，ぼくは間違って答えた」

問3 ⑤ 下線部は，どうしたらいいか悩んでいる状態。

ask Ⓐ to 原形 (Ⓐに〜するよう頼む)

⑧ wide-eyed（大きく目を見開いて）と speechless（言葉が出ない）から，驚いているようすが想像できる。

問4 下線部の次がヒント。It was a test of honor.（名誉のテスト）なので最適なのは イ。

問5 下線部（私の正直な行動）とは，*l.*70 Let's take it back 〜. と *ll.*72-73 you are here to return it を指す。My act of honest was to (**A** return) the (**B** money) to the (family).（ぼくの正直な行動とは，その家族にお金を返すことだった）

問6 I thought (**A** no) (new) (bicycle) (could) (make) (me) (as) (**B** happy) (as) (I) (**C** felt) that day.（どんな新しい自転車も，その日にぼくが感じたほど幸せにすることはできないと，ぼくは思った）

問7 *Question:*「なぜジョンは自分のものを隠す安全な場所が必要だと思ったのか」

Answer: Because he thought (**A** one) of his little (brothers) might (**B** destroy) his (science) (project) again.（幼い弟たちのうちのひとりが自分の理科の課題をまた壊すかもしれないと思ったから）

問8 波線部の慣用表現は「見つけた者がもらう者，失くした者が泣く者」という意味。つまり，「失くした人が悪いのだから，拾ったものは返さない」という拾得者側の身勝手な言い分。

問9 ア「ジョンは，自転車をもっていなかったので，誕生日にほしいと思っていた」

イ「両親はジョンに自転車に乗るという考えをあきらめさせようとした」

encourage Ⓐ to 原形 (Ⓐに〜するよう奨励する)

ウ「両親は，自転車について，ジョンと同じ考えではなかった」

share A with B (A を B と共有する)，opinion（意見，考え）第1段落の内容と一致する。

エ「ジョンの12歳の誕生日に高価な自転車を買ってやるほど両親は裕福ではなかった」

*ll.*2-3 の内容に一致する。

オ「家族に買ってもらったナイトテーブルには鍵がかかる引き出しがひとつしかついていなかったので，ジョンは別のナイトテーブルがほしいと家族に頼んだ」

カ「ジョンが家族に買ってもらった2つ目のナイトテーブルは新品だったので，ステッカーが貼ってない引き出しがついていた」

キ「中古の家具店で，ペンキを塗ってよくなったナイトテーブルを見つけた」

ク「12歳の誕生日直前の1週間のあいだに，ジョンは次から次へと不運な体験をした」

one 〜 after another（次から次へと〜），the past week（過去1週間）*ll.*44-46 の内容に一致する。

ケ「よりよい成績を得るために，ジョンは数学に試験のときにほかの生徒の解答用紙を<u>見て</u>
　<u>しまった</u>」
コ「その老婦人の家族がいかに空腹に苦しんだかを聞いたのち，ジョンはできるだけ誠実で
　あろうとした」
サ「その老婦人の家族は<u>自分たちの感情をまったくあらわさなかったので</u>，そのお金につい
　て本当のところはどのように感じているのかジョンには知る<u>方法</u>が残されていなかった」
シ「ジョンの両親も，彼の弟たちも，ジョンが見つけたお金を<u>平等に分ける</u>という考えに賛
　成しなかった」

全訳

　ぼくの12歳の誕生日のこと。本当にほしかったのは新しい自転車だったんだ。青いローライダーで太いタイヤのやつ。でもぼくんちがそれを買えないことはわかっていたんだ。ぼくにはもう自転車があるんだから幸せじゃないかと両親は言った…，ぼくのもっているあの古いやつが自転車と呼べるならね。

　新しい自転車はただの夢に終わった。結局，ナイトテーブル（小型のテーブル）に落ち着いたんだ。ぼくはうるさい弟たちの手の届かないところに自分の（大事な）ものをしまっておける安全な場所ができると思ったんだ。だから，両親にカギ付きの引き出しのあるやつにしてよ，と頼んだんだ。そしてそういうやつが手に入った。

　ぼくたちは中古の家具屋に行って，こげ茶色の古いナイトテーブルを見つけた。あんまりかっこよくはなかったけど，でもカギのかかる引き出しがあった。ぼくはそれにペンキで色を塗ってシールを貼れば少しはカッコ良くなるかなって思った。

　それを家にもって帰ったあと，ぼくはペンキを塗る準備をしていた。引き出しを外したとき，いちばん下の引き出しの奥に何かがあるのに気づいた。奥のほうに手を伸ばしたらやっと届いた。何があったと思う？　何枚か紙が入ったビニール袋さ。

　ワォ！　たぶんだれかの秘密のものを見つけたんじゃない？　ぼくは思った。袋を開けてみると，その紙は何か大事な公文書みたいだった。そして，その紙にくるまれて，大量の10ドル札と20ドル札があったんだ！　まさに宝物を見つけたってやつだ！　しかもぼくの誕生日に！

　「これって何かの冗談でしょ？」ぼくは大きな声で言った。たぶん家族のだれかがぼくをからかっているんじゃ…。たぶんこれは本物のお金じゃないよ。

でもかなり本物っぽいなぁ。だれかがこの袋に金を入れてそれを机のカギのかかる引き出しの奥に隠したのかなぁ。ぼくは紙きれを読んでみた。どこかの老婦人が自分のお金を子どもや孫たちに残そうとしていたってことがわかった。

　こんなのまったくおかしなことじゃないか。気が変になりそうだったよ。ぼくは今までで最も幸運の12歳か？　このお金でいちばんかっこいい自転車が買えるじゃん。弟にも自転車を買えるよ。ひょっとして両親に車を買ってあげられるくらいあるかもしれない。

　「見つけた者がもらう者，失くした者はただ泣く者」ぼくはそう歌いながら，お金を数え始めた。1,000ドルに届くころ，しかたなく手を止めたんだ。お母さんがぼくの部屋のドアをノックしたからね。ぼくはとっさにお金を入れた引き出しを閉めた。

　「ペンキ塗りはどんな調子？　うまくいってる，ジョン？　手伝ってあげようか？」

　「いや，問題ないよ，お母さん。まだ始めてもいないんだ，準備できたら呼ぶよ」

　「だいじょうぶなの？」お母さんは聞いた。

　いや，だいじょうぶというわけじゃないんだけどさ。

　「だいじょうぶだよ」とぼくは言った。「準備できたら呼ぶからさ」

　お母さんが部屋を出て行ってから，ぼくはベッドに横になった。そして天井を見上げて，これまでの1週間のことをについて考え始めた。まず，ぼくはバスケのチームの選手に選ばれなかった。それから数学のテストでも失敗した。最後にぼくの弟がぼくの理科の課題を壊した（だから，ぼくはカギ付きのテーブルが必要になったんだ）。そして今，ぼくは

このお金を誕生日に見つけた，しばらくなかった唯一のよいニュース。ぼくの困っていることの答え。でもなんかいい気持ちがしない。なぜだろう？

家族や友だちに言うウソを考えなければならないだろう。「見つけた者がもらう者…」とは言うけれど，でもそのお金は本当はぼくのためのものではなかったんだよな？ その女性が自分の家族のために貯金していたものなんだ。彼女は死んで，だれもそのお金が机に隠されていることを知ることはなかった。彼女の家族は机を中古家具店に売って，それがいまぼくの手元にある。

「どうしたらいいんだろう？」つぶやいた。「それをもらって，自分と家族にいろんなものを買うのはどうか？ みんなで分けるならばもらってしまってもそんなに悪くはない…でしょ？ それとも，いくらかもらって残りを返したら？ 結局いくらお金があったかはだれもわからないんだし…，それに今日はぼくの誕生日なんだぜ！ それとも全額返すか？ 正直に言う？ そうすると新しい自転車も車もなくなる」

「だれか，ぼくを助けて！」心の中で叫んだ。でも，本当はだれにも答えを与えてもらう必要はなかった。ぼくは数学のテストで合格点を取れなかったよ，隣の子の答えをちらっと見るチャンスはあったんだけどね。それはぼくが良いことと悪いことをちゃんとわきまえているからなんだ。ぼくは今回のテストでは失敗しないと決めたんだ。これは名誉を試すテストなんだ。ぼくの名誉。

ぼくは両親と弟たちを自分の部屋に呼んで，ぼくが見つけたものを見せたんだ。みんな目を大きく開

けて，言葉も出なかったよ。みんなが「これどうしたらいいの？」と聞いてきたけど，ぼくの答えはもう決まっていた。

「店に返して，その女性の家族を探してもらおう」ぼくは言った。

ぼくたちがその話を伝えると，その店のオーナーは信じられないようだった。

「君は1,000ドル以上の金を見つけて，それを返しにここに来たっていうのかい？」彼らはほぼ同時にそう言った。

彼らが記録を調べてみたら，その家族の電話番号が見つかった。彼らがその家族にただちに電話をすると，数分のうちに，家族みんなで店にやってきた。その女性の息子，その奥さん，そして3人の子どもたち，ちょうどうちの家族によく似ていた。その両親は目に涙を浮かべていた。その女性の孫で12歳になる男の子が，周りの人たちがいろいろと話をしている間中ずっとぼくのほうを見ていた。

わかるかい，彼らはまだ彼女の死について悲しみの最中だったんだ。そして父親は仕事を失い，彼らは助けを求めていた，そこにぼくが彼らの助けとなる答えをもって行ったんだ。ぼくの正直な行動が，彼らの家賃を払う助けになっただけでなく，彼らに希望も与えたんだ。

ぼくはそのときこの上なく幸せな気分になったよ。どんな新しい自転車でもその日の幸せな気分ほどぼくをうれしくさせることはできないなと思ったよ。ぼくは数学の試験ではうまくいかなかったけど，もっと重要な試験には合格したよ。ぼくの人格を試す，落とし物の試験でね。

語句

l.2 blue-low-rider ブルーローライダー(子どもに人気の自転車)　　*l.2* tire タイヤ　　*l.4* own 所有する　　*l.6* settle for 〜 〜で落ち着く　　*l.6* night table (寝室などに置く)小型のテーブル　*l.9* drawer 引き出し　　*l.10* secondhand 中古の　　*l.13* sticker ステッカー　　*l.14* get ready to 原形 〜する用意がある　　*ll.14-15* pull 〜 out 〜を引き出す　　*l.15* back 奥，うしろ側　*l.15* lowest 一番下の　　*l.16* all the way はるばる，やっとのこと　　*l.16* guess 推測する　*ll.16-17* plastic bag ビニール袋　　*l.18* secret 秘密の　　*l.20* official-looking 見た目が公的な　*l.20* wrap 包む　　*l.23* joke 冗談　　*l.23* aloud 大声で　　*l.24* play a trick on 〜 〜をからかう　*l.25* pretty かなり　　*l.25* real 本物の　　*l.25* hid hide (隠す)の過去形　　*l.27* leave A for B A を B に残す　　*l.28* mind 気持ち　　*l.28* go crazy 気が変になる　　*l.32* as 接 〜しながら　*l.43* lay lie (横になる)の過去形　　*l.44* ceiling 天井　　*l.45* fail 失敗する，不合格になる

*l.*46 destroy 壊す　　*l.*46 project 課題　　*l.*50 lie 名 うそ　　*l.*51 meant for ～ ～のためのもの
*l.*52 save 貯金する　　*l.*53 hidden hide (隠す)の過去分詞　　*l.*55 say to oneself つぶやく
*l.*58 return 返す　　*l.*58 rest 残り　　*l.*62 else 他の　　*l.*63 neighbor 隣の人　　*l.*64 know right
from wrong 善悪の区別がつく　　*l.*67 wide-eyed 目を見開いて　　*l.*67 speechless 言葉が
出ない　　*l.*71 owner オーナー　　*l.*74 record 記録　　*l.*75 within ～以内　　*l.*78 tear 涙
*ll.*78-79 keep -ing ずっと～し続ける　　*l.*79 over and over 何度も何度も　　*l.*82 act 行動
*l.*82 honesty 正直　　*l.*86 pass 合格する　　*l.*86 lost and found 遺失物　　*l.*87 character 性格,
人格

重要構文・表現

should (～であるはずだ) 〈当然〉

*ll.*3-4　My parents said (that I should be happy 《 that I had a bicycle at all 》)
　　　(自転車があるのだから幸せなはずだ)

イタリック体(斜体字) ⇒ この文章では, 斜体字で, 地の文と語り手の心の中の言葉 (つぶや
き) を区別している。

*l.*18　*Cool! Maybe I've found somebody's secret things*, I thought.
　　　(「ワォ! たぶんだれかの秘密のものを見つけたんだ」とぼくは思った)

付帯状況を表す with

with A B (A を B の状態で) ⇒ A と B のあいだに be 動詞をはさめば S + V 関係が成り立つ。

*ll.*16-17　A plastic bag with <u>some papers</u> <u>in it</u>
　　　　　　　　　　　　　　　　　A　　　　　B
　　　(それ〈=引き出し〉の中にいくらかの書類を入れたままの〈状態〉のビニール袋)

倒置

*ll.*20-21　And, <u>wrapped in the papers</u> <u>were</u> <u>a lot of ten and twenty dollar bills!</u>
　　　　　　　　　(紙に包まれて)　　　　　　V　　　S (たくさんの10・20ドル札が)

● **長文読解研究所 ⑤　英文を味わって読もう!**

　長文読解研究所もこれで最後となる。いままで長文を読む上でのテクニックをいくつか紹介
してきた。今回のテーマは, 長文を読むときの気持ち(心がまえ)について。君はこの問題集を
通して多くの英文を読んできた。どれもおもしろい興味深い文章だったにちがいない。この問
題集を作成するにあたって, キミが楽しんで最後までやりとげてほしいという気持ちをつねに
もっていた。ここに出てきた読解題材の多くは, 難関高校の問題の中からそのような願いを込
めて厳選した30題である。最近の高校入試(特に難関校)では, 読んでおもしろい文章が出題さ
れる傾向にある。「ラッキーと少女」や「サンタクロースの代役」, それから今回のナイトテー
ブルの話などのようにとても感動的な話も多い。とはいえ, いざ試験となると, 点をとること
が最優先なので, なかなか物語を味わうどころではない。
　ふだんのトレーニングでは, ときには少しリラックスして, 内容をじっくり味わいながら読
み返すことがあってもいいのではないだろうか。文章を味わうことは, じっかり読むことにつ
ながる。それは, より深い, 正確な理解にキミを導いてくれるはずだ。